Dr. Helmut Kolitzus

# IM SOG DER SUCHT

Dr. Helmut Kolitzus

# IM SOG DER SUCHT

## Von Kaufsucht bis Onlinesucht: Die vielen Gesichter der Abhängigkeit

Kösel

*Für meine Frau Angelika,*
*unsere Kinder Matthias und Marlene*
*– und meinen Bruder Henner (1940–2003)*

FSC
Mix
Produktgruppe aus vorbildlich bewirtschafteten Wäldern und anderen kontrollierten Herkünften
Zert.-Nr. SGS-COC-1940
www.fsc.org


Verlagsgruppe Random House FSC-DEU-0100
Das für dieses Buch verwendete FSC-zertifizierte Papier
*Munken White* liefert Arctic Paper Munkedals AB, Schweden.


Umschlag: Kaselow Design, München
Umschlagmotiv: Simon Borns/Illustration Works/Corbis
Illustrationen: Jan Tomaschoff, Düsseldorf
Druck und Bindung: GGP Media GmbH, Pößneck
Printed in Germany
ISBN 978-3-466-30816-3

Weitere Informationen zu diesem Buch
und unserem gesamten lieferbaren Programm
finden Sie unter
www.koesel.de

# INHALT

# *Die süchtige* GESELLSCHAFT

Wir leben in einer Suchtgesellschaft. Das ist eine Diagnose, kein feuilletonistischer Schlenker. Als Arzt und Psychotherapeut betrachte ich diesen Zustand mit großer Sorge. Kaum haben wir den Hunger in unserem Kulturkreis besiegt, dazu die großen Seuchen der Menschheit wie die meisten Infektionskrankheiten, kaum ist die Medizin in all ihren Zweigen auf einem fantastischen Entwicklungshöchststand, da schaffen wir uns mit unserer gegenwärtigen Kultur Luxusprobleme, die alles wieder infrage stellen, was wir uns so mühsam erarbeitet haben. Aus dem Mangel nach dem Zweiten Weltkrieg ist über viele Stationen ein Überfluss geworden, der uns vor neue Probleme stellt. Das bezieht sich nicht nur auf die Nahrung, das Essen, sondern auch auf alle Konsumartikel wie Kleidung, technische Geräte des Haushalts, der Unterhaltung.

Dazu kommen die Medien, die uns in völlig neuen, nie geahnten Dimensionen überrollen. Bezeichnend, dass 1968, im Jahr der angeblichen Revolution, in München eine Hochschule für Fernsehen und Film (HFF) gegründet wurde. Damals gab es gerade mal eineinhalb Fernsehprogramme ab dem frühen Nachmittag, ergänzt von einem an manchen Orten empfangbaren dritten Programm, das weitgehend dem Bildungsbürgertum gewidmet war (was übrigens nichts Schlechtes bedeuten muss!). Die Entwicklung der HFF, an der ich von 1968 bis 1971 studierte, verweist auf die Explosion der Medienlandschaft. In gemieteten Räumen, die über die ganze Stadt verteilt waren, fand unser Studium statt. Jahre später entstand auf Initiative des damaligen HFF-Direktors ein Neubau und damit eine Zusammenfassung der Aktivitäten in München-Giesing – und 2007 erfolgte der Spatenstich für einen spektakulären Neubau auf dem früheren Gelände der Technischen Universität in bester Lage in der Münchner Maxvorstadt. Und in weiteren 20 Jahren wird das politische Hauptquartier Bayerns mit der Filmhochschule zusammengelegt in einem monströsen Superbau!?

Sie sehen, ich betrachte diese Entwicklung mit freundlicher Ironie. Es ist natürlich prima, dass die jetzigen Studenten so tolle Arbeitsbedingungen vorfinden! Inzwischen hat fast jede Universität oder Kunstakademie ihre eigene Medienabteilung. Es wurden sogar eigene private Institute mit hochtrabenden Namen gegründet, an denen nur die Entwicklung von Videospielen studiert werden kann. Da merkt man, welche ungeheuren finanziellen Potenziale hier vorhanden sind. Man gewinnt manchmal den Eindruck, jedes dritte Mädchen will Fernsehmoderatorin werden und jeder dritte Student ist auf dem Trip zum Mediendesign oder wenigstens zur Kommunikationswissenschaft.

Wir fühlten uns damals noch wie Pioniere und waren es im Prinzip auch. Eltern beäugten das etwas ängstlich: Ob man damit mal sein Geld wird verdienen können?! Das ist genau genommen bis heute ein Problem geblieben. Von den Hunderten von Absolventen der Filmhochschulen in Berlin, München, Ludwigsburg etc. müssen viele ihren Lebensunterhalt mit ganz anderen Tätigkeiten bestreiten. Ein normales Leben ist kaum möglich. Man muss sich in vielem beschränken, wie mir Doris

Dörrie kürzlich sagte, obwohl sie sich aufgrund ihres Potenzials wie ganz wenige von Projekt zu Projekt durcharbeiten kann.

Es ist schon fast Realsatire (wenn es nicht für viele so bitter ernst wäre!), dass einer der schlimmsten Zusammenbrüche einer Firma nach dem Krieg ausgerechnet den Medienmogul Leo Kirch getroffen hat. Darüber wird heute selbst im hauptsächlich betroffenen München kaum noch gesprochen. Auch das ist bezeichnend: Der apokalyptische Reiter der Medien galoppiert einfach weiter, als wäre nichts gewesen ... Nur in den Studios verschiedener Privatsender ist es deutlich ruhiger geworden. Wo früher meist hübsche junge Frauen mit Kaffee aufwarteten und lockeren Gesprächen, ist es recht einsam und still geworden.

### DIE GROSSE FINANZKRISE – Folge der Sucht

Das Jahr 2008 wird als Krisen- oder sogar Katastrophenjahr in die Geschichte eingehen. Scheinbar plötzlich sind alle wirtschaftlichen Konstruktionen, die uns angeblich in eine sorglose Zukunft begleiten sollten, zusammengebrochen. Skeptiker hatten das schon lange vorausgesagt, aber die will man natürlich nicht hören. Sie hatten längst z.B. die Börse und den Boom mit einem Kasino verglichen, in dem mehr gespielt als rational gehandelt wird. »Hormone steuern die Wirtschaft« – so in verschiedenen Versionen die Medien: Testosteron als männliches Leithormon steigert die Risikobereitschaft, verführt zu abenteuerlichen Aktionen und Transaktionen. Inzwischen sind andere Hormone am Werk wie bei jeder Depression bzw. im Entzug bei jedem süchtigen Verhalten: Cortisol etc. Der Preis für das Suchtverhalten könnte für uns alle außerordentlich hoch sein. Nicht zufällig gelten Börsen als Hochburgen der Arbeitssucht, des Koksens, der Sexsucht – und last, not least des Alkohols. Der eine der beiden Gründer der Anonymen Alkoholiker war schließlich Börsenmakler ...

## *Sucht kommt von »siech« = krank*

Bei praktisch allen Zielgruppen meiner Veranstaltungen erhalte ich auf die Frage, woher denn das Wort *Sucht* käme, meistens eine, und zwar die falsche Antwort: »von suchen!« Nein, etymologisch ist Sucht abgeleitet von »siech«. Aber ich versuche die Gemüter zu beruhigen: Sucht von »suchen« abzuleiten ist philosophisch gesehen gar nicht so schlecht, denn in der Tat: Hinter jeder Sucht steckt eine Sehnsucht. Menschen mit Suchtproblemen haben ursprünglich immer etwas gesucht – und sind dabei im Sumpf der Sucht gelandet, wo sie gar nicht hin wollten.

## *Das Spektrum wird immer größer*

Im Laufe der über 20 Jahre, in denen ich mich dem Thema Sucht in allen möglichen Funktionen genähert habe, als Arzt, Autor, Multiplikator, Talkgast, Interviewpartner, Seminarveranstalter und last, not least Psychotherapeut, hat sich das Spektrum der Süchte immer mehr erweitert. Dominierten zu Beginn der 1980er-Jahre noch die klassischen Süchte wie Alkohol, Medikamente, Zigaretten und die illegalen Drogen Haschisch und Heroin, so sind in den Jahren bis heute viele weitere dazugekommen, wie eben die medienorientierten mit dem Computer und dem Internet mit all seinen Möglichkeiten zum Kaufen, Spielen, Pornografie schauen, Chatten, dem Handy mit scheinbar grenzenloser Kommunikation etc.

Wie bei den illegalen Drogen, die von vielen Medien (!) in falscher Toleranz nicht selten harmlos geredet und geschrieben wurden, scheint man heute die Suchtpotenz, die Urkraft der Konsolen- und Internetspiele wie World of Warcraft (WoW) und anderen völlig zu unterschätzen. Unterhält man sich mit vernünftigen KollegInnen aus den Helferberufen, die vielleicht sogar selbst Eltern sind, so sieht man sich meist einer krassen Fehleinschätzung gegenüber.

In ein paar Jahren wird man sehen, welchen Flächenbrand die Medien bei vielen angerichtet, wie sie die Gehirne unserer Kinder beeinflusst haben. Warner wie der Ulmer Professor Manfred Spitzer mit seinem Bestseller *Vorsicht Bildschirm* ernten von allzu vielen nur ein mildes Lächeln. Ach, das ist doch alles nicht so schlimm! Wir müssen uns damit abfinden, das ist halt modern ... Unsere Kinder werden damit schon umgehen können. Nun, viele Erwachsene können es schon nicht und ruinieren sich geistig, körperlich und nicht selten sozial und finanziell.

Im Laufe meiner Recherchen zu diesem Buch bin ich immer wütender geworden, was die neuen Medien und die Verhaltenssüchte angeht. Ich habe mich dem Schrott von Gewinnspielen im TV ausgesetzt, habe in die Nachmittagsshows geblickt, bin auf Medientagungen gegangen, habe unendlich viel Material gesammelt. Es war und ist viel schlimmer, als ich mir jemals vorstellen konnte.

Obwohl ich mich selbst als potenzieller Medienjunkie und potenziell Kaufsüchtigen betrachte, habe ich den nötigen Abstand, die bunte Landschaft kritisch zu beobachten. Und vor allem bin ich im Laufe der letzten Jahre immer stärker mit Menschen konfrontiert worden, die dem Sog der Mediensucht in all ihren Variationen verfallen sind.

## *Angehörige leiden lange Zeit viel mehr*

Das Jahr 2000 war auf meine Anregung hin von der DHS, der Deutschen Hauptstelle gegen die Suchtgefahren, jetzt Hauptstelle für Suchtfragen (man beachte den Unterschied!), zum »Jahr der Angehörigen Suchtkranker« erklärt worden. Dazu habe ich auch mein zweites Buch geschrieben mit dem Titel *Ich befreie mich von deiner Sucht.* Der Begriff der »Co-Abhängigkeit« geht manchen meiner Fachkollegen im Suchtbereich noch immer kaum über die Lippen. Es geht um die Sucht, gebraucht zu werden. Allein bei den klassischen Süchten gibt es in Deutschland eine schweigende Mehrheit von ca. acht Millionen Menschen, die indirekt unter der Sucht, der Krankheit eines Angehörigen leiden müssen, für die sie selbst nichts können. Dabei sind sie wie z.B. viele Kinder aus solchen Familien in der Gefahr, selbst suchtkrank zu werden oder in der Bekämpfung der Süchte in ihrer unmittelbaren Umgebung eigene zu entwickeln. Und viele werden selbst körperlich bzw. psychosomatisch krank in all ihrer Trauer, ihrer Wut und Verzweiflung darüber, was ihnen da angetan wird.

Sie haben berechtigte Angst, vom Sog der Sucht mit in den Abgrund gezogen zu werden. Nicht nur der Vater, der zu Hause randaliert oder seinen Führerschein und seinen Arbeitsplatz verliert wegen seines Suchtproblems, ist für die Familie eine Katastrophe. Dasselbe gilt für die Mutter, die sich nicht mehr um ihre Kinder kümmert, weil sie ständig im Internet dem Glücksspiel nachgeht, bei Fernsehsendern anruft, um den tollen Jackpot zu gewinnen oder bei eBay ein Schnäppchen machen will ...

Eltern verzweifeln nicht nur über Kinder, die mit Haschisch lasch und dumm werden, sie machen sich zunehmend auch Sorgen um Kinder, denen stunden- und tagelange Pseudo-Pfadfinderausflüge mit WoW wichtiger sind als die »doofe Schule«. Was macht es schon, wenn man zum Abitur erst gar nicht antreten darf, weil man im Leistungskurs einfach mal 0 Punkte erreicht hat!?

Mit diesen Problemen bin ich über meine Arbeit als Seelenarzt (Sie dürfen auch Seelenklempner sagen!) ständig bis ins Detail konfrontiert. Die Arbeit mit Co-Abhängigen wird gerade bei den Verhaltenssüchten immer wichtiger. Darüber bin ich mir mit der kompetenten Suchtbeauftragten der Bundesregierung, Sabine Bätzing, völlig einig. Hoffentlich schaffen es die Institutionen der Suchtberatung, das auch adäquat umzusetzen. Viele Suchtkranke sind nur über den Umweg der Angehörigen überhaupt erreichbar. Vielen kann man dann sogar effektiv helfen.

### *Die Süchte – psychische Zeitkrankheiten Nummer eins*

Wir Psychiater und Psychotherapeuten wären ja froh gewesen, wenn es bei den bisherigen Süchten geblieben wäre. Damit hätten wir schon genug zu tun, da z.B. die Depression in all ihren Erscheinungsformen in den letzten Jahrzehnten zugenommen hat. Allerdings stellen sich nach wie vor die meisten HelferkollegInnen nur ungern den Suchtproblemen. Das berichten so ziemlich alle Patientinnen und Patienten, wenn sie über frühere Therapieversuche sprechen. Da rümpft man angewidert bis arrogant die Nase: Mit so einem niedrigen Instinkt wie der Sucht möchte man sich am liebsten nicht abgeben. Was nützt das Erinnern und Durcharbeiten von Kindheitserlebnissen und Träumen, wenn die Gegenwart im Chaos versinkt!? Philosophieren in einem brennenden Haus ist wenig sinnvoll. Leider sind gerade bestimmte Therapieschulen hier weitgehend beratungsresistent. Sucht ist allenfalls ein Nebenthema, das man ungern anschaut. Das ist etwa so, wie wenn man einen kaputten Zahn behandelt, während der Patient gleichzeitig an einem »Blinddarm« oder einer Lungenentzündung verstirbt ... Und alle Ergebnisse der Therapie, z.B. einer schweren Persönlichkeitsstörung wie des Borderlinesyndroms, sind hinfällig, wenn derjenige/diejenige zurückfällt in die Sucht ...

Natürlich lebe ich mit meinem Team ganz gut davon, dass so viele Fachleute ihre Suchtproblempatienten an uns delegieren. Aber mehr als die Arbeit einer Ambulanz können wir nun mal nicht leisten. Im Interesse der Betroffenen und ihrer Angehörigen bin ich deshalb ständig als Multiplikator unterwegs, um Wissen zu vermitteln und Motivation für Eigenaktivität zu schaffen.

## *Die Summe der Süchte*

Ich halte wenig davon, immer wieder neue Süchte zu proklamieren und dann neue Spezialambulanzen oder -kliniken dafür zu fordern. Den geplagten Kolleginnen und Kollegen in den Suchteinrichtungen brauche ich nicht zu sagen, was Tatsache ist. Dafür sage ich es Ihnen, liebe Leserinnen und Leser: Eine Sucht kommt nie allein. Meistens sind es ein halbes Dutzend bis ein Dutzend. Wenn Sie bei Berichten über einzelne Süchtige genauer hinschauen, werden Sie auch als Laie schnell mitkriegen, dass das gezeigte dicke Kind ständig vor dem Fernseher sitzt, dass der Alkoholiker auch raucht, dass der Onlinejunkie nebenbei kifft und seine Bierdose am Computer stehen hat, dass die spielsüchtige Hausfrau deutlich übergewichtig ist, dass das Denken und Handeln durch süchtiges Verhalten mit all seinen Folgen eingeengt wird.

Meine Forderung: Ein Mensch muss endlich als Ganzes wahrgenommen werden mit all seinen Stärken und Schwächen. Ein Patient, ein Leidender, ist nicht nur jemand mit einem zu hohen Blutdruck (zuständig: der Doktor), mit Schulden durch Spielen (zuständig: der Schuldenberater), mit orthopädischen Problemen (wieder der Doktor), mit nach 20 Jahren endlich entdecktem Alkoholproblem (zuständig: die Suchtberatung), mit Sucht nach World of Warcraft (zuständig: der Lehrer? Die Eltern? Der Kinderpsychiater?). Ein Patient ist einmalig, einzigartig – und als Gesamtphänomen zu sehen. Ein Kollege berichtete mir einmal im vertraulichen Gespräch, er behandle die Patienten wie sein Vater, ein Elektromeister: Da gibt es ein Problem, das kläre ich ab und behandle es oder delegiere es an einen Facharzt, fertig.

Der Sinn einer Gesundheitskarte könnte darin bestehen, nicht nur zig überflüssige Doppeluntersuchungen zu ersparen, sondern auch den Zusammenhang im Menschen wiederherzustellen. Erst dann können wir effektiv helfen, statt nur aufwendig an Symptomen herumzukurieren.

## *Psyche und Körper – untrennbar*

Hier geht es natürlich auch um das Grundproblem der Medizin, das schon Hippokrates auf den Punkt gebracht hatte: Die Krankheit der Medizin besteht darin, dass es Ärzte für den Körper und Ärzte für die Psyche gibt. Die Körper-Medizin haben wir auf einen nie erreichten Höchststand getrieben. Der Kontakt zu den Behandlern und zur Behandlung der Psyche ist dabei auf der Strecke geblieben. Viele somatisch orientierte Kollegen denken nicht im Traum daran, eine Psychotherapie oder zumindest eine entsprechende Abklärung zu empfehlen.

Etwa 40 % der Patienten einer Allgemeinarztpraxis haben eigentlich psychische Probleme, verstecken sich aber in geheimer Absprache mit ihrem Arzt hinter mehr oder minder plausiblen körperlichen Beschwerden. Ein immer größerer Teil dürfte Suchtthemen haben. »Arzt und Süchtiger gehen sich aus dem Weg.« Wann kommen wir so weit im Medizinerberuf, dass auch ein Internist oder Allgemeinmediziner mal nach Sucht fragt, nicht nur nach Alkohol, sondern auch nach Esssucht, Kauf-, Sex- oder Onlinesucht?! Dazu müsste die kranke Gesundheitspolitik das Gespräch wieder besser bewerten. Wie wurden die Forderungen nach einer Erweiterung der sprechenden Medizin beantwortet? Mit der konkreten Abschaffung entsprechender Abrechnungsziffern! Also wundern Sie sich bitte nicht, wenn der Doktor künftig statt einiger nur noch zwei Minuten pro Quartal für Sie Zeit hat! (Als Privatpatient haben Sie natürlich bessere Karten, da gibt es noch die Ziffer 1 für ein kurzes und die Ziffer 3 für ein ausführliches Gespräch.)

## *Sorglosigkeit passt zur Sucht*

Ach, das ist doch alles nicht so schlimm! Schau'n mer mal! Dann sehen wir schon! Manchmal wünschte ich mir, Suchtprobleme würden ähnlich angegangen wie schädliche Baustoffe im Hausbau oder der angebliche Vitaminmangel oder die Bioqualität von Lebensmitteln. Damit Sie mich nicht missverstehen: Meine Familie und ich leben sehr umweltbewusst und so vernünftig und gesund wie möglich. Aber wir treiben es nicht zur Hysterie, die wahrscheinlich kränker macht als z.B. ein gelegentlicher Ausrutscher in nicht allzu gesunden Lebensmittelkonsum.

Wie froh könnte man sein, wenn Eltern auf den Medienkonsum ihrer Kinder ebenso achten würden wie in der Kleinkinderzeit auf die Qualität des Kindersitzes, des Kinderwagens, auf den Schadstoffgehalt des Schulranzens und die Bioqualität des Müslis! Bis heute wissen viele nicht, was ihre Kinder nachmittags vor dem Fernseher im Kinderzimmer oder gar vor dem Computer so konsumieren, welchen Vergiftungsgefahren sie sich da aussetzen. Wenn Sie dieses Buch erworben haben, könnte es sein, dass Sie persönlich oder eben ein Kind oder Angehöriger längst bös von den Verhaltenssüchten aller Art erwischt worden ist. Aber erzählen Sie es anderen weiter, fragen Sie Freunde und Bekannte, was sie selbst oder ihre Kinder so mit den Medien anstellen!

Eine beispielhafte Initiative ist die Homepage www.rollenspielsucht.de, die die Familie Hirte aufgebaut hat, nachdem eines ihrer Kinder den Medien verfallen war. Auf Medientagungen setzen sich die Eltern auch mal den bösartigen Beschimpfungen anderer Medienjunkies aus, um ihre Sache zu vertreten. Aus der Not ist hier eine Kampagne geworden, an der die Medienbranche hoffentlich zu knabbern hat. Im äußeren wie im inneren Umweltschutz müssen immer Einzelne auftreten, um gegen den Wahnwitz Front zu machen.

Erinnern Sie sich bitte, wie noch zu Tschernobyl-Zeiten 1986 Umweltschützer belächelt und verhöhnt wurden! Auch heute ist es wieder schick geworden, sich über Krötenschlepper und Baumschützer lustig zu machen. Aber immerhin können es sich auch Parteien, die früher null Interesse an Umweltproblemen hatten, nicht mehr leisten, weiterhin so ignorant zu sein. Wurden die Grünen lange als exotische Minderheit betrachtet, die hoffentlich bald wieder aus der politischen Landschaft verschwinden, so haben die anderen Gruppierungen längst viele Positionen von ihnen abgekupfert, hoffentlich nicht nur aus taktischen Gründen, weil der Wähler inzwischen erkannt hat, dass wir uns um die einzige Welt kümmern müssen, die wir haben ...

### *Innere Umweltverschmutzung*

Die äußere Umwelt ist das eine, die innere das andere. Für die Wissensvermittlung wurde schon oft das Bild des sogenannten Nürnberger Trichters verwendet. Was kommt unten im Kopf an und aus dem Mund wieder raus, wenn ich in den Trichter oben Müll hineinschütte? Genau, Müll! Niemand hat sich lange Zeit vorstellen können, dass die Bedrohung unserer Gehirne und die nachfolgender Generationen durch den Medienmüll derartig groß werden könnte.

Die nicht nur in München bekannte Filmkritikerin Ponkie (Pseudonym) schreibt schon seit Jahrzehnten ihre Kolumnen für die auflagenstarke *Abendzeitung* (AZ). Beim Sichten meiner Materialsammlung für dieses Buch stieß ich auf einen Artikel von ihr zur Jahrtausendwende. Wenn Menschen wie sie jahrzehntelang die Medienlandschaft beobachtet und sogar davon gelebt haben, kann man sich schon ein gewisses Urteil erlauben. Es fällt vernichtend aus in Worten, die ich selbst so nicht wählen würde:

In ihrem Beitrag »Sprachlicher Massenmord« meint Ponkie, insbesondere das letzte Jahrzehnt des letzten Jahrhunderts habe einen Haufen Ekelwörter hinterlassen, die sie als »Designer-Kotze« zusammenfasst. »Da ist jeder Dreck ein Event, jede Party ein Kult, jeder Kult-Affe ein Star, jeder TV-Dummbeutel ein Superstar und jedes Handy-schwingende Börsen-Großmaul oder jeder revolverfuchtelnde Bankräuber ein cooler Trendy-Sexy-Promi, der den Promi-geilen Kids und ruhmbesoffenen Möchtegern-Models als Leitbild für die Medienkarriere gilt. Trendy-Filmhochschüler tun es nicht unter einem smarten Kult-Movie mit amerikanischem Imponier-Titel, und der Lebenstraum fürs Jahr 2000 ist die Medien-Existenz.«

## Gesundes Selbst-Wert-Gefühl – oder falsches Selbst?

Genau darum geht es: Menschen schöpfen ihr Selbstwertgefühl oft nicht mehr aus ihren beruflichen oder sozialen Fähigkeiten, sondern aus einem Traum von »Germany's Next Topmodel« oder DSDS (»Deutschland sucht den Superstar«). Oder wenigstens aus seinem peinlichen Auftritt in einer der Unterschicht-Talkshows, die täglich parallel auf mehreren Sendern laufen.

»Alles oder nichts« war schon immer ein höchst problematisches Motto. Wenn Kinder glauben, Kühe sähen aus wie in der Milka-Werbung, oder wenn sie gleich der Ansicht sind, Milch käme aus der Fabrik, hat das ja noch komische Aspekte. Aber wenn sie schon im Kinderzimmer darauf getrimmt und konditioniert werden, dass »Second Life« wichtiger ist als das wirkliche Leben, dann wird es gefährlich. Wie soll da ein reales Gefühl der eigenen Stärken und Schwächen entstehen? Vor-Bilder sind nicht mehr die Eltern, sondern Models im »Heroin-Chique« oder ein Mann namens Bohlen, der geschickt sein Image als Widerling und Ekelpaket zur Vermarktung nutzt.

### *Sensibilität und Gefühle – oder Abstumpfung?*

Vielleicht die größte Gefahr neben der sprachlichen Verblödung ist die Abstumpfung von Sensibilität und Gefühlen. Die Werbung und die davon oft nicht mehr zu unterscheidenden Sendungen setzen darauf, menschliche Bedürfnisse in

der größtmöglichen Intensität anzusprechen. Nicht zufällig kostet die Herstellung eines Werbespots manchmal mehr als ein ambitionierter Kinofilm. Alle Sinne werden vom magischen Medium angesprochen, ausgenommen Riechen und Schmecken. Auch das wird man nicht nur in den unsäglichen Kochshows irgendwann hinzufügen können.

Sehen und Hören überspielen alles. Meistens wird unsere bewusste Wahrnehmung unterlaufen. Es geht um unsere tiefsten Bedürfnisse nach Geborgenheit, Liebe, Anerkennung, Schönheit, Aufregung, Sex, Nähe ...

## *Frustrationstoleranz gegen null*

Wir bekommen als Konsumenten auch die nötige Beruhigung, wenn es mit den Bedürfnissen nicht so hinhaut. Eine der genialsten Werbeserien war die um das HB-Männchen: drei oder vier Frustrationen, der Tritt in den Farbeimer – und dann die Erlösung: »Wer wird denn gleich in die Luft gehen? Greife lieber zur HB!« In der Oper würde man vom »Deus ex machina« sprechen, vom Gott, der aus der Kulisse kommt und den Todgeweihten doch noch rettet. Hier ist es der gute Geist, der den armen, frustrierten, wütenden Heimwerker wieder auf den Teppich zurückholt und ihm das Wundermittel Zigarette schenkt, das ihm gleich wieder eine wunderbare Laune vermittelt. Nur schade, wenn er ein paar Jahre später die Diagnose Lungenkrebs bekommt, weil ihm die Wunderdroge nicht so gut bekommen ist ...

Um im Leben Erfolg zu haben, müssen wir viele Frustrationssituationen überstehen – und es immer wieder neu versuchen. Nicht zufällig sagt man, Ski fahren könne man dann, wenn man 100-mal hingefallen ist ... Wer ein Musikinstrument lernt oder gelernt hat, weiß, wie oft man sich verspielt, bis man den richtigen Dreh findet. Beim Sport ist es dasselbe. Auch dort bekommt man meist sofort die Rückmeldung, ob man es richtig gemacht hat oder nicht.

Ein wesentlicher Faktor fehlgeleiteter Erziehung ist die mangelnde Frustrationstoleranz. Und diese ist wiederum die beste Voraussetzung für Sucht – und ein wesentliches Element für ihre Erhaltung. Von der schwarzen Pädagogik zur Kuschelpädagogik war es um 1968 nur ein kleiner Schritt, von einem Extrem zum anderen. Prügel und gnadenlose Kritik sind für ein Kind genauso schrecklich und letzten Endes kontraproduktiv wie übertriebenes Lob und vorauseilendes In-Schutz-Nehmen vor allen Unbilden des Lebens.

### *Gefühle stehen im Mittelpunkt*

Es gibt nur wenige Grundgefühle: Freude, Angst, Lust, Trauer, Ärger/Wut. Alles andere sind zusammengesetzte oder gemischte Gefühle wie z.B. die Ent-Täuschung mit der Nähe zur Frustration: Hier kann Angst eine Rolle spielen, aber auch Ärger und Wut, vielleicht Trauer. Die gesamte Werbung verheißt uns nun, dass unsere guten, unsere angenehmen Gefühle wie Lust und Freude gesteigert und unsere unangenehmen Gefühle wie Angst, Ärger und Trauer gemildert werden.

### *Konsumiere – und du bist glücklich!*

Das geht vom Magenbitter, der uns über irgendeinen Berg hilft, oder dem Geist der Klosterfrau, der uns – mit bemerkenswerten 79 % Alkohol und ein paar Milligramm Kräutern! – von Wetterfühligkeit und allem Möglichen befreit, bis zum Deo, das Frauen oder Männer magisch anzieht, oder zum Videospiel, das uns von den Alltagssorgen ablenkt usw. Dann hilft man uns auch mit unzähligen Mitteln und Mittelchen, unsere Defizite auszugleichen, Diät zu halten, abzunehmen, eingebildeten Mineralstoffmangel aufzufüllen, unsere Venen oder unsere Prostata zu unterstützen usw.

### *Das Ergebnis: Leere*

Die meisten Süchtigen tun sich sehr schwer damit, Gefühle auszudrücken. Haben sie es in der Familie überhaupt einmal gelernt, Gefühle zu fühlen und darüber zu sprechen, haben sie es mithilfe verschiedener Mittel verlernt – oder sind so unendlich »cool« geworden, dass Angehörige wie sie selbst manchmal von einem »Herz aus Glas« sprechen. Oder sie platzieren ihr Gefühlsvakuum irgendwo in die Magengegend und sprechen von Leere. Und diese lässt sich mit Nahrung aller Art ausfüllen, am besten mit weichem Junkfood und Alkohol oder Softdrinks. Gegen die Leere im Kopf helfen Betäubungsmittel, vorzugsweise aus dem Medienbereich. Man dröhnt sich zu, um sich und andere und die öde Umwelt gar nicht mehr zu spüren …

### *Das trojanische Pferd ist da*

Die Angreifer besiegten Troja, indem sie scheinbar abzogen und dafür ein Geschenk vor den Toren der bis dahin uneinnehmbaren Stadt hinterließen, ein schönes, großes, hölzernes Pferd. Begeistert zogen es die Trojaner durch die geöffneten Stadttore. Nur leider hatten sich im Hohlraum des Pferdes gegnerische Kämpfer versteckt, die nachts herauskamen und ihren wieder herangerückten Kollegen die sorgfältig wieder verschlossenen Tore öffneten … Damit begann die Zerstörung der heiligen Stadt, wie es am Beginn der Odyssee heißt, der immer noch berühmtesten Abenteuergeschichte über die Irrfahrten des Odysseus, der nach vielen Jahren endlich wieder zu Hause eintraf.

Mit den Medien haben wir uns bis ins Wohnzimmer, bis in die intimsten Ecken unseres Lebens ein trojanisches Pferd hereingeholt. Natürlich bringt es nicht nur Böses, aber inzwischen leider überwiegend. Andere sprechen von einem apokalyptischen Reiter, der ebenfalls viel Unheil gebracht hat.

Wir, unsere Kinder und unsere Enkelkinder müssen mit den Massenmedien in all ihren Varianten klarkommen. Wie bei der Eisenbahn, dem Auto oder dem Flugzeug können wir nicht mehr zurück in die auch nicht immer romantische Vergangenheit. Maschinenstürmer hatten langfristig nie Erfolg, auch wenn ihre Wut allzu verständlich war.

### *»Medienkompetenz« – ein schillernder Begriff*

Allein darüber könnte man einen langen Essay schreiben. Ich will es Ihnen ersparen. Kurz gesagt brauchen wir meines Erachtens unseren Kindern nichts mehr beizubringen. Wir sollten Grenzen setzen, energische Grenzen, was die Verfügbarkeit der Medien im frühen Alter angeht. Wir sollten im Gespräch bleiben – und vor allem ständig Alternativen anbieten, die eigentlich jedes Kind interessanter finden wird als die stundenlange Benutzung einer Spielkonsole oder das Glotzen widerlicher Shows mit menschenverachtenden Moderatoren. Denn laut Professor Dr. Pfeiffer (s. www.kfn.de) und vielen anderen Wissenschaftlern macht hoher Medienkonsum Kinder dumm, dick, depressiv, asozial und gewalttätig.

Deshalb habe ich einen wesentlichen Teil des Buches den Lösungen gewidmet. Es gibt noch eine primäre Welt, die sich viel spannender anfühlt als die Computermaus oder die Tastatur eines Laptops oder die Sticks an der Konsole.

## »Ich bin eine zutiefst oberflächliche Person«

Andy Warhol soll diesen unnachahmlichen Satz gesagt haben, der noch eine Steigerung darstellt gegenüber dem »Mann ohne Eigenschaften« im Roman von Robert Musil. In meiner HFF-Zeit habe ich damals schon einige Filme von Warhol gesehen, erst vor wenigen Jahren eine Retrospektive seiner Bilder im Museum in Berlin. Er war einer der Ersten, der Realität verdoppelt hat, variiert, vervielfältigt. Ständig trug er eine Polaroidkamera mit sich herum. Warhol fotografierte dauernd, filmte schlafende Liebhaber, nahm natürlich auch Drogen und hatte wahrscheinlich immer weniger Kontakt zur Realität.

Wie begeistert wäre der 1987 mit nur 57 Jahren verstorbene Warhol über die Möglichkeiten der heutigen Kameras gewesen, die Computer, über DVD, über das Internet, das Handy ...?! Wie meinte er doch? »Als ich meinen ersten Fernseher bekommen habe, hörte ich auf, mich um enge Beziehungen zu kümmern.« Und: »Ich liebe Los Angeles und Hollywood. Dort ist jeder aus Plastik, aber ich liebe Plastik.«

Dem Leben stand der meist ausdruckslos-depressiv starrende Warhol recht skeptisch gegenüber: »Geboren zu werden ist wie entführt zu werden – um dann in die Sklaverei verkauft zu werden.« Mit einem hat er sich allerdings verspekuliert: »Ich glaube nicht, dass Menschen sterben. Die sind nur einkaufen.«

## Andere Süchte

Keine Angst, es wird im Weiteren nicht nur um die Onlinesucht und ihre möglichen Auswirkungen gehen. Arbeitssucht ist eine nicht neue, aber offenbar zunehmende Form der Sucht geworden. Gewicht und Diät, Fettsucht und Magersucht wurden schon kurz gestreift. Alkohol, Medikamente und die »guten alten Drogen« wie Haschisch bleiben uns erhalten. Sie bilden nach wie vor die Basis des Suchtgeschehens. Abgenommen hat ihre Bedeutung trotz gewisser Bemühungen kaum. Die Summe der Süchte ist insofern nicht gleich geblieben, sondern sie hat noch zugenommen.

Merkwürdig, dass die uralte Festlegung in der Sprache von Sucht = siech als Inbegriff von Krankheit sich fast albtraumartig erfüllt und erweitert hat. Man kann sagen: »Wer den Alkoholismus kennt, kennt die Medizin.« Das bezog sich auf die fast unendliche Liste von nicht weniger als 139 organischen Krankheiten und mögliche direkte oder indirekte Todesursachen, die der Missbrauch von Alkohol bringen kann.

### *Verhaltenssüchte*

Hier ist es ein bisschen schwieriger, die Schädigung zu erkennen. Noch kann man die verkorksten Datenautobahnen Online- und Spiele-Geschädigter im Gehirn nicht sichtbar machen. Emotionale Defizite fallen nicht so schnell auf, körperliche Schäden sind durchaus zu beobachten, aber nur im Extrem auf Internet, Computer und Spiele zurückzuführen. Die soziale Vereinsamung ist in einer narzisstischen Gesellschaft nur schwer auszumachen. In München und anderen Großstädten sind über die Hälfte der Haushalte Singlehaushalte: Wer bemerkt da überhaupt noch etwas, wenn jemand sich die Nächte mit World of Warcraft um die Ohren schlägt oder sein letztes Geld mit Glücksspiel vernichtet?

Immer mehr Menschen entziehen sich der sozialen Kontrolle, wollen ungestört ihr Ding durchziehen, keine Kompromisse in ihrem Egoismus eingehen. Der Preis, den sie dafür zahlen, ist weit höher, als ihnen bis zuletzt bewusst ist. Immer wieder liest man darüber, dass übel riechende oder gar schon mumifizierte Leichen vor laufenden Fernsehern aufgefunden werden ...

### *Suchtkarriere: Am Anfang ist alles schöner*

Das Gefährliche an der Sucht besteht darin, dass es am Anfang eine Pseudoharmonie gibt: Alles wird eigentlich schöner. Ich fühle mich mit dem Suchtmittel besser, körperlich, gefühlsmäßig und sozial. Das Mittel gibt mir vielleicht mehr Selbstwertgefühl, entlastet mich von Spannung und Angst, nimmt die Schüchternheit, vermittelt einen sozialen Kontext, den ich vorher nicht hatte. Im Kopf kann ich je nach Substanz oder Verhalten meine Fantasien oder Größenideen entwickeln – oder mich ganz einfach betäuben.

In einer zweiten Phase wird die Sucht dann zur Charakterkrücke: In bestimmten Situationen kann ich nicht mehr ohne sie auskommen. Kein Diskobesuch ohne ein paar alkoholische Vorglüher, kein Regennachmittag ohne Dauerspiel im Internet, keine Liebesenttäuschung oder schulische Frustration ohne Frustessen und mediales Egoshooterspiel usw.

Die dritte Phase ist dann die der Sucht im engeren Sinne. Man rutscht hinein, ohne es zu merken. Bei manchen Substanzen braucht es einige Übung und Ausdauer wie beim Alkohol, bei anderen wie Kokain oder Heroin geht es ruck, zuck, bis die Notwendigkeit besteht, das Suchtmittel zuzuführen, bis Entzugserscheinungen psychischer oder körperlicher Art entstehen. Ein Jugendlicher, der bei Stromausfall oder Zerstörung der Internetverbindung durch wütende Eltern das Zimmer zerlegt, demonstriert drastisch, was Abhängigkeit bedeutet.

Am Ende kommt der Abbau, der Zusammenbruch im körperlichen, sozialen und/oder psychischen Bereich. Da ist dann die Gesundheit weg, die Beziehung futsch, das Geld, alles ...

## *Suchttherapeuten – am Ende der Entwicklung*

Sie haben es in Ihrer Umgebung vielleicht schon traurig miterleben müssen, dass Sucht lange, lange dauern kann, bis jemand – Betroffener oder Angehöriger – erstmals Hilfe sucht. Und damit können Sie auch nachvollziehen, dass es nicht einfach ist, kurz vor dem Abbaustadium noch etwas zu retten. Wir Suchttherapeuten stehen täglich vor dieser Herausforderung. Es ist zugegebenermaßen anstrengend, Suchtkranken zu helfen. Aber es ist möglich! Die Erfolgsquoten bei der Alkoholkrankheit z.B. sind weit besser, als von den meisten angenommen. Sie liegen bei bis zu 50 % und mehr bei adäquater Entwöhnungstherapie, nicht nur Entgiftung.

Über die Erfolgsquoten bei anderen Süchten wird ständig debattiert. Nicht selten gibt es ja die Suchtverlagerung: Heroinabhängige tendieren zu Computer und Alkohol – oder sie werden sportsüchtig, trainieren bis zum Umfallen. Alkoholiker greifen zur Schokolade, die sie früher nie gemocht haben. Raucher essen, was der Kühlschrank hergibt, um nicht so nervös zu sein.

Wir machen uns in der Therapie keine Illusionen. Aber wir wissen, dass wir bei allen Frustrationen viel erreichen können. Manchmal genügen ein paar Stunden, um schon eine Kehrtwende herbeizuführen. Manchmal braucht es Jahre mit vielen Hochs und Tiefs, Rückfällen und Suchtverlagerung, bis endlich eine Stabilisierung eintritt. Es ist jedoch nie zu spät. Noch nie sind Menschen so alt geworden. Und jeder Lebensabschnitt sollte mit Freude und Begeisterung gelebt werden. Dazu gehört sehr häufig der Abschied von diesem oder jenem Suchtmittel.

# ONLINESUCHT
## – kein ganz neues Phänomen

Ich erinnere mich noch gut, wie uns vor knapp 30 Jahren ein Pharmavertreter ein neues Medikament vorstellte im Kreiskrankenhaus Mainburg. Er betonte, dass man nun endlich ein Benzodiazepin, also ein valiumartiges Medikament, gefunden hätte, das kaum ein Suchtpotenzial aufweisen würde. Dieser Traum hatte sich schon häufiger als trügerisch erwiesen. Jetzt also auf ein Neues ... Stutzig wurden wir als Team von jungen Ärzten mit einem jungen Chef allerdings, als der Pharmareferent betonte, man solle zunächst nur eine viertel Tablette nehmen – und das am besten gleich auf der Bettkante sitzend. Da staunten wir und versuchten, die Angaben zu relativieren. Vergeblich! Und was hörte man wenige Wochen später aus dem Englischen Garten in München: Das Rohypnol – auch als »Fluni« bezeichnet wegen der enthaltenen Substanz Flunitrazepam (Valium = Diazepam) – wurde zu guten Preisen auf dem Drogenmarkt gehandelt. Im Laufe der Jahre ist Rohypnol bis heute zum beliebtesten Stoff der Drogenabhängigen geworden, als Ersatz, um sich zuzumachen, und zur Bekämpfung von Nebenwirkungen der Substitutionsdrogen wie Methadon.

Es kann also mehr oder weniger lange dauern, ein Suchtpotenzial zu erkennen. Und es gibt unterschiedliche Interessen, hin- oder wegzuschauen. Bis heute werden die Zahlen der Medikamentenabhängigen von Professoren, die der Pharmaindustrie nahestehen, bei den Benzos gerne heruntergespielt, so wie früher bei den Barbituraten (Schlafmittel und wirksam gegen epileptische Anfälle), an deren Wirkung erst viele sterben mussten, bevor man sie wenigstens rezeptpflichtig gemacht hat. Das reduziert natürlich die Absatzmöglichkeiten enorm, noch schlimmer, wenn man Substanzen unter die strengen Regeln des Betäubungsmittelrechts stellt. Hier leisten die, die daran direkt und indirekt verdienen, erbitterten Widerstand.

Ähnlich stellt sich die Lage dar bei der Onlinesucht in ihren verschiedenen Ausprägungen. Nur ist hier eine Kontrolle noch viel schwieriger als bei Dingen, die immerhin noch materiell und nicht virtuell sind. Die gesamte Diskussion über Sinn und Unsinn, über Gefahren und Nutzen der neuen Medien aller Art sollte ausschließlich unter dem Gesichtspunkt des Gewinns betrachtet werden getreu dem Motto, dass unser Weltgeschehen bestimmt wird von Geld, Macht, Sex und Sucht.

## *1995 – Die Onlinesucht wird geboren*

Die *New York Times* brachte 1995 erstmals einen – ironischen! – Artikel zu einem Phänomen, das bis dahin undenkbar schien: der Abhängigkeit vom noch ziemlich jungen Internet. Ein Psychiaterkollege namens Ivan Goldberg hatte den Begriff IAD (Internet Addiction Disorder) – witzig gemeint – in die Diskussion eingebracht. Das erinnert mich an ein noch weit größeres »Phänomen«, bei dem es nicht um die innere, sondern die äußere Umweltverschmutzung ging. 1970 schnitt ich mir bei meinem ersten Aufenthalt in den USA aus der Zeitung die Kolumne eines bekannten Schriftstellers aus, der sich für witzig hielt, weil er das Wort »pollution« zum »problem of the year« erklärte, das sozusagen gegen verschiedene andere Probleme gewonnen hatte. Pollution bedeutet auf Deutsch ja eher unfreiwilliger, eventuell nächtlicher Samenerguss, auf Amerikanisch aber Umweltverschmutzung. Wer sich heute als Publizist über Umweltprobleme lustig machen würde, könnte seine öffentliche Rolle ganz schnell vergessen. Das wäre so ähnlich, als würde man einen Farbigen mit dem Wort »Neger« oder gar »Nigger« bezeichnen ...

1996 legte die Psychologin Kimberly S. Young auf einer Konferenz erstmals brauchbare Zahlen vor über jene Verhaltenssucht, die uns in den nächsten Jahrzehnten noch extrem beschäftigen wird. Kaum war es 2008, hatten wir auch in Deutschland eine erste Mediensuchtkonferenz! An dieser habe ich mit Freuden teilgenommen, traf ich dort doch endlich einige Fachleute und interessierte Laien wie auch Betroffene. Schon im Mai 2005 hatte ich Kontakt zu Frau Gabriele Farke aufgenommen, die Ende der 1990er-Jahre ihre Homepage www.onlinesucht.de gegründet hatte. Ich sollte und konnte im ZDF in der Sendung »Volle Kanne« live zu Fragen der gar nicht mehr so neuen Sucht Stellung nehmen in einem von Ingo Mommsen gut geführten Interview. Fast hätte ich dabei einen unnötigen Fehler gemacht: Vom Kösel-Verlag hatte ich die 1999 erschienene Übersetzung von Kimberly Youngs Buch *Caught in the Net – Suchtgefahr Internet* als Geschenk erhalten, da ich natürlich an allen Suchtphänomenen auch neben dem Alkohol interessiert bin. Nun hätte ich diesen klugen und flott geschriebenen Ratgeber von Frau Professor Dr. Young den ZDF-Zuschauern gern empfohlen. Doch das Buch war inzwischen aus dem Handel genommen worden, da es sich nicht gut genug verkaufte!

### *Das Zögern der Experten – Harte Kriterien sind gefordert*

Kritikern gefiel die Eingruppierung der übermäßigen Internetnutzung als Sucht erst einmal gar nicht, wie bei Akademikern häufig, wenn es um ein Novum geht. Immerhin gab es bald auch europäische Experten wie den Wiener Neurologen Hans Zimmerl, die sich für das Thema interessierten. Gemeinsam mit Beate Panosch von der Universität Innsbruck führte Zimmerl innerhalb eines beliebten Chatrooms eine erste Untersuchung durch. Aus einer Gruppe von über 12 % Missbrauchern berichteten über 30 % über rauschähnliche Erlebnisse und über 40 % hielten sich schon für süchtig.

Hier geht es natürlich um klare Definitionen, um nicht nur einem modischen Trend zu folgen. In Anlehnung an die Kriterien des weltweit verbreiteten *DSM IV* (Diagnostisches und statistisches Manual der American Medical Association) kann man Folgendes abfragen oder ermitteln:

- Die Substanz (oder das Verhalten) wird häufig und in größeren Mengen oder länger als beabsichtigt eingenommen (ausgeübt).
- Anhaltender Wunsch oder ein oder mehrere erfolglose Versuche, das Verhalten zu verringern oder zu kontrollieren.
- Es wird viel Zeit für die Beschaffung investiert.
- Häufiges Auftreten von Vergiftungs- oder Entzugserscheinungen, wenn eigentlich die Erfüllung wichtiger Verpflichtungen erwartet wird.
- Wichtige soziale und/oder berufliche Aktivitäten werden aufgegeben oder eingeschränkt.
- Der Missbrauch/das Verhalten wird fortgesetzt trotz Kenntnis eines anhaltenden oder wiederkehrenden sozialen, psychischen oder körperlichen Problems.

- Ausgeprägte Toleranzentwicklung gegenüber der Substanz bzw. dem Verhalten.
- Auftreten charakteristischer Entzugssymptome.
- Häufige Einnahme der Substanz, um Entzugsphänomene zu bekämpfen oder zu vermeiden.

Drei oder mehr dieser Anzeichen müssen einen Monat oder länger vorhanden sein, um definitionsgemäß von Sucht zu sprechen.

Die Klassifizierungssysteme sind natürlich nicht unumstritten. Sie stellen die Meinung einflussreicher Wissenschaftler dar, die sich im Laufe der Jahre auch als einseitig oder inkomplett herausstellen kann. So sollte man hier unbedingt die Schuldgefühle wegen des Verhaltens ergänzen, das typische Bagatellisieren (»War doch gar nicht so lange ... das bildet ihr euch bloß ein!«) und den zum Teil drastischen Verlust der Arbeitsfähigkeit aufgrund von Schlafmangel und Konzentrationsstörungen.

## *Die digitale Droge – billig, anonym und tückisch*

Immerhin schon 2001 erschien im *Spiegel* ein ausführlicher Artikel zum Thema. Hier war von den dramatischen möglichen Folgen die Rede, vom Realitätsverlust, vom Scheitern menschlicher Beziehungen, von Verarmung nicht nur im übertragenen, sondern auch im direkten Sinne. Eines hat sich inzwischen fast in Luft aufgelöst: die damals noch enormen Kosten. Aus der Suchtforschung ist bekannt: Der Preis einer Droge ist durchaus ein begrenzender Faktor. Steuererhöhungen beim Branntwein, bei den Zigaretten etc. sind ein wirkungsvolles Instrument, den Konsum zu bremsen. Wenn wir z.B. annehmen, Kokain würde durch ein Überangebot plötzlich so billig werden wie Haschisch, der Preis würde von 80 bis 100 Euro pro Gramm auf 5 bis 10 Euro sinken: Die Kokainkonsumenten würden an Zahl erheblich zunehmen. Kokain wäre plötzlich nicht mehr nur Schickeriadroge derer, die es sich leisten können, sondern zugänglich für Otto Normalverbraucher. Dasselbe Phänomen haben wir mit den Onlineangeboten. Inzwischen überbieten sich die Anbieter mit niedrigen Flatrates, sodass die Kosten im Gegensatz z.B. zu 2001 völlig zu vernachlässigen sind. Aber keine Sorge: Das Geld kommt im Internet über andere Kanäle wieder rein. Drogenhändler geben nicht so schnell auf ... Inzwischen kosten die Spiele natürlich etwas, dazu kommt – grotesk genug – bspw. ein virtueller Immobilienhandel, zu vergleichen dem Product-Placement im Film und im Fernsehen.

Schon 2001 wurde vor möglichen Dauerschäden gewarnt in Form von Wirbelsäulen- und Genickproblemen, Beeinträchtigung der Augen, Dauerstressauswirkungen wie Schlafstörungen, Kopfschmerzen, Kreislauf- und Gewichtsproblemen.

Das Interesse an der noch unter verschiedenen Bezeichnungen laufenden Onlinesucht war jedoch offensichtlich noch nicht nachhaltig, was am Misserfolg von Youngs Buch abzulesen ist. Aber irgendwann nützt das Leugnen auch im öffentlichen Kontext nichts mehr. Vor allem verzweifelte Angehörige waren es (wie im Beispiel der oben erwähnten Familie Hirte), die Hilfe suchend auf das allzu konkrete Phantom aufmerksam gemacht haben.

2006 erschienen zwei sehr unterschiedliche Bücher zu einem der Teilthemen der Onlinesucht, zur Computerspielsucht: *Computerspielsüchtig? Rat und Hilfe für Eltern* von Sabine M. Grüsser und Ralf Thalemann und *Computersüchtig. Kinder im Sog der modernen Medien* des Erziehungswissenschaftlers Wolfgang Bergmann und des Professors für Neurobiologie Gerald Hüther. Während das erste ganz in der Tradition der positivistischen Wissenschaft reichlich trocken und spitzfingrig eine relativierende Haltung einnimmt, gehen Bergmann und Hüther sehr viel mehr auf die psychologischen Hintergründe ein: auf die »Auswirkungen von Computerspielen auf die Seele und das Gehirn«. Am Schluss steht die Überlegung: »Wie entsteht die Entfremdung und wie verhindert man sie?« Es dreht sich dabei um den pädagogischen Gesamtzusammenhang.

### *Eine Sucht kommt nie allein*

Beiden Veröffentlichungen fehlt meines Erachtens der deutliche Hinweis, dass das Spielen nur eine von mehreren Erscheinungsformen ist, die die Kinder so in ihrer Entwicklung beeinträchtigen, dass sie trotz vielleicht überdurchschnittlicher Intelligenz womöglich schul- und ausbildungsunfähig werden. Es geht z.B. auch um die Sexualität, die hier so verformt werden kann, dass normale (Real-)Beziehungen später kaum mehr zu erwarten sind. Jeder dritte 15-Jährige, vor allem, aber nicht nur Jungs, schaut täglich Pornoseiten an, deren Hochladen durch Begrenzungsprogramme kaum verhindert werden kann. Sex verkommt hier zur Ware, die man wie im Supermarkt in den Einkaufswagen wirft. Hätten Sie es lieber von vorne oder von hinten, oral, vaginal, anal, sadomaso ... Es ist so widerlich, dass sich das ahnungslose Eltern oft nicht ausmalen können.

Ich bin wahrlich nicht verklemmt, ein Kind der sexuellen Revolution. Aber es ist genau das passiert, was Wilhelm Reich vorhergesehen hatte: Nach dem Zusammenbrechen der wohlanständigen Fassade kommt die zweite Schicht von Widerlichkeiten und Pornografie zum Vorschein, durch die wir erst hindurchmüssen, bevor wir zum biologischen Kern vordringen können, wo wirklich verantwortungsvolle und gleichzeitig freie Sexualität stattfinden kann.

Zur Pornografie – genau genommen alles, was die Sexualität schlecht macht, statt sie angemessen zu würdigen – kommen die Zigaretten, die Chips oder die Tiefkühlpizza, die Bierdose oder Red Bull, das ständige Zudröhnen mit Musik im einen Ohr, Handy am anderen ... kurz gesagt Multitasking im modernen Sinne. Man könnte das auch als Polytoxikomanie bezeichnen, obwohl dieser Begriff eigentlich nur für die stoffgebundenen Süchte verwendet werden darf. Nicht wenige, in den bisherigen Studien nach meiner Kenntnis nicht erfasste Konsumenten verwenden zum Wachbleiben – morgens um 4 Uhr nicht so einfach! – Amphetamine oder auch Kokain, zum Beruhigen dann wieder Valium und anderes.

## *Die Verfügbarkeit ist das Risiko*

Rein zufällig ist in meiner Lebensspanne exakt die Entwicklung enthalten, die ich hier beschreibe: 1948 war nach dem Zweiten Weltkrieg das erste Jahr der Hoffnung, des Aufschwungs, der Perspektiven einer schönen Zukunft. Die Währungsreform hatte plötzlich alle Waren wieder ans Licht gebracht. Die Menschen glaubten wieder an sich und den Effekt ihrer Bemühungen. Die WHO wurde gegründet, der Staat Israel usw. Das bedrohte Berlin erlebte die wunderbare Luftbrücke der Alliierten, die mit ihren Rosinenbombern das Leben der Berliner retteten und deutlich machten, dass die Sowjetunion nicht alles erreichen konnte.

Es ging also steil bergauf mit dem Wirtschaftswunder. Aber dann kam eben die Fresswelle, die Sauf- und die Italienwelle ... Die Wohlstandsprobleme hatten begonnen. Im Kalten Krieg siegte der Westen ganz eindeutig, weil er auf Freiheit und die Initiative des Einzelnen setzte. Kaum war der Eiserne Vorhang 1989 gefallen, begannen in den befreiten Ländern mit nur geringer Verzögerung dieselben Konsumprobleme wie im Westen. Inzwischen zeigen sie sich längst auch in China. Alles hängt zusammen mit der *Verfügbarkeit* der Konsumartikel.

So wie 1948 der Start der Hoffnung war, könnte 2008 als der Start der Verzweiflung in die Geschichte eingehen. Weltweit droht erstmals wieder eine Rezession nach der Finanzkatastrophe. Wer hätte noch vor kurzem den passenden Vergleich der Börse mit einem Spielkasino gewagt? Wir haben oder hatten alles. Und jetzt kann es wieder eng werden ...

Zu den Medien hier nur ganz knapp einige Eckdaten:

In der provozierenden Titelgeschichte des *Spiegel* vom 11.8.2008 »DOOF? Vernetzt, verquatscht, verloren« findet sich eine Statistik, nach der in nur zehn Jahren von 1998 bis 2008 der Internetkonsum dramatisch zugenommen hat: weltweit von 0,2 auf 1,4 Milliarden Menschen. Die Nutzer in Deutschland vermehrten sich statistisch von 6,6 auf 42,7 Millionen der über 14-Jährigen. 65 % der Deutschen sind online, 1998 waren es noch 10 %.

Wikipedia ist die Wissensmaschine Nummer eins. Trotzdem erschreckend, wenn der Begründer Jimmy Wales schwärmt: »Wer braucht noch ein Gedächtnis, wo es doch Google gibt?«

# Gespielte oder ver-spielte KINDHEIT?

Auf der Straße vor unserem Haus versammeln sich an jedem Mittwochmorgen einige Mütter und Väter mit ihren noch kleinen Kindern. Sie wandern dann – bei jedem Wetter – in den Wald, offenbar versorgt mit entsprechenden Matten, Proviant etc. Noch nie haben wir gefragt, was die jungen Familien da machen. Aber es gibt ein schönes Gefühl von Abenteuer und erinnert uns an die Erlebnisse mit unseren Kindern im – ja – Waldorfkindergarten. Ich weiß, einige LeserInnen werden jetzt aufheulen. Aber es hat nichts mit Nostalgie oder gar Rückständigkeit zu tun, wenn Kinder auch ohne Plastikspielzeug auskommen, sogar weitgehend ohne Fernseher. Wenn Materialien angeboten werden wie Tücher, Tannenzapfen, Holzklötze usw., die die Kinder, nicht die Kindergärtnerin, hinterher wieder aufräumen. Eines der beliebtesten Spielzeuge unserer beiden Kinder, inzwischen erwachsen und keineswegs weltfremd, war eine Kiste mit Abfällen aus einer Schreinerwerkstatt. Wir hatten einfach Holzteile gesammelt, ein bisschen abgeschmirgelt – fertig. Das hat außer einem Trinkgeld für die Gesellen nicht mal was gekostet.

Kinder lieben ritualisierte Abläufe, wie sie in strukturierten Elternhäusern und eben auch in guten Kindergärten angeboten werden. Das gibt Halt und Sicherheit, vom gemeinsamen Essen über die Feste des Lebens bis zu Ausflügen und Reisen. Kriterien einer »Familienpersönlichkeit«, wie sie Aaron Antonovsky in seinem Konzept der Salutogenese vertritt, sind häufig nicht mehr anzutreffen. Dabei ist dieses Modell von gemeinsamen Werten, Ritualen, Liebe usw. genauso wichtig wie die individuelle Persönlichkeit.

Heute wird z.B. die Zeitstruktur meistens vorgegeben vom – genau! – Fernsehprogramm oder von den Pseudoausflügen und -kämpfen der Onlinespiele. Natürlich spricht nichts dagegen, sich »Die Sendung mit der Maus« – gewiss nicht verdächtig, reaktionär zu sein – gemeinsam am Sonntagvormittag anzuschauen. Aber es wäre dann auch gut, nicht hinterher eine Tiefkühlpizza vor dem Fernseher oder Computer zu verschlingen, sondern sich zu einem Essen ohne Hintergrundmedien zu versammeln, wenigstens am Sonntag, wenn es in der Woche schon schwierig ist. Es soll an diesen Geräten noch immer so etwas wie einen Aus-Knopf geben ...

## *»... solange passt der Fernseher auf euch auf!«*

So heißt es in einer Folge der beliebten Familien-Fernsehserie »Die Simpsons«, die ständig den Gebrauch und Missbrauch der Medien (allerdings noch ohne Internet und Handy) ironisch spiegelt. Die Eltern gehen ausnahmsweise mal aus – und engagieren statt eines Babysitters den modernen und kostenlosen Dienst des Glotzofons oder der »Zeitvernichtungsmaschine«, wie es Neil Postman treffend formulierte. Was die Kinder da zu sehen kriegen? Überwiegend grauenhaften Schrott, der eben nicht ohne Auswirkungen auf das kindliche

Gehirn bleibt. Im Rahmen meiner Arbeit an diesem Buch habe ich gelegentlich in das Nachmittagsprogramm geschaut. Was da insbesondere auf den Privatsendern zu sehen ist, spottet jeder Beschreibung. In jeder Stunde TV gibt es laut Untersuchungen mehr als vier Morde, dazu noch mal 5,11 andere schwere Gewalttaten. Kinder lernen also Grausamkeiten, wie es Manfred Spitzer oder Marianne Koch in ihren hervorragenden Büchern zur Mediengefahr und zur Gesundheit von Kindern ausdrücken. Gibt es nicht zu denken, dass jeder dritte Jugendliche unter massiven Ängsten leidet, meistens von den Eltern unbemerkt? Wer will nicht gerne cool sein, statt zuzugeben, dass es drinnen im Herzen ganz anders aussieht?!

### *Pseudorealitäten*

Neben der Gewalt gibt es natürlich die zunehmenden Geschmacklosigkeiten und Entgleisungen, z.B. in angeblichen Talksendungen, die in Wirklichkeit ja arrangiert sind, bis hin zu den Pseudotherapien, die von skrupellosen Vertretern unseres Fachs angeboten werden. Hier werden, am Samstagnachmittag noch einmal komprimiert, Intimitäten und Gemeinheiten aller Art ausgebreitet, mit denen Kinder, allein in ihren Zimmern, wenig anfangen können, es vor allem nicht adäquat verarbeiten können. Es bleibt eine tiefe Verunsicherung über die Welt der Erwachsenen, konträr zum Sinn von Kohärenz, den Kinder eigentlich erwerben sollten: dass die Welt schwierig ist, aber doch irgendwie begreifbare und nicht unkontrollierbare Zusammenhänge bietet.

Moderiert werden diese Sendungen über Menschen, die ganz offensichtlich exhibitionistisch veranlagt sind und bisweilen sicher unter einer schweren Persönlichkeitsstörung leiden, meist von attraktiven Moderatorinnen, die oft ein falsches Bild von Weiblichkeit vermitteln mit reichlich Silikon und anderen Schönheitsreparaturen. Pseudobetulich und pseudomenschlich vermitteln sie angeblich Versöhnung, die in Wirklichkeit nicht stattfindet. Es geht nur um die heilige Einschaltquote, sonst nichts. Für dieses Ziel, letzten Endes Geld, ist jedes Mittel recht. Der Freund regt sich auf, weil die Borderline-Freundin gerne vor den Augen geiler Männer strippt in einer Form, die mit Tanzen nun nichts mehr zu tun hat ... Der andere Freund fühlt sich zu Unrecht in die Verantwortung gezogen, weil seine Freundin nach einem Koitus interruptus (ohnehin keine schöne Form sexueller Vereinigung) sein Sperma vom Bauch in die Scheide transportiert, um von ihm schwanger zu werden. Und das sollen Kinder am Nachmittag anhören?! Geht Toleranz hier nicht zu weit?

### *In Wirklichkeit ist die Realität ganz anders*

Aus Anlass eines Interviews mit einer Münchner Boulevardzeitung habe ich die Regeln zusammengefasst, die meines Erachtens sinnvoll sind im Umgang mit den neuen Medien. Sie sind zu finden auf www.rollenspielsucht.de. Es geht nicht nur um Gewalt und Sex, es geht insgesamt um die Auseinandersetzung mit der Realität. Viele kennen den Spontispruch »In Wirklichkeit ist die Realität ganz anders«. Das ist sehr klug formuliert: Kinder und Jugendliche wissen wahrscheinlich kaum mehr zu unterscheiden zwischen der physischen Wirklichkeit und der Realität, wie sie die Medien wiedergeben. Das beginnt schon bei der körperlichen Erscheinung. Der grandiose Quotenerfolg von »Germany's next Topmodel« steht für eine künstliche Welt voller falscher Versprechungen und einem widerlichen Zynismus einer Mode-Tussi, die sich nicht schämt, junge, untergewichtige, ehrgeizige Mädchen vor einem Millionenpublikum zu demütigen. Würde sich heute eine Schönheit wie Sophia Loren mit Fotos für einen Wettbewerb anmelden, die Juroren würden vor Lachen unter dem Tisch liegen ... Charakterkopf und weibliche Formen sind nicht mehr gefragt.

Wie soll sich ein pummeliges Mädchen bei der x-ten Wiederholung der Next-Topmodel-Serie fühlen im Kreise ihrer gackernden Freundinnen? Wo sie doch all die Kriterien nie erfüllen würde, sich aber danach sehnt, auch Beachtung und letzten Endes Liebe zu finden? Schmale Hüften und gleichzeitig ein Riesenbusen – das hat die Natur normalerweise nicht vorgesehen. Also wird künstlich nachgeholfen mit der Hilfe von Arztkollegen, die sich an den Minderwertigkeitsgefühlen von Jugendlichen und Erwachsenen eine goldene Nase verdienen. Plastische Chirurgie ist ein unglaublich spannendes Fach, in dem viel hervorragende Arbeit geleistet wird. Einen Teil meines praktischen Jahres habe ich in der entsprechenden Abteilung im Münchner Klinikum Rechts der Isar verbracht (heute eine Elite-Uni). Besonders interessant waren die Stunden in der Poliklinik, wo die Patienten – überwiegend Frauen – ihre Sorgen vortragen konnten. Es wurde viel Sinnvolles entschieden und gemacht, aber es gab auch damals schon den noch kleinen Markt der Eitelkeiten. Seitdem weiß ich aus den Beobachtungen bei der OP-Assistenz und von der Station, wie ein Silikonbusen aussieht, wenn er gut oder auch weniger gut aufgerüstet ist. Oder eine verkleinerte Brust, weil die schweren Gewichte zu psychischen, aber eventuell auch orthopädischen Problemen am Rücken geführt haben. Aber das ist ja nicht Thema in den Shows, den Fernsehsendungen, Filmen, Modemagazinen etc. Es werden unerfüllbare Schönheitsideale vorgeführt, die die meisten KonsumentInnen frustriert zurücklassen. Immer häufiger drängen Teenager ihre Eltern zur Zahlung unnötiger Operationen, da sie glauben, nur so ihr Selbstwertgefühl stabilisieren zu können.

### *Model, Moderatorin oder ???*

Eine Vielzahl junger Mädchen möchte Model werden. Die Dokumentationen über das elende Dasein der großen Mehrheit dieser Klappergestelle, z.B. in schimmeligen Mehrbettzimmern in Mailand, werden dabei geflissentlich übersehen, auch die Tatsache, dass die Anzahl von Moderatorinnen äußerst begrenzt ist.

Beim Schrumpfprozess eines in München ansässigen Privatsenders kam eine gerade entlassene Moderatorin kurzzeitig zu mir in Therapie. Sie stammte aus gutem Elternhaus, war gebildet, hatte aber eine beidseits hochneurotisch geprägte Beziehung – und ein Gewicht an der gefährlichen Grenze. Durch die Demission aus ihrem lange herbeigesehnten Job war sie natürlich maximal gekränkt. Ich versuchte die Situation zu retten und riet ihr dringend, sich in eine psychosomatische Klinik zu begeben. Ja, das wolle sie auch tun, aber erst nach einem Besuch ihrer Familie in Düsseldorf. Wenig später erfuhr ich durch Zufall über einen nur schwach getarnten Zeitungsbericht, dass sie tot aufgefunden worden war: ein Opfer ihrer galoppierenden Magersucht, mitten im Sommer wahrscheinlich entgleist im sogenannten Säure-Basen-Haushalt.

Ich frage mich: Wann hat eine Frauenzeitschrift mal den Mut, eine ganze Ausgabe ohne magersüchtige und ohne operierte Models zu gestalten? Aber wahrscheinlich ist das gar nicht mehr möglich.

Je niedriger die soziale Schicht, desto mehr klaffen Medienwunschwelt und Realität auseinander – und desto hemmungs- und grenzenloser werden die Fernsehwelten zur eigentlichen Realität. Was soll ich mich mit Deutsch und Mathe auseinandersetzen, womöglich in einer Lehre abplagen, wenn ich die Droge Fernseher ständig zur Verfügung habe?

### *Der Fernseher im Kinderzimmer – eine pädagogische Todsünde*

Viele Eltern sind zu feige, einfach Nein zu sagen, wenn es um die Installation eines Fernsehers im Kinderzimmer geht. Sie müssen sich anhören: »Der Alexander darf das auch! Ihr seid ja sooo altmodisch.« Wenig später kommen dann der DVD-Player und die Spielkonsole dazu. Und dann, falls es eine Steigerung zur Todsünde gibt, der Computer mit einer Flatrate. Jetzt ist also alles drin, der Zugang zu allen Möglichkeiten und zu allen Scheußlichkeiten des Internets. Viele Eltern verweigern ihren Kindern eine Erziehung im alten Sinne. Im Umgang mit den Medien reden sie sich dann – meist sogar zu Recht – damit heraus, dass sie ja davon zu wenig verstünden. Und viele Fachleute fänden das doch gar nicht so schlimm ...

Aber, liebe Eltern, für die Auswirkungen der Inhalte seid ihr mitverantwortlich! Es hilft wenig, bei nachlassenden Schulleistungen, steigendem Körpergewicht und emotionaler Abstumpfung nach dem Schulpsychologen oder dem Kindertherapeuten zu rufen. Die können dann genauso wie die hilflosen Lehrer nicht mehr viel ausrichten. Jahrelange Fehlentwicklungen sind nicht mehr ohne Weiteres zu korrigieren. Im positiven Fall bilden sich z.B. bei einem Musiker die entsprechenden Gehirnareale extrem aus, im negativen wie hier entstehen Muster im Sinne eines Gedächtnisses und Suchtgedächtnisses, dessen Reorganisation Jahre dauern kann. Kindheit, eben auch Medien-Kindheit, hat Folgen.

### *Wie viel Medien braucht das Kind?*

Die Statistiken zeigen, dass die meisten Kids pro Woche reichlich und täglich mehr Zugang haben zum Fernsehen, zum

Computer, zu Spielkonsolen, MP3-Playern und ihrem ach so geliebten Handy. Erfreulicherweise sind immerhin auch noch Bücher und Zeitschriften aufgeführt.

Auf der ersten Mediensuchttagung Deutschlands im Januar 2008 wurde in einem Arbeitskreis der Jugendprüfstelle eine ähnliche Statistik gezeigt. Ich wagte anzumerken, dass ich – wie die meisten Anwesenden – die Mehrzahl der aufgelisteten Medien in meiner Kindheit nicht zur Verfügung hatte, weil es sie noch gar nicht gab. Und zweitens: Haben diese Kids denn eventuell auch Bücher? Das sollen ja auch Medien sein ... Die anderen Teilnehmer gluckstEn, ihnen war genauso wie mir aufgefallen, dass hier nur noch elektronische Medien aufgeführt waren. Nach Büchern war gar nicht gefragt worden.

Nachdem der Mensch vor gar nicht so langer Zeit die Schrift eingeführt hat, noch etwas mühsam wie bei Familie Feuerstein auf Steinplatten gemeißelt, kam es dann dank der Weinpresse und eines gewissen Johannes Gensfleisch bzw. Gutenberg zum gut zu vervielfältigenden Massendruck, unter anderem mit den gefährlichen Schriften eines Martin Luther ... Aber nun geht demnächst das geschriebene Wort völlig verloren!? Hoffentlich hat man noch die Technologie, die Inhalte wiederzugeben. Die steinzeitliche Diskette lässt sich kaum mehr lesen, auch der Videorecorder tritt schon seinen Weg ins Deutsche Museum an wie die mechanische Schreibmaschine.

Spaß beiseite. Kinder lernen Schreiben natürlich nicht mehr auf der quietschenden Schiefertafel. Sie haben auch eine andere Lektüre als *Die gute Saat* oder *Die Fackel.* Aber die deutsche Schrift ist immer noch dieselbe, oder? Um die Kommata mache ich mir allerdings als Sohn, Enkel und Neffe von Gymnasial-Deutschlehrern ernsthafte Sorgen. Und wie kann es angehen, dass klassische Literatur, ja das gute alte Buch, zum Teil in bereinigten Fassungen als Schullektüre angeboten wird, um den Schülern eine altmodische Sprache zu ersparen wie bei

Theodor Fontane? Dann kann man doch gleich verkürzt Reader`s Digest-Versionen anbieten!

Mit dem Lesen, auch von Dietrich Schwanitz in seinem brillanten und witzigen Buch *Bildung* vehement verteidigt, müssen wir im Kopf eigene Welten entwerfen, sozusagen ein Kopfkino veranstalten, uns in emotionale Abläufe einfühlen oder logische Zusammenhänge nachvollziehen.

Die Hoffnungen, dass mit der Einführung der audiovisuellen Medien viele didaktische Probleme gelöst werden könnten, hat sich so nicht erfüllt. Natürlich kann man durch die Kombination von Wort und Bild und auch bewegtem Bild vieles einfacher machen. Aber den Kindern und auch den Erwachsenen bleibt es nicht erspart, das Gehirn einzuschalten. Und die allermeisten Inhalte des Fernsehens, darüber ist man sich inzwischen einig, dienen nicht zur Erhellung, sondern zur Verfinsterung der Intelligenz.

### *Online – neue Chance für Süchte: Internetjunkies überall*

Über das Internet drohen neue Suchtgefahren, nein, sie sind längst Realität. Hatte der Psychiater-Kollege Ivan Goldberg – selbst intensiver User! – 1995 den Begriff der Onlinesucht noch ironisch und als Scherz in die Debatte geworfen, so wissen wir heute, dass das jetzt nicht mehr neue Medium gleich mehrere Suchtkrankheiten auslösen kann, vergleichbar einer kombinierten Einführung von Alkohol, Tabak und Medikamenten. Geld, Macht, Sex und Sucht sind die Themen, die das Weltgeschehen weitgehend bestimmen. Online kommt gleich alles zusammen, verbunden noch mit Spielen, die vom Menschen Besitz ergreifen können.

Interessant in dem umfangreichen Material, das ich für dieses Buch gesammelt habe, ist die Tatsache, dass kaum jemand die Verbindung der verschiedenen Süchte thematisiert. Glauben Eltern wirklich, ihre Kinder säßen nur vor dem Computer, um Spiele zu spielen oder zu chatten, wenn sie doch zwischendurch auf Pornografie Zugriff haben, um sich in sexuelle Fantasien zu steigern und sich vor dem Computer zu befriedigen?! Ein Drittel aller Jugendlichen tut das inzwischen, wenn man den Zahlen glauben darf. Dann wird schnell noch was über Amazon gekauft, bei eBay was ersteigert ...

Bei den Erwachsenen ist die Situation vergleichbar. Die meisten Eltern sind kaum geeignet, ihre Kinder in ihrem Internetverhalten zu bremsen, da sie selbst den Computer genauso grenzenlos verwenden.

## *Alles online – We are confused, but on a higher level*

Wir sind verwirrt, aber auf einem höheren Level. Eine hoffentlich selbstironisch gemeinte Bemerkung von IT-Spezialisten. Es gibt viele Wege, noch konfuser zu werden, als man schon ist. Hier und im Folgenden beschäftigen wir uns mit den verschiedenen Aspekten des Internets. Eines nach dem andern …

Beginnen werden wir mit den Spielen. Später wenden wir uns den andern durch das Internet in eine neue Dimension beförderten Süchten zu wie dem Glücksspiel, der Konsum- und Kaufsucht, der Sexsucht – und was sonst noch alles möglich ist.

## *Spielen – ein Urbedürfnis des Menschen*

Wie kann es passieren, dass Spielen zur Sucht wird? Wahrscheinlich erinnern wir uns alle, als Kind häufiger vollkommen versunken gespielt zu haben, bis die Mutter mahnte, es sei Zeit, ins Bett zu gehen. Vielleicht baten wir dann noch um eine kleine Verlängerung …

Heute stehen Kids nachts auf, um auf einen Pseudoausflug mit ihrer Gilde bei WoW zu gehen. Eltern und Lehrer wundern sich kaum mehr, dass ihre Schützlinge am nächsten Vormittag Streichhölzer brauchen, um in der Schule nicht einzuschlafen. Sucht ist, wie oft betont, eine Gefühlskrankheit. Wer seine Gefühle nicht ausleben kann, kein reales Gegenüber zur Kommunikation hat, flüchtet gerne in die Fiktion. Beim altmodischen »Schmökern« in Büchern kann das schon extreme Formen annehmen (die ich aus eigenem Erleben bestens kenne). Aber die Dimensionen der Onlinespiele sprengen alles bisher Dagewesene.

## »Wir haben unser Kind ans Internet verloren!«

So äußern sich die Eltern Christine und Christoph Hirte über ihr trauriges Problem. Ihr Ältester – von insgesamt drei Kindern – ist völlig abgetaucht, nachdem er lange Zeit so getan hat, als würde er studieren, rein zufällig Informatik. Im Dezember 2004 wurde er als Beta-Tester für das damals aus den USA eingeführte Spiel World of Warcraft (WoW) angeworben. Schon das zweite Semester ging verloren, im vierten ließ er sich wegen »Depressionen« beurlauben. So ging das Muster der Sucht weiter und konnte von den Eltern auch bei einem Überraschungsbesuch nicht durchbrochen werden. Sie mussten feststellen, dass die Wohnung völlig verwahrlost war und der Sohn bleich aussah wie der Tod. Ein Therapieversuch scheiterte. Sohn X, dessen Name verständlicherweise nicht verraten wird, glaubte, er könne seine »Freunde« aus dem Internet nicht verlassen ... Was auch immer der Hintergrund sein mag: Vernünftige, sympathische und intelligente Eltern, die sich sehr wohl mit Erziehung auskennen, waren unterlegen im Kampf gegen den apokalyptischen Online-Reiter.

Immerhin haben die Hirtes mutig etwas daraus gemacht: Am 8.5.2007, dem 23. Geburtstag des Sorgenkinds, eröffneten sie eine Internetseite, die seitdem Anziehungspunkt für viele Eltern und Betroffene mit demselben Problem geworden ist: www.rollenspielsucht.de. Dort finden Interessierte umfangreiches Material und aktuelle Hinweise. Zahlen sagen viel: Es gab inzwischen weit über 300 000 Zugriffe auf die Seite.

Das Suchtpotenzial einer neuen Droge muss eben erst einmal entdeckt werden. Zuvor hatten schon die Plattformen von Frau Gabriele Farke, www.onlinesucht.de und www.medienverwahrlosung.de, auf sich aufmerksam gemacht.

## *Die Welt der Kriegsmaschinerie*

Hoffentlich wissen alle User, wie man World of Warcraft richtig übersetzt. WoW wird von weltweit mehr als acht Millionen – 8 000 000 – Menschen gespielt. Wie bei anderen Drogen gibt es offenbar auch bei den Spielen eine unterschiedliche Suchtpotenz. WoW ist besonders gefährlich und gefährdend, unter anderem, da man umso mehr punktet, je mehr man spielt. Außerdem darf man die virtuellen Freunde nicht im Stich lassen bei Kämpfen, da auch die ihre Punkte verlieren. Das lässt die Ehre nicht zu – wie früher beim Fußballspielen, wo natürlich keine Mannschaft Ausfälle verkraften möchte oder beim Tennisdoppel, das ungern zu dritt spielt ...

Nachdem jahrelang Patienten in psychiatrischen Kliniken mit einer Medienproblematik exotisch waren, sind inzwischen über 10 % aller stationären Patienten vom Onlinevirus befallen, die bis zu 15 und mehr Stunden am Tag spielen. Über die Hälfte von ihnen wird eingeliefert nach einem aggressiven Durchbruch, wenn verzweifelte – und natürlich auch aggressive – Eltern den GAU herbeiführen durch eine Stromunterbrechung.

## *www.onlinesucht.de – Gabriele Farkes Ansichten*

Frau Farke ist seit Jahren eine für die Branche unangenehme Aktivistin. Sie hat aus eigenem Erleben und Leiden heraus sich erst informiert, ihr Problem in den Griff bekommen – und hilft nun anderen durch Vorträge, ihre Internetseite und ihr Buch *OnlineSucht*. Erfrischend ihr Auftritt bei der ersten Mediensuchttagung Anfang 2008 in Berlin, wo ich sie erstmals live erleben konnte. Die Forscher können sich da noch einiges abgucken. Je mehr wir aus dem Leben und Erleben schöpfen, desto besser und erfolgreicher letzten Endes die Ergebnisse in Diagnostik und Therapie. Die Selbsthilfebewegung fing ja bei der Sucht an und hat sich von da auf alle Krankheiten und Probleme ausgeweitet, die Menschen haben können.

Ihren momentanen Stand der Ermittlungen schildert Gabriele Farke in »Abitur in Azeroth«, also im Reich von World of Warcraft: »Onlinesucht ist die Integration des Lebens ins Internet und nicht – so wie es eigentlich sein sollte – die Integration des Internets ins Leben.« Bevor wir uns begierig auf die Jugendlichen stürzen (deren Zukunft schon in den frühesten Aufzeichnungen der Menschheit eher düster gesehen wurde), betont Frau Farke noch einmal, dass wir Erwachsenen erst einmal bei uns selbst anfangen sollen und müssen, denn bei einer Größenordnung von etwa 2 Millionen Betroffenen sind es 80 % Erwachsene, die mehr im Internet als in der Realität leben ...

»Manchmal könnte man annehmen, wir wären glücklicher, wenn wir einfach nichts von dieser Sucht erfahren würden.« Aber das dachten die Fachleute in den letzten zwölf Jahren auch, Psychologen, Sozialpädagogen, Mediziner etc. Die Realität hat uns eingeholt. Heute gibt es nichts mehr zu leugnen oder zu beschönigen. Wie Junkies oder Alkoholiker brauchen auch Onlinesüchtige Hilfe.

Noch häufiger als bei den übrigen Süchten sind es bei der Onlinesucht Angehörige wie Eltern oder Partner, die erste Anzeichen einer unguten Veränderung wahrnehmen und sich Sorgen machen. Hier einige Kriterien:

- Ihr Kind/Partner zieht sich immer mehr zurück.
- Hobbys gehen verloren.
- Der Kontakt zu Freunden/Bekannten geht immer mehr zurück.
- Mahlzeiten werden vor dem PC statt mit der Familie eingenommen.

- Reale Aktivitäten wie z.B. Ausflüge werden lustlos wahrgenommen.
- Übermüdung und Nachlassen von Noten/Leistungen sind zu beobachten.
- Schulschwänzen/auffälliges Krankschreiben-Lassen nehmen zu.
- Es kommt zum Abbruch der Kommunikation mit einer abwesenden bis abweisenden Haltung.

### *Die Familienpersönlichkeit – oft nicht mehr vorhanden*

Im Konzept der Salutogenese (Woher kommt Gesundheit und wie erhalte ich sie?) spielt die »Familienpersönlichkeit« eine Rolle, ein Konglomerat von Wertmaßstäben, Regeln, Ritualen, gemeinsamen Überzeugungen und Handlungen. Leider ist das in vielen Familien auch aufgrund ökonomischer Zwänge – Vater und Mutter sind nie da, weil sie arbeiten müssen – nicht mehr anzutreffen. Eltern sind dann hilflos angesichts problematischer Entwicklungen. Sie bagatellisieren und leugnen, sind tolerant, weil das vielleicht auch bequemer ist als hinzuschauen.

Kinder müssen natürlich heutzutage den Umgang mit dem Computer lernen, keine Frage. Genauso, wie sie eines Tages Autofahren lernen. Aber wie findet das Ganze statt? Hier hast du ein Superteil mit riesigem Display, großer Festplatte, tollem Grafikprogramm, jetzt leg mal los!

Kinder müssen aber auch vor dem Internet und seinen dunklen Seiten geschützt werden. Daran geht kein Weg vorbei. Inzwischen gibt es, wenn freiwillige Abmachungen schon nicht mehr möglich sind, Kindersicherungen wie www.salfeld.de/software/kindersicherung/index.html oder vom Ehepaar Hirte www.kiwidot-kidtime.de. Damit können z.B. Zeitkonten angelegt werden mit Begrenzungen: eine Stunde Recherche für Hausaufgaben, soundso lange spielen, E-Mails abrufen und chatten. Aber die Ahnungslosigkeit von Eltern wird natürlich schnell ausgenutzt. Man kann ja auch nachts spielen und gucken und chatten, wenn der Computer zur Verfügung steht.

Frau Farke bietet zwei Pläne an: für die ganze Woche bzw. einzelne Tage. Allein die Notizen über den realen Gebrauch sind so nützlich und sinnvoll wie die über Geldausgaben. Auch Alkoholikern bietet man als therapeutische Maßnahme zur Selbsterkenntnis Trinktagebücher an.

### *Und wenn das Kind in den Brunnen gefallen ist?*

Aggressionen spielen eine enorme Rolle in der Sucht, ganz besonders offenbar bei den Onlinesüchten. Kinder und Jugendliche (aber auch die angesprochenen 80 % Erwachsenen!) leben geradezu im Second Life der Rollenspiele, haben sich dort (wenn auch pseudomäßig) soziale Kontakte geschaffen, erleben sich geradezu in Ersatzfamilien und -pfadfindergruppen. Viele haben sich Führungs- und Vorbildfunktionen erarbeitet, die schlagartig kaputtgehen würden, wenn übereifrige und entnervte Eltern einfach den Stecker rausziehen.

Es kommt zu massiven Aggressionen, aber auch Autoaggression mit Selbstmorddrohungen. Die Aufzeichnungen im Forum auf onlinesucht.de zeugen eindrucksvoll davon, wie es im Inneren von Betroffenen und Co-Abhängigen aussieht und was nach der ersten Erkenntnis noch alles folgen kann. In kinderpsychiatrischen Aufnahmestationen häufen sich wie beschrieben die Fälle, in denen Jugendliche nach sozusagen trockenem Entzug von ihrem Internet bzw. ihrem Computer die eigene Bude zerlegt und womöglich ihre Eltern angegriffen haben.

Neben den Forderungen und Vorschlägen für die Familie zählt Farke einiges auf, was Lehrer tun könnten und sollten, was Fachleute lernen müssen und was in Politik und Gesellschaft passieren müsste. Vor allem müssen wir Tabus brechen und über die nun wirklich nicht mehr so neue Krankheit sprechen. Sicher ist es auch gut und wird inzwischen vielfach gefordert, die Onlinesucht als offizielle Krankheit in der ICD, der Internationalen Klassifikation von Krankheiten, zu etablieren. Bis dahin können wir Therapeuten aller Sparten uns damit behelfen, sekundäre Krankheitsfolgen heranzuziehen wie Depression in verschiedenen Ausprägungen, psychosomatische Auswirkungen, Persönlichkeitsstörungen etc. Unter F63 »Abnorme Gewohnheiten und Störungen der Impulskontrolle« ist in der ICD die Glücksspielsucht immerhin unter 63.0 »Pathologisches Spielen« gefasst. Für Onlinesucht bietet sich 63.8 (»Sonstige abnorme Gewohnheiten«) an oder 63.9 (»Nicht näher bezeichnete abnorme Gewohnheit«).

Und wenn Sie als Eltern wissen wollen, ob Ihr Kind onlinesüchtig sein könnte, können Sie sich mit dem auf www.onlinesucht.de (Reiter »OnlineSpielsucht«) abgedruckten Fragebogen einen ersten guten Eindruck verschaffen. Deutlich wird dabei z.B., ob Sie den Rat eines Experten einholen und/oder professionelle Hilfe in Anspruch nehmen sollten.

## *Von lol über lall zu lull? Sprachverfall vorprogrammiert*

In einem Seminar mit hoch motivierten Psychotherapiekollegen – überwiegend mit eigenen Kindern – erntete ich nur fragende Gesichter, als ich fragte, ob alle wüssten, was denn »lol« heiße. Sie wissen es auch nicht? Okay: laugh out loud. Im Internetchat, z.B. im Rahmen von WoW-Chats, kann man damit ein Lachen andeuten oder soll ich sagen signalisieren. Sprache wird ähnlich wie in verbreiteten Zeitungen reduziert auf knappste Botschaften ohne weiteren Sinnzusammenhang. Die von mir oben gebrauchten Kürzel lall und lull existieren natürlich nicht, aber sie würden gut in die Landschaft passen, wo wahre Gefühle abhanden gekommen sind.

Die Auswirkungen der Medien sind eben nicht harmlos, wie Spitzer und andere Autoren seit Jahren verzweifelt betonen. Nicht nur bei 12-Jährigen tritt eine Verschlechterung der intellektuellen Fähigkeiten ein durch vermehrten Konsum.

### *»Kettensägenabende« im Kinderzimmer*

Müssen wir DVD-Gewaltorgien-Partys tolerieren als Eltern, weil sie ja so lustig sind und wir so aufgeschlossen und modern? Gewalt tritt bei seltenem oder fehlendem Medienkonsum – durchaus nicht immer so krass wie Morde mit der Kettensäge – immerhin bei 14 bzw. 16 % der Jugendlichen auf, bei sehr häufigem Konsum bei 32 % der Mädchen und 44 % der Jungs. 83 % aller 12- bis 19-Jährigen führen sich täglich ein durchschnittliches Menü zu von zehn und mehr Stunden mit verschiedenen Medien, oft gleichzeitig. 700 000 Konsumenten in Deutschland spielen z.B. WoW, weltweit gehören sie, wie schon erwähnt, einer Gemeinde von 8 Millionen Spielern an.

### *Gestörtes Gleichgewicht durch Medienkonsum?*

Na, jetzt wird es aber zu bunt. Medien sind doch kein Alkohol! Na ja, immerhin zeigte eine Studie, dass 40 % der Kinder bei geschlossenen Augen kein sicheres Gleichgewicht halten konnten, getestet durch Sensoren unter den Fußsohlen. Abgesehen von Rundrücken, Hohlkreuz, hängenden Schultern und O-Beinen im orthopädischen Bereich sind die Kids auch neurologisch nicht mehr so fit wie früher. Ihr visuelles System hat so sehr die Überhand gewonnen aufgrund der dauernden Beanspruchung, dass sie wie ein früherer finnischer Außenminister – dieser allerdings wegen Alkohol – in Gefahr geraten, ohne Sichtkontrolle ins kalte Büfett zu fallen.

Sie sehen, die möglichen Begleiterscheinungen von Onlinesucht sind (nicht nur) bei Kindern und Jugendlichen gravierend. Es sollte unser aller Anliegen sein, diese Folgen zu verhindern.

*Dummes Zeug kann man viel hören,*
*kann es auch schreiben,*
*wird weder Leib noch Seele stören,*
*wird alles beim Alten bleiben.*
*Dummes aber, vors Auge gestellt,*
*hat ein magisches Recht;*
*weil es die Sinne gefesselt hält,*
*bleibt der Geist ein Knecht.*

Johann Wolfgang von Goethe: Zahme Xenien (1807)

# Auch Handys sind SUCHTMITTEL

Viele meiner Beispiele aus dem Alltag der Psychotherapie muss ich abschwächen, verharmlosen, um sie glaubhaft zu machen. Trotzdem nehmen Sie es mir bitte ab: Eine 24-jährige Patientin, die von ihrer Cousine wegen akuter Selbstmordgefährdung gebracht wird, hat eine Handy-Rechnung von manchmal über 800 Euro. Okay, ihre Kleidung als Fachfrau aus dem Modebereich ist auch nicht billig, zu jeder Stunde bringt sie eine neue Tasche mit, edle Teile, die schon mal einen vierstelligen Eurobetrag kosten dürften ... Hübsch ist sie auch, aber nicht glücklich. Ihr Freund, von dem sie sich immer mal wieder trennt, wohnt weit weg. Abends trinkt bzw. säuft sie in Edeldiskos, randaliert auf der Straße, um ein Taxi zu bekommen. Sie hat viele Kontakte, die aber oberflächlich bleiben. Das Leben scheint ihr nicht viel wert zu sein.

In der ersten Stunde klingelt das Handy. Ich bitte um Abschalten, damit wir nicht gestört werden. Es stellt sich heraus, dass Sandy nicht einmal essen kann, ohne zu telefonieren, meistens mit ihren Eltern oder Bekannten im Ausland. Sie sei sonst so einsam ...

Der Vater, ein erfolgreicher Geschäftsmann, bezahlt die Unsummen, obwohl ihm schon mal ein böses Schimpfwort über seine kauf-, handy- und alkoholsüchtige Tochter rausrutscht. Es wird sich später eine komplizierte Familiengeschichte herauskristallisieren, die ich hier natürlich nicht wiedergeben kann. Wie so häufig ist das Motiv der Co-Abhängigkeit der Eltern gegenüber der luxussüchtigen Tochter ein Komplex von Schuldgefühlen. Man will etwas per Geld abbezahlen, das nicht mit Geld abgegolten werden kann.

Um es kurz zu machen: Nach einigen vergeblichen Anläufen findet Sandy eine Arbeit. Den Kontakt zu mir und zu meiner Praxis bricht sie ab. Vielleicht ist sie zu gekränkt in ihrem Selbstwertgefühl, dass sie es nötig hatte, sich bei einem Psychiater Hilfe zu holen. Aber die Leitung, liebe Sandy, ist weiterhin frei!

## *Rund um die Uhr erreichbar*

Was können Lehrerinnen und Lehrer tun, wenn Kinder dauernd mehr oder weniger versteckt auf ihr Handy schauen, mit den Gedanken weggetreten sind, auf Fragen völlig daneben antworten? Natürlich werden sie den Betrieb während des Unterrichts untersagen. An manchen Schulen, längst nicht an allen, ist das Handy auch auf dem Schulhof auszuschalten. Aber wieder geht es um eine Mediensucht, die Luxusprobleme schafft – oder die aus Luxusproblemen entsteht. Die Betroffenen hängen, wie der Junkie an der Spritze, an ihrem im Zweifelsfall auch teuren Technikspielzeug, das sie immer wieder mal verlieren oder sich klauen lassen. Auch andere hätten gerne das neue Supermodell mit all den tollen Features ...

Ohne Handy fühlen sich die Abhängigen regelrecht eines Organs beraubt. In einem Schlager der 1960er-Jahre gab es eine

Mimi, die »ohne Krimi nie ins Bett« geht. Wahrscheinlich nehmen die Handy-Junkies ihre Geräte mit ins Bett, lassen sie womöglich an, um nur ja nichts zu verpassen, keine SMS, keinen Anruf, keine Sportnachricht. Und das bei der möglichen Strahlung! Aber Nebenwirkungen nimmt man gerne in Kauf, wenn man nur das Suchtmittel immer zur Verfügung hat. Kinobesuche werden vermieden, um stets erreichbar zu sein. Bloß keine Fahrt in der U-Bahn! Süchtige verschicken unendlich viele SMS, isolieren sich immer mehr von realen Kontakten. Und nicht alle haben Eltern, die die gigantischen Rechnungen zahlen wie bei Sandy.

Der witzige SZ-Kolumnist Axel Hacke fasst ironisch die Gründe zusammen, warum 12-Jährige ein Handy haben müssen: Um Handytöne überspielen zu können. Um Musik hören zu können. Um Spiele spielen zu können. Um die Uhr ablesen zu können. Um jederzeit von ihren Eltern gefragt werden zu können: Wo bist du? Und: Um sich selbstständig zu fühlen. Auch Vater Hacke muss blechen: Der Winter hat ihn schon drei Handys gekostet. Hoffentlich ist er bald vorbei!

### *Je mehr Kommunikationsmittel, desto weniger Kommunikation*

Nirgendwo trifft dieser von mir geprägte Spruch mehr zu als beim Handy. Dabei ist es in mancher Hinsicht unübertroffen in seinen Möglichkeiten. Aber ist es sinnvoll, höflich oder schön, neben dem Partner herzugehen und gleichzeitig Anrufe entgegenzunehmen?! Oder in der Bahn lauthals mit der Ehefrau zu streiten? Oder im Lokal die anderen Gäste zu nerven mit einem völlig sinnentleerten Chat?

Künftig werden wir ausgebaute Modelle zur Verfügung haben, über die wie bei einem Kleincomputer vieles laufen kann.

Besonders bei geschäftlichen Reisen bin ich froh um mein Handy, ein schickes schwarzes Teil, dessen Möglichkeiten ich längst nicht nutze. Meine Rechnungsbeträge nenne ich gern: unter 10 Euro pro Monat, obwohl ich über 500 Adressen in meinem Notizbuch über die Jahre gesammelt habe und ständig Termine ausmachen muss. Aber das geht alles viel billiger und entspannter über das Festnetz. Und man darf nicht so vielen Menschen seine Nummer geben, das rächt sich. Die Anbieter haben also wenig Freude an mir. Dafür habe ich alle Vorteile des Handys ohne seine Nachteile.

In Spanien sind angeblich schon zwei Mädchen in eine »Entzugsklinik« (= Suchtfachklinik) eingeliefert worden wegen Handysucht. Ich wette, die hatten noch weitere Süchte! Aber die Story verkauft sich eben gut. Die beiden waren erst 12 und 13.

### *Handy im Straßenverkehr?*

Ist Ihnen das auch schon passiert: Ein Auto fährt vor Ihnen Schlangenlinien am helllichten Tag, schleicht außerdem dahin, als wäre es eine 30er-Zone!? Natürlich könnte es sein, dass der Fahrer zu tief ins Glas geschaut hat. Aber seit einigen Jahren gibt es auch andere Möglichkeiten: Der Fahrer/die Fahrerin telefoniert gerade intensiv oder schreibt sogar eine SMS. Man sollte es nicht für möglich halten: Fast die Hälfte aller jugendlichen Fahrer hat schon SMS am Steuer fabriziert. 25 Menschenleben kostete es in Los Angeles, als der Lokführer eines Pendlerzuges unbedingt eine SMS loswerden wollte.

Die Reaktionszeiten telefonierender und SMS-schreibender Fahrer sind um 35 % und mehr erhöht, genau die Spanne, die unter Umständen zwischen Unfall und Glück entscheidet. Fehler häufen sich. Und es darf gefragt werden, ob die Freisprechanlage wirklich alle Fehlerquellen beseitigt. Prüfen Sie mal Ihr eigenes Verhalten kritisch! Bei meinen wenigen Versuchen mit Handy am Steuer hatte ich mehrfach viel Glück, etwa dem Vordermann nicht aufzufahren ...

## *Therapie bedeutet zunächst Entzug*

Auch bei mir saßen schon Eltern, die mich verzweifelt fragten, ob sie denn sofort losstürmen müssten, wenn der Junior mal wieder sein Handy aus der tief hängenden Jeanshose verloren hatte, um ein neues zu kaufen. Nun, es könnte eine gute Chance sein, über Sinn und Unsinn des Handygebrauchs nachzudenken. Gibt es Entzugserscheinungen wie Nervosität, Aggression, Unruhe? Oder besinnt man sich womöglich darauf, dass das gute alte Festnetztelefon ebenso der Kommunikation dienen kann? Oder dass viele Telefonate absolut sinnlos sind? Dass man sich besser persönlich trifft, als einfach rumzulabern?

Sehr häufig geht es ja um den großen Medienverbund von Computer, Spielkonsole, Handy, Fernseher, am besten alles gleichzeitig. Dann noch eine schicke Dose Red Bull daneben und die Chipstüte in Reichweite. Das kann es doch nicht sein!

Gleich unter einem Artikel und Informationen zur Handysucht in der *Abendzeitung* vom 24.3.2008 findet sich – leider – der »Freispruch fürs Handy«, wenn auch mit Fragezeichen. Es sei ja nichts bewiesen mit der Strahlung. Mein Rat: Achten Sie auf die SAR-Werte und – frommer Wunsch – lassen Sie 12-Jährige und jüngere Kinder nur in Ausnahmefällen telefonieren.

# Meine eigene MEDIEN-DROGENKARRIERE

Wenn ich schon über das Thema Onlinesucht in all ihren Varianten schreibe, sollte ich wohl mir und meinen Leserinnen und Lesern Rechenschaft ablegen über meinen eigenen Medienkonsum bzw. mein Verhältnis zu den Medien.

Was stand denn in meiner Kindheit und Jugend in den 1950er- und 1960er-Jahren zur Verfügung? Nicht viel, im Vergleich zu heute fast gar nichts! Beim schon erwähnten ersten Mediensuchtkongress in Berlin in der Katholischen Akademie im Januar 2008 stellten zwei Mitarbeiter der Bundesprüfstelle für Medien eine Liste vor mit den technischen Möglichkeiten, über die Kinder und Jugendliche – und, nicht zu vergessen, die Erwachsenen! – heute verfügen können und verfügen. Die Liste war beeindruckend: Fernseher, Computer, Handy, DVD-Player bzw. Videorekorder, MP3-Player, Spielekonsole etc.

Wir, die ältere Generation, hatten es da noch viel leichter und einfacher. Ich fing mit Büchern an. Davor gab es reichlich Vorlesen von Geschichten der Gebrüder Grimm (häufiger) und aus der Bibel (seltener). Dazu höre ich noch heute meinen ältesten Bruder im Nebenzimmer Klavier spielen, Mozart, Haydn und Beethoven. Er sollte dann aufhören, damit mein jüngerer Bruder und ich schlafen konnten.

So früh wie möglich versuchte ich zu lesen, aber genau genommen erst im Schulalter. Es war damals nicht üblich, Kindern das Lesen schon vor der Schule beizubringen oder sie darin zu unterstützen, es selbst zu lernen. Kaum in der Schule, las ich aber so viel wie möglich. Einen Fernseher hatten wir nicht. Den gab es hauptsächlich in Eckkneipen zum Fußballschauen – und später galt es lange in Akademikerkreisen als eher unfein, einen zu haben. Manche Väter schauten, falls doch so ein »bildungsfeindliches Monstrum« im Haus war, mehr oder minder heimlich in einem kleinen Nebenraum ...

Um es kurz zu machen: Ich las so viel, dass irgendwann kein Buch mehr da war, das ich nicht kannte. Obwohl unser Großvater – trotz mageren Studienratsgehalts – bis zu seinem Tod die gesamte Wohnung nach und nach mit Büchern gefüllt hatte, ging also die Droge aus, der Stoff, aus dem meine Träume waren. Auch unsere Eltern hatten Bücher en masse gekauft, aber es gab da noch eine Schranke, die die Moral gebot: Kam da irgendwas vor, das mit, wie sagt man, Sex zu tun hatte? Dann galt das Buch als tabu. Erst in der Pubertät schauten meine Freunde und ich, ob wir an Bücher kamen, in denen es »scharfe« Stellen gab, wie z.B. in *Spartacus.* Selbst kleine Kinder würden heute fragen, wo denn da überhaupt etwas sei, an dem man Anstoß nehmen oder sich gar aufgeilen könnte?! Oder jene unsäglichen Eheratgeber mit anatomisch präzisen Abbildungen von Geschlechtsteilen etc. Von Erotik und Lust so gut wie keine Spur.

Zurück zu meiner Droge Buch: Ich lieh mir aus der Stadtbibliothek alles aus, was jugendfrei war. Karl May am laufenden Meter, Tecumseh und A.E. Johann. Aber irgendwann ging auch dieser Stoff aus. Es folgte der Marsch zur Verwandtschaft und deren Büchern. Hier kann ich mich nur an *Gullivers Reisen* erinnern. Ob wir sie je zurückgegeben haben?

### *Fernsehen*

Nicht dass wir es nicht geschafft hätten, an die Droge Fernsehen zu kommen. Besonders spannend neben bestimmten Krimis, die damals Straßen leer fegten, vor allem in Fortsetzungen, waren natürlich die großen Sportereignisse wie Fußballweltmeisterschaften und Olympische Spiele. Noch heute lachen wir über die Besuche, manchmal Belästigungen, wenn wir die Verwandtschaft heimsuchten, um dort unbedingt Armin Hary laufen zu sehen oder das Endspiel des Europacups der Landesmeister (heute, zur Verständigung: Champions League).

Aber eines war klar: Die Verfügbarkeit war gering. Es lag keine Fernbedienung rum, mit der man mal schnell schaut, was so läuft. Und wo es ein Gerät gegeben hat, war das Programm absolut begrenzt – auf gerade mal ein, später zwei Kanäle ...

Eine Erinnerung ist mir noch wichtig in diesem Zusammenhang: Besuche bei einem Brüderpaar, wo wir erst auf dem großen Flur mit Stoffbällen zwei Fußballtore zur Verfügung hatten an den Türen, um dann, was mir fernsehlosem Kind wichtig war, die »Sportschau« zu sehen mit viel Fußball. Ich sehe uns noch ganz dicht am Gerät sitzen – und spüre einen Effekt, der vielleicht nicht so unwichtig war: ein merkwürdiges Glühen. Abends konnte ich oft nicht schlafen nach diesen aufregenden Nachmittagen. Lag es an der Strahlung der Geräte, die man damals noch unbedacht und ungemessen unter die Kunden brachte? Oder war es nur der Medieneffekt, die Wirkung der Droge mit den suggestiven Bildern unseres geliebten Sports?

### *Ohne Fernseherfahrung zur Filmhochschule?*

Nach einem Jahr Leibniz Kolleg und Jura-Studium in Tübingen wechselte ich an die Filmhochschule in München, die damals gerade erst aufgemacht hatte. Anlass, nach München zu gehen, war ein Plakat im Kolleg mit der Botschaft, dass da in Bayern etwas Neues existiere wie eine HFF, eine Hochschule für Fernsehen und Film. Solche Zufälle hält das Leben bereit.

Aber wie kam es zu dem Zufall, der vielleicht doch keiner war? Tübingen war damals die Stadt mit den prozentual häufigsten Kinobesuchen in ganz Deutschland. Sicher habe ich meinen Teil dazu beigetragen. Früher war ein Kinobesuch im »Bambi« oder im »Stadttheater« (das also gleichzeitig Theater, Kino, aber auch Konzerthalle war) in meiner Heimatstadt Gütersloh etwas Besonderes. Jetzt verabredeten wir uns im Leibniz Kolleg oft abends noch für eine Nachtvorstellung. Alle Klassiker der Filmgeschichte wurden in den Programmen der Kinos gespielt. Wir diskutierten, urteilten, verurteilten. Noch heute erinnere ich mich an eine Vorstellung mit dem neuen Film »Belle de jour« mit der jungen Catherine Deneuve. Ein Freund eine Reihe hinter mir und meiner Freundin konnte es nicht lassen, gleich am Anfang zu sagen: »Der erste Dialog war schon mal sch ...!« Meinten wir vorne eigentlich nicht, egal.

Schließlich sah ich durchschnittlich eineinhalb Filme pro Tag, zumal ich mein begonnenes Jurastudium immer öder fand. Ich las nebenbei, das heißt neben den Büchern für die intensiven Kurse und Vorlesungen im Kolleg und dem BGB- oder Strafrechtskommentar die russischen Klassiker wie *Die Brüder Karamasow* oder *Väter und Söhne.*

Ein derartig intensives Studienjahr wie am Kolleg habe ich übrigens auch in den fast zehn Jahren späterer Studien nicht mehr erlebt. Begeisternd waren eben nicht die Verfügbarkeit der Medien – ein Fernseher wurde übrigens in der Vollversammlung abgelehnt! –, sondern die nächtlichen Diskussionen und Gespräche. Der Sommer war geradezu unglaublich. Wenn man dann noch verliebt ist, passt eigentlich alles ...

Aber ich musste ja ein neues Studienfach finden. Es ging also letzten Endes zur HFF. Nach der Bewerbung für die Dokumentarabteilung wurde mir klar, dass meine Fernseherfahrung verdammt dünn war. Trotzdem wurde ich genommen, vielleicht auch aufgrund meiner Fotos, die ich mit eingereicht hatte. Mein wichtigstes Medium war neben dem Buch nämlich der Fotoapparat. Den ersten bekam ich mit acht Jahren – zwei Blenden und drei Verschlusszeiten. Mit Fotos habe ich sogar Geld verdient, indem ich Passfotos für Verwandte und Bekannte anfertigte oder »Starfotos« für ein Geburtstagsgeschenk.

Tage hatten wir verbracht in der Dunkelkammer im Dachgeschoß des Elternhauses meiner Freunde. Fotos selbst entwickeln und vergrößern (mit einem selbst konstruierten Gerät!) macht viel Freude, aber frei nach Valentin auch viel Arbeit. Indem man sich um den richtigen Ausschnitt bemüht, immer weiter reduziert, konzentriert, bekommt man ein Gefühl für Wirkungen und für die Manipulation von Wirkungen. Wir probierten vieles mühsam aus, was man heute mit einem Bildbearbeitungsprogramm innerhalb von Minuten weit präziser und variabler erzielen kann.

Menschen freuen sich über Fotos! Manchmal auch nicht so. Sie finden sich weniger hübsch als vermutet, mit dem falschen Licht aufgenommen. Die Brille ist nicht die richtige, die Nase zu groß ... Aber die Freude überwiegt eindeutig.

Medien in der Schule: »Unser« Evangelisch-stiftisches Gymnasium ESG wurde von der in Gütersloh ansässigen Bertelsmann-Stiftung früh mit einem Medienzentrum versehen und rühmte sich, mit einem Laptop für jeden Schüler »die modernste Schule Europas« zu sein. Na ja ... Wir waren jedenfalls 1967 schon Vorreiter des Medieneinsatzes: Wir fotografierten und filmten ungeniert während des Unterrichts, sogar beim Abitur. Der Pferdewagen, der uns Abiturienten zu einer Sauftour quer durch die Stadt transportierte, war erstmals mit großen Fotos von Lehrern und Schülern geschmückt.

### *HFF – Medien pur*

Jetzt war ich also für einige Semester völlig an das Medium Film und Fernsehen gebunden. Filmkonsum in hohen Dosen war selbstverständlich, immer in der ersten Reihe in den klassischen Münchner Kinos ARRI oder im »Türkendolch«, im »Filmcasino« oder im »Studio Isabella«. Und natürlich in den Vorführräumen der Filmhochschule in deren vorläufigen Räumen in Schwabing in der früheren Villa eines Wagner-Fans oder im Funkhaus des Bayerischen Rundfunks oder in München-Freimann oder Unterföhring.

Jetzt hatte ich quasi einen Freifahrtschein für unbegrenzten Medienkonsum, da dieser ja der Fortbildung diente. In der Tat sollte man viele Filme gesehen haben, um selbst welche machen zu können. Leider, so muss ich heute sagen, diskutierte man in dieser angeblich hochpolitischen Zeit oft allzu dogmatisch. Man belauerte sich geradezu, ob man nun einen Film und seine Machart politisch korrekt fand oder nicht. Schade eigentlich.

Aber viele haben ihren Weg gefunden in die Filmwelt. Ich treffe sie immer mal wieder auf den Festen der HFF oder auf Umwegen über Schauspieler etc.

## *Erste Medienkritik*

Damals wurde praktisch nicht über mögliche Suchtgefahren der Medien gesprochen, obwohl es kritische Stimmen gab über die Verflachung der Kultur, die im Grunde schon mit der Jahrmarktskunst Film begonnen hätte. Belächelt wurden Journalisten, die von der Zeitung zum Radio oder gar zum unseriösen Fernsehen wechselten. So etwas macht doch ein ernst zu nehmender Medienvertreter nicht! Wenige Jahre später sprach man schon verächtlich vom »Dampfradio«. Alle hatten begriffen, wie sehr das neue Medium Fernsehen seinen Einfluss ausübte auf die Gemüter der Menschen, auf ihre Seelen und Gefühle. Erstmals sah ich damals auch Kinder vor einem Fernseher sitzen, wie gebannt, völlig reglos – in einer gebildeten Familie. Heute machen wir uns Gedanken, ob das gesund ist. Damals noch kaum eine Spur von Misstrauen.

## *Lesen*

Das Lesen hatte ich natürlich nicht gelassen. Aber es ließ extrem nach, weil einfach die Zeit fehlte. Aufgrund der Prägung im Tübinger Kolleg las ich wie selbstverständlich die gesamte Fachliteratur, die für die Kurse vorgeschlagen war. Erstaunt musste ich feststellen, dass die meisten Filmhochschüler, nun schon sehr antiautoritär angehaucht, das anders sahen. Sie lasen nur das Nötigste.

## *Tagesschau – oder etwas »Vernünftiges?«*

Trotz der Faszination des Mediums Fernsehen war ich nicht so begeistert, dass ich ein Angebot bei der »Tagesschau« in

Bonn angenommen hätte. Die Redaktion hatte ich im Rahmen meiner Recherchen und Dreharbeiten für mein Abschlussprojekt über die »Tagesschau« und »heute« kennengelernt. Vielleicht hatte sich auch ein Erlebnis zu tief eingeprägt bei einem Praktikum 1970 im ZDF, damals noch in Behelfsbauten in Wiesbaden. Dort befand ich mich in einer trinkfreudigen Kantine in einer Runde von ernst zu nehmenden Journalisten der Auslandsredaktion, als der damalige Chefredakteur ganz ernsthaft und geradezu imperativ meinte, sie alle müssten »noch viel lernen von der BILD-Zeitung«. Wie bitte? Wo bin ich hier hingeraten? Was mich außerdem störte (was der Öffentlichkeit bis heute kaum bekannt ist!), war die starke Ausrichtung an politische Parteien: Diese Redaktion gehört sozusagen der CDU (meistens!) und die der SPD, nein, doch der FDP ... Das vertrug sich nicht mit meiner Überzeugung als »freier« Journalist.

So wollte ich doch noch ein klassischer Akademiker werden. Wenig später begann ich – mit immerhin schon 23 Jahren – ein Medizinstudium. Und von diesem Beruf lebe ich noch heute sehr gerne und gut.

### *Wer einmal infiziert ist ...*

Aber die Medien haben mich nie in Ruhe gelassen. So schrieb ich Artikel – Sachbuchrezensionen – für die *FAZ* und die *SZ*. Leider verpasste ich dort eine Karriere, da ich dummerweise die Bücher auch las und dafür einfach nicht genug Zeit hatte ... Dann kam da noch ein neuer Chefredakteur namens Reich-Ranicki, dessen recht pauschale Medienkritik jetzt, 2008, hoffentlich trotz allem wieder mehr Mut, auch politischen Mut in die Redaktionen bringt. Wir Filmhochschüler mussten uns damals oft genug anhören, dass »der Zuschauer« das »nicht sehen will«. »Da schalten die ab!« Uns war es ein Rätsel, woher die ängstlichen Redakteure den Manfred-Mustermann-Zuschauer so genau kannten. Sie hatten wohl eher Bammel vor einer Rüge vom Jesuiten-geprägten Fernsehdirektor ...

Während des Medizinstudiums verfiel ich gelegentlich in Medienräusche. Wie viele Fernsehfilme habe ich da zur Abwechslung vom Lernen – aus Büchern natürlich! – gesehen, wie viele unnötige Skirennen angeschaut oder Tennismatches oder Fußballspiele. Das Vergnügen daran will ich absolut nicht leugnen. Aber die Menge war deutlich im Bereich des Missbrauchs und der Betäubung.

Die Faszination der Medien lässt mich bis heute nicht ruhen. Vielleicht habe ich mich auch deshalb so ausgiebig mit der Onlinesucht beschäftigt?! Es gibt eben doch immer weniger Zufälle ...

### *Rückblick*

Bei der Fahrt zur Mediensuchttagung 2008 in Berlin hatte ich sechs Stunden Zeit, über meine eigene Suchtkarriere mit den Medien nachzudenken. Was hat sich nicht alles in diesen durchaus überschaubaren Zeiten geändert? Von einem begrenzten zu zwei, drei, schließlich – mit dem entscheidenden Schritt zu den Privaten! - unendlich vielen Programmangeboten.

Aber vor allem auch die Technik: Bei den Olympischen Spielen in München 1972 hatten wir noch mit der schweren ARRI-ST gedreht, lauter Filmhochschüler im Auftrag des Deutschen Sportbundes DSB, vom Dressurreiten über Turnen bis zum Hockeyendspiel, das die Deutschen gewannen. (Von keiner der Sportarten hatte ich auch nur den Schimmer einer Ahnung, hinterher war ich schlauer.) Unsere Ausrüstung war untergebracht in einem VW-Bus. Die schweren Kameras, schwere

Kassetten für nicht mal zehn Minuten Aufnahme, die Akkus, die wir um den Bauch schnallen mussten. Nicht zu vergessen die belichteten Filmrollen, die Tag für Tag mehr wurden, nur kurz unterbrochen vom Attentatstag der palästinensischen Terroristen gegen die Israelis.

Heute ist das alles nicht mehr vorstellbar. Die gesamte Ausrüstung passt in eine kleine Fototasche samt Filmmaterial. Jeder Amateur kann *technisch* bessere Filme machen als wir damals. Schärfe, Ton, Auflösung, Lichtstärke – alles viel besser. Und man kann alles wieder löschen, wenn man will. Die Kosten sind vergleichsweise lächerlich. Während man früher beim Surren der Kamera – manchmal ganz schön laut, an O-Ton nicht zu denken, dazu brauchte man ein Extra-Tonbandgerät – ständig an das Geld dachte, das durchlief mit den Filmmetern, kann man heute Stunden aufnehmen mit hervorragendem Ton und prima Farbe.

Die neuen Medien haben all das gehalten, was wir uns damals als Filmhochschüler erträumt haben: Miniaturisierung der Kameras, die man auf jedes Sportgerät fixieren kann, mit denen man im Rennwagen mitfahren, auf Skiern die Abfahrt subjektiv miterleben kann. Wir können über die Weltraumfähren und die Satelliten von oben auf die Erde schauen, mit dem Fallschirmspringer seinen Sprung miterleben, den Einschlag des Fußballs im Netz geradezu physisch spüren.

Vor allem können wir aber etwas damals völlig Unerwartetes erleben: die unendliche Wiederholung spannender Momente, die unendliche Vervielfältigung der Sensation. Das macht einen wesentlichen Teil der Faszination der optischen Medien aus. Und wir müssen nicht mehr ins Kino gehen, nicht mal im Fernsehen den richtigen Sendemoment abpassen, um den schönen Film nicht zu verpassen. Wir können alles speichern oder in der Einkaufstüte mit nach Hause nehmen, sogar kopieren und verschenken.

### *Träume werden wahr – Sind es Albträume?*

Es macht keinen Sinn, über die Medien und ihre Verbreitung zu räsonieren oder gar zu moralisieren. Sie sind in der jetzigen Form da und werden nicht wieder verschwinden. Im Gegenteil: Die Möglichkeiten werden immer umfangreicher, grenzenlos! Was wir uns damals als aktive Medienmacher erhofft haben, wurde Realität. Nie hätten wir damit gerechnet, dass es so ausgehen würde, dass Medien zum Suchtmittel werden könnten. Erst war es das Fernsehen, dann die CDs, die DVDs (jetzt die Blue rays), schon lange die Handys, die MP3-Player ...

Wir hatten noch Hoffnungen auf eine Demokratisierung der Medien. Jeder kann ein Filmemacher sein. Das stimmt ja sogar heute! Wir arbeiteten damals im Rahmen des politischen Umdenkens mit Außenseitern, mit Straffälligen etc. Ich hatte z.B. ein Projekt für Psychiatriepatienten im Bezirkskrankenhaus München-Haar, das vom Sekretariat der HFF-Abteilung

wenig freundlich kommentiert wurde. Ob wir denn dafür da wären, Filme mit Patienten zu machen!?

### *Aktiv vs. passiv*

Es fällt auf, dass der aktive Gebrauch der Medien heute eine so geringe Rolle spielt. Wovon wir träumten, war ja, dass Menschen aller sozialen Schichten, Berufe und Gruppen selbst die Produktionsmittel in die Hand nehmen sollten, um ihre eigenen Interessen zu vertreten, indem sie ihre Probleme selbst aufgreifen und darstellen. Heute muss man keinem Jugendlichen mehr die Videokamera wegnehmen. Eigentlich schade.

# VOLLES RISIKO!

## *Glücksspiel von der Antike bis heute*

So lautete das Motto einer Ausstellung 2008 im Badischen Landesmuseum Karlsruhe. Eine interessante Sache. Seit mindestens 5 000 Jahren sind z.B. Würfelspiele belegt. Es geht dabei um »die Herausforderung des Zufalls«. Man möchte als Spieler Fortuna, der Glücksgöttin, ein Schnippchen schlagen, die von Albrecht Dürer auf seinem Kupferstich von 1501 »Das große Glück« als beleibte, lebenserfahrene und geflügelte Frau dargestellt wird.

Der Dichter Dostojewski sprach wohl autobiografisch von sich, wenn er in seinem berühmten Roman *Der Spieler* jenen sich vom Leben lossagen lässt, »von den eigenen Interessen und dem gesellschaftlichen Geschehen, von den staatsbürgerlichen und allmenschlichen Pflichten.« Das muss man fast zweimal lesen, um es in seiner vollen Tragweite zu begreifen. Aus Dostojewskis Briefen geht hervor, wie sehr er sich in den Fängen seiner Sucht befand. (Ob es noch andere Süchte bei ihm gab wie den Alkohol, dem sein gewalttätiger und grausamer Vater verfallen war?)

Wie alle anderen Süchte kann das Glücksspiel Menschen aller Schichten faszinieren, begeistern – und ins Unglück stürzen. Das erste Kasino soll – wie das erste Gefängnis, das erste Getto, das erste Lazarett und das erste Kaffeehaus – in Venedig gestanden haben. Genauer gesagt: Es handelte sich um die Umkleidekabinen eines Sportzentrums, wo man heimlich dem Glücksspiel frönte.

Im 13. Jahrhundert hatte Reinmar von Zweter den Teufel als Erfinder des Würfelspiels vermutet. Später sprach man vom Kartenspiel als dem »Gebetsbuch des Teufels«. Im Genua des 16. Jahrhunderts hatte man die Lotterie ähnlich wie heute behandelt: als staatlich umhegten Sonderbezirk mit entsprechender Reglementierung, die zugleich den Staatssäckel füllen und die Ausgrenzung der Spielwütigen/-süchtigen verhindern sollte. Und im Bayern des 20. Jahrhunderts sollte einmal das Schicksal einer Partei und fast das des Freistaates von Schiebereien um Spielbanken abhängen ...

In vielen Familien sind Spiele schöner Bestandteil des täglichen Lebens. Man kann sich ärgern, sich freuen, mal die Figuren, Karten oder Jetons vom Tisch fegen, wütend oder weinend rausrennen, sich mit Eltern und Geschwistern lachend und eben spielerisch auseinandersetzen. In den meisten Fällen wird daraus nichts Gefährliches werden. Die Zahl derer, die vom Kartenspielen abhängig werden, ist doch sehr begrenzt.

Die neuen Medien schaffen neue Dimensionen. Wie bei allen Aktivitäten des Menschen, die mit schönen und schlimmen Gefühlen verbunden sind, bekommen bis 9 %, vielleicht sogar mehr, erhebliche Probleme mit dem Glücksspiel. Die Ursachen sind dieselben wie bei allen Süchten: angeborene und erworbene Eigenschaften, eine ausgeprägte Selbstwertproblematik, die Droge mit ihren Eigenarten – und das soziale Umfeld, in dem man sich bewegt! Familie, Freundeskreis, Arbeitsplatz. Lebensereignisse kommen hinzu, Geldprobleme, gescheiterte Beziehungen, Langeweile, Einsamkeit, Probleme am Arbeitsplatz.

## *Nix Genaues weiß man nicht*

Seit dem 1.1.2008 ist in Deutschland der »Glücksspielstaatsvertrag« in Kraft. In Paragraf 11 ist die Spielregel festgelegt, dass die Länder in Forschung und Wissenschaft dafür zu sorgen haben, dass wir mehr wissen über das Glücksspiel – und damit bessere Voraussetzungen schaffen für eine wirksame Prävention bzw. die Umsetzung vorhandener Schutzmechanismen. Das Juni-Heft 2008 der Zeitschrift *Sucht* ist überwiegend dem Thema Glücksspiel gewidmet und den Auswirkungen des Staatsvertrages. Klar ist, dass trotz der wegweisenden Arbeiten von Professor Gerhard Meyer seit 1998 zu Glücksspiel und Delinquenz noch allzu wenig Fakten auf dem Tisch liegen. Der erste Professor mit einer an das Thema Sucht gebundenen Stelle in Deutschland, Karl Mann, bilanziert in seinem Beitrag, dass wir allenfalls den Stand der Forschung stoffgebundener Süchte von vor 10 bis 15 Jahren erreicht haben. Da ist also noch einiges zu tun. Aber immerhin ist das Problem erkannt.

Die Griffnähe ist durch das Internet erheblich gestiegen. Eine Kneipe mit Glücksspielautomaten muss man erst mal aufsuchen. Und in eine Spielbank zu gehen, bedeutet ja nicht nur, sich die obligatorische Krawatte umzubinden, sondern auch die Überwindung einer räumlichen und inneren Distanz. Da muss man auch noch seinen Ausweis vorzeigen, sich Jetons kaufen, um schließlich in jene merkwürdige dunkle Welt mit hell beleuchteten Tischen einzutauchen mit dem grünen Filz und den Spielkesseln.

Ein Freund von mir – Psychologe mit besseren Statistikkenntnissen als ich – glaubte wie so viele Spielgefährdete, er könne mit gewissen Ziffernfolgen Fortuna in seine Richtung lenken. Anfangs gelang das. Er begann schon ernsthaft einen Stundenlohn auszurechnen, als er in kurzer Folge nicht nur seinen eigenen Gewinn, sondern auch meinen in den Sand setzte.

Einmal wartete seine damalige Familie zitternd vor der Tür des Kasinos, als er drinnen im Begriff war, sich einen Kurzurlaub zu erspielen mit einer Zweidrittelchance: Man setzt z.B. auf erstes und zweites Dutzend – und erhält dann den dreifachen Einsatz. Nur Pech, wenn dann zum x-ten Mal entgegen der unsinnigen Statistik das dritte Dutzend mit den Zahlen von 25 bis 36 kommt ... Nicht nur kein Urlaub, sondern auch 600 Mark beim – s. oben – Teufel.

Gut, in diesem Fall ging alles harmlos aus. Der Freund entwickelte keine Spielsucht. Dazu war er zu nüchtern und vernünftig. Anderen Betroffenen und deren Familien ergeht es schlechter, wie denen aus anderen Schicksalsgemeinschaften in Suchtfamilien.

### *Zahlen und Defizite*

Auch die Zeitschrift *Konturen* widmete sich in einem Artikel der neuen Situation (Heft 1/2008, Seite 20 ff.). Zitiert werden unter anderem die Ergebnisse von Professor Gerhard Bühringer et al. (2007), der mit seinen Mitarbeitern immerhin 7 817 Probanden im Alter von 18 bis 64 Jahren schriftlich evaluiert hat. Dabei ergab sich ein Anteil pathologischer bzw. problematischer Spieler von 8,7 % bei den Glücksspielautomaten, 6,1 % bei den Kasinospielern, 4,2 % bei den Sportwetten und nur 0,2 % beim Lotto. Hochgerechnet kämen wir damit auf immerhin über 100 000 pathologische und fast 150 000 problematische Spieler. Eine Studie aus dem gleichen Jahr 2007 von Heino Stöver kommt mit anderem methodischen Ansatz, aber vergleichbarer Anzahl der Probanden, auf weit höhere Prozentwerte, nämlich 13 % bei den Spielautomaten, fast 10 % bei den Kasinospielern, 8,8 % bei den Sportwetten und 3 % bei den Lottoanhängern. Völlig unbeachtet auch hier im Übrigen die

PartnerInnen und Angehörigen, die mit ins Unglück gezogen werden. Vielleicht würden die wie beim Alkohol noch ganz andere Dimensionen beschreiben!? Verharmlosen, Leugnen, Bagatellisieren, Lügen gehörten schließlich schon immer zum Arsenal Süchtiger, auch bei schriftlichen Anfragen!

Wie auch sonst bei der Sucht muss die Forschung davon ausgehen, dass sie nur das erfährt, was der methodische Ansatz vorgibt. Ich glaube konkret kaum, dass die Wissenschaftler den vollen Umfang der Wahrheit erfahren. Kein extremer Spieler hat z.B. noch Lust oder Zeit, einen wissenschaftlichen Fragebogen auszufüllen. Geprägt von mehreren Jahren Tätigkeit als wissenschaftlicher Assistent am Max-Planck-Institut für Psychiatrie in München habe ich viel für Wissenschaft übrig, kenne aber auch allzu gut ihre Grenzen. Mit fünf Jahren auf dem Buckel als Chefarzt psychiatrischer Einrichtungen und inzwischen 17 Jahren als Leiter einer Praxis bin ich täglich im Detail mit den Niederungen des Lebens meiner Patienten konfrontiert, die die mir zum Teil persönlich gut bekannten Forscher aus ihren Höhen und auf ihren Höhenflügen wahrscheinlich gar nicht mitbekommen.

Früher gab es eine gut begründete Kultur der Fallstudien, heute hat die Statistik alles mit Beschlag belegt. Glatte und beeindruckende Zahlen können auch in die Irre führen. Hilfe wird wie bei allen Süchten erst im schlimmsten Endzustand gesucht. Die Dunkelziffer derer, die still zugrunde gehen oder sich spektakulär vor einem Kasino erschießen, ohne jemals in einer Statistik aufzutauchen, ist groß.

## *Jugendliche und ihre Suchtgefährdung*

Der viel zitierte Professor Klaus Hurrelmann aus Bielefeld hat 2003 die bisher einzige erwähnenswerte Studie zum Glücksspielverhalten von Jugendlichen vorgelegt. Bei der Befragung von über 7 000 Schülern der 7. bis 9. Jahrgangsstufe aus über 100 Schulen fand er immerhin 3 %, die schon mit 13 bis 19 Jahren die Kriterien problematischen Glücksspiels erfüllten.

Tobias Hayer legte mit Kollegen einen verdienstvollen Beitrag vor zu den Kindern von Glücksspielern. Nicht überraschend, dass die Befunde kaum anders waren als bei Kindern aus anderen Suchtfamilien, zumal eine Sucht selten allein kommt (Hayer et al. 2006). Zu Recht fordern die Wissenschaftler eine vermehrte Aufmerksamkeit für die Kinder von spielsüchtigen Bezugspersonen. Schließlich wissen wir, wie sehr das Modell der Eltern, egal ob gut oder schlecht, sich auf das Verhalten von Kindern auswirkt. Wenn Vater oder Mutter also trinkend und rauchend vor dem Computer sitzen oder regelmäßig für viele Stunden in Kneipen mit Spielautomaten verschwinden, wird sich das destruktiv auf die Lebensqualität von Kindern auswirken, sie womöglich selbst auf diese Spur setzen – und sie eventuell existenziell gefährden. Sie müssen schließlich – vgl. die einleitende Äußerung Dostojewskis! – damit rechnen, dass betroffene Eltern alles ihrer Sucht opfern, sogar das Schicksal ihrer Kinder.

## *Männer sind führend*

Zwischen 70 und 80 % der Betroffenen von Glücksspielproblemen sind Männer. (Ich wage allerdings aus klinischer Erfahrung einzuwenden, dass Frauen wie bei anderen Süchten nicht selten ihre Krankheit unter der co-abhängigen Förderung z.B. vermögender Männer pflegen können, ohne jemals therapiert zu werden!) Professor Stöver von der Universität Bremen spricht in seiner Stellungnahme in *Sucht* von einer »gefühlten und gefürchteten Erosion des eigenen Männlichkeitskonzepts«, also der Erschütterung und Aushöhlung des Selbstwertgefühls von Männern. »Glücksspiel kann in Männlichkeitskonzepten eine herausragende Rolle als Demonstrationsmittel von Stärke, als Anti-Stressmittel, als Symbol von Grenzüberschreitung und Gefährlichkeitssuche, als Kommunikations- oder Rückzugsmittel oder als soziales Schmiermittel überhaupt spielen.«

Glücksspieler sind im Übrigen meistens sehr einsam vor ihren Automaten. »Männlichkeitsforscher haben als zentrale Bausteine von männlicher Geschlechteridentitätskonstruktion eine hohe Risikobereitschaft, verbunden mit der Hoffnung auf Erfolg/Prestige und Sieg/Gewinn, ausgemacht.« Könnte man einfacher sagen, wir Männer haben keine Gelegenheit mehr, unsere Stärken zu beweisen, wie Mut, Muskelkraft etc.? Deshalb greifen wir zu letzten Endes unzulänglichen Ersatzstrategien, um unseren fehlenden oder verletzten Gefühlen Ablenkung zu bieten, um uns gegenüber dem anderen, früher schwachen Geschlecht zu beweisen.

### *Genetik bei Glücksspiel?*

Ja, auch das wird ernsthaft diskutiert. 50 % genetischer Anteil sind geboten laut den von Karl Mann zitierten Xian et al. (2007). Wie immer geht es um »nature and nurture«, um die Vorbedingungen in der Natur des Menschen und um die Erziehung. Je nach Studie sind die Prozentangaben selbst bei Krankheiten mit einer hohen genetischen Beteiligung sehr unterschiedlich, wie etwa bei der Schizophrenie oder schweren Depressionen. Es ist wichtig, insbesondere bei sozial und therapeutisch gut beeinflussbaren Störungen wie der Sucht bzw. hier dem Glücksspiel, keine Zwangsläufigkeit anzunehmen (»Das ist eh vererbt ...«), sondern die Chance herauszustellen, diesem gravierenden Problem entkommen zu können.

### *Glücksspieler sind häufig psychisch schwer krank*

In der Studie »Komorbidität bei pathologischem Glücksspiel« (*Sucht*, Juni 2008, Seite 131 ff.) konnten Dr. Premper und Professor Schulz herausfiltern, dass Glücksspieler auch jenseits ihrer Sucht erheblich gestört sind. Die höchsten Raten von Begleiterkrankungen fanden sich bei den affektiven Störungen bei über 50 % der Betroffenen, Angststörungen bei nahezu 50 % und Persönlichkeitsstörungen bei 27,7 %. Auch die substanzbezogenen Störungen waren hier stark vertreten.

Meine Skepsis gegenüber diesen trotzdem beeindruckenden Zahlen scheint berechtigt. Sucht ist nie eine Edelneurose, wie ich manchmal salopp sage. Bei Untersuchungen im englischsprachigen Ausland wurden noch ganz andere Raten erreicht mit bis zu 70 % depressiven Störungen, bis zu 80 % Suchtmittelabhängigkeit und bis über 90 % Persönlichkeitsstörungen vor allem des emotional-instabilen Typus, des histrionischen (früher sagte man »hysterischen«), des narzisstischen und des dissozialen Typus!

Interessant, dass Angstprobleme oft, das heißt zu drei Vierteln, der Glücksspielsucht (ähnlich beim Alkoholismus!) vorangingen, während depressive Störungen nach Beginn der Sucht kamen, sicher auch als Reaktion auf die vielfältigen negativen Folgeerscheinungen. Glücksspiel führt ja nicht nur zu massiven finanziellen Verlusten, sondern auch zu dramatischen sozialen Defiziten.

Stationär behandelte Glücksspieler sind wesentlich schwerer von Symptomen belastet als Alkoholiker in der Klinik. In sieben von neun Skalen erweisen sich die Spieler, wenn man so will, im Vergleich als unglücklicher.

## *Nicht alle Spieler sind gleich*

In der Literatur wird wie bei Dostojewski eher der eigentlich seltene Typus des »expansiv leidenden« Glücksspielers beschrieben, der dramatisierend auf sein Problem aufmerksam macht. Dabei ist laut Premper und Schulz der »depressiv leidende«, also eher stille Typ der häufigste, gefolgt vom »reinen« Spieler. Auf der Identifikation der verschiedenen Erscheinungsformen könnte man natürlich differenzierte Therapiestrategien aufbauen.

Was nach wie vor fehlt, ist eine breit angelegte prospektive Langzeitstudie. Nach meinen Erfahrungen gehen Patienten mit Glücksspielproblematik sehr spät und sehr selten in stationäre Behandlung. Mehrere Fälle konnten wir im Laufe der Jahre ambulant befriedigend lösen, immer unterstützt und begleitet von Partnern/Angehörigen, die aktiv an der Therapie beteiligt waren, zum Teil auch mit klaren Grenzsetzungen bzw. Ultimaten. Auf nettes Zureden und moralisierende Vorhaltungen reagieren Süchtige nicht. Sobald wie hier Geld da ist, wird es in die Sucht investiert. Es folgen kurze Erleichterung, dann wieder Schuldgefühle, Vertuschen, Entdeckung, entschuldigende »Schleimspur« – mit unendlicher Wiederholung bis zum völligen Aus.

## *Hoffnung gibt es*

Um Sie nicht im depressiven Sumpf sitzen zu lassen, sei hier ausdrücklich betont, dass es erfolgreiche und äußerst erfreuliche Verläufe auch bei Glücksspielsucht gibt.

Ein Patient kam in die Therapie mit seiner einige Jahre älteren Freundin, Krankenschwester, er selbst Sozialpädagoge in verantwortlicher Position. Sein Problem: Sportwetten. An den Samstagen ist er während der Bundesligasaison völlig blockiert, sitzt abwechselnd vor dem Fernseher und dem Computer, investiert in seine Wetten. Inzwischen sind nicht unbeträchtliche Schulden entstanden, die die Lebensmöglichkeiten des jungen Paares erheblich einschränken.

Um es kurz zu machen: Es ging darum, die Energie wieder auf gesündere Ziele zu lenken. Und das gelang auf relativ einfache Weise. Seine Freundin verweigerte ihm jede weitere Unterstützung in finanzieller Hinsicht. Ein Schuldentilgungsplan wurde aufgestellt.

Was könnten gemeinsame Interessen sein? Sport! Die beiden begannen wieder zu laufen und Fahrrad zu fahren. Sie kamen ins Gespräch. Sexuelle Begegnungen fanden wieder statt. Und der junge Mann erfüllte sich einen Traum: Fußballtraining mit Jugendlichen! Die Hoffnung auf eigene Kinder war wegen der biologischen Uhr verschwunden. Aber nun hatte er ein Ziel, freute sich auf das Training, auf die Begegnung mit den Kids, die ihn bewunderten und als Vaterfigur anerkannten.

Es bleibt festzustellen, dass hier keine gravierenden anderweitigen Störungen vorlagen wie so häufig in vergleichbaren Fällen.

*Glück ist die Folge einer Tätigkeit.*

Aristoteles

# SEXSUCHT:

## Im Irrgarten der Lüste

Seit eineinhalb Jahren habe ich eine neue Beziehung – und jetzt habe ich Angst, wieder co-abhängig zu sein oder zu bleiben.« Es sprudelt nur so raus aus der neuen Patientin, die aufgeregt vor mir sitzt. »Wissen Sie, er hat wohl die Online-Sexsucht. Ständig hockt er vor dem Computer, schaut sich Pornos an und holt sich einen runter. Mit mir will er sexuell kaum etwas zu tun haben. Dabei ist er sonst nett und zugewandt. In mir kann er einfach nicht kommen. Das ist ihm vielleicht nicht eng genug. Ich habe zwei Söhne aus erster Ehe mit 17 und 20. Inzwischen habe ich alles versucht. Dann bin ich auf die verschiedenen Foren im Internet gegangen. In Wirklichkeit wusste ich natürlich längst, was Sache ist. Denn ich habe selbst eine Sucht hinter mir, bin seit 14 Jahren trockene Alkoholikerin, habe damals auch Drogen probiert.

Wir haben uns in einer Diskothek kennengelernt, waren beide auf der Suche. Er ist etwas jünger als ich – und war nach seiner letzten Beziehung schon zehn Jahre allein. Im Beruf als Techniker funktioniert er hervorragend. Aber auch da habe ich die Vermutung, dass das alles zu viel ist, dass er eine Arbeitssucht hat. Keinen Moment kann er von den Gedanken an seine Arbeit lassen.

Wegen eines Burn-out-Syndroms war er schon mal im Krankenhaus nach einem Herzanfall. Dort ist er dann eine Zeit lang in die Tagesklinik gegangen. Das hat ihm gutgetan, aber die Süchte wurden wohl nicht angesprochen.

Es tut mir einfach sehr weh, wenn er mich als Frau vernachlässigt. Ab 7 Uhr geht es schon los. Ihm ist es gar nicht recht, wenn ich auch gleich aufstehe, denn er möchte allein vor den Monitor und dort masturbieren. Ich habe ihm schon angeboten, ihn mit der Hand zu befriedigen, während er schaut. Dann sollte er später mit mir Sex haben. Aber er hat mich vertröstet und vertröstet. Den ganzen Tag wurde es nichts mehr. Vielleicht einmal pro Woche Verkehr, das ist mir zu wenig.«

»Welche Art von Pornografie oder Sexvideos schaut er denn?«

»Ja, das ist mir jetzt noch peinlicher. Er ist offenbar bisexuell – und steht auf sehr junge Mädchen und Jungs. Es gibt in diesem Zusammenhang ein weiteres Problem, von dem er nicht weiß, dass ich es weiß: Im Umweg über ein Singleforum musste ich erfahren, dass er 2006 zu einer Haftstrafe verurteilt wurde wegen Kinderpornografie, immerhin für zehn Monate auf dreieinhalb Jahre Bewährung und mit einer deftigen Geldstrafe. Er wurde entdeckt über einen anderen Täter, wo er Fotos geordert hatte, insgesamt 10 000, davon über 1 000 mit Kindern. Wenn ich ihn vorsichtig darauf anspreche, spielt er das Ganze herunter. Er sei ja auch in Therapie gewesen deshalb – seine Bewährungsauflage. Seine Wohnung wurde damals durchsucht und der Computer durchgecheckt.

Ich bin ja selbst eine Detektivin, finde alles heraus. Er lügt mich also an, tut ganz harmlos. Zum Masturbieren benutzt er auch noch Cockrings (Ringe, die an den Penisschaft gelegt werden, um die Durchblutung zu steigern). Er bestreitet, irgend-

was gemacht zu haben. Dabei weiß ich genau, wie die Ringe vorher gelegen haben ...

Ich bin nun wirklich nicht prüde. Ich kann auch Sex ohne große Liebe haben – in der Zeit ohne festen Partner. Ich liebe ihn wirklich, weil er so wahnsinnig hilfsbereit ist und nie Nein sagen kann. Aber genauer betrachtet ist jeder Kontakt zu anderen irgendwie sexualisiert. Bei Männern wie Frauen. Und immer will er wissen, wie er ankommt.«

»Wissen Sie etwas zu seiner Vorgeschichte?«

»Er wuchs im Wesentlichen im Heim auf. Das hält er heute für den Normalfall. Dort kam es wohl zu vielen homosexuellen Handlungen. Die Mutter war Alkoholikerin, der Vater kann nicht mit Geld umgehen und trinkt wohl auch zu viel. Geborgenheit und Liebe hat er nie gekannt. Später wollte er das mit der heilen Familie nachholen. Aber in seiner ersten Ehe ging es auch nicht. Er wollte Kinder, sie nicht. Genaueres über die Beziehung weiß ich genau genommen doch nicht. Nach der Trennung war er fast zehn Jahre allein. Dabei muss sich sein exzessiver Internetgebrauch entwickelt haben.

Vielleicht sollte ich zu meiner eigenen Geschichte was sagen: Meine Eltern haben sich auch früh getrennt. Dann lebte ich bei der Mutter – und wurde später vom Stiefvater missbraucht. Mein eigenes Körpergefühl war entsprechend problematisch, hat sich aber inzwischen normalisiert. In den Alkohol bin ich in meiner Ehe reingerutscht. Wir haben beide gesoffen. Die armen Kinder ... Aber Gott sei dank habe ich eine stationäre Therapie gemacht, als die Kinder noch klein waren. Seitdem bin ich trocken. Ostern war das schlimmste Fest: Beim Ostereiersuchen hätte man ja die eine oder andere versteckte Flasche entdecken können ...«

### *Eine Sucht kommt nie allein*

Auch in diesem Beispiel finden wir die Kombination mehrerer Süchte. Im Vordergrund steht hier die Sucht nach Onlinesex, die alles andere in der Beziehung überlagert und diese zu zerstören droht. Offensichtlich ist der neue Partner von Frau T. nicht einsichtig. Wahrscheinlich lügt er in seiner Therapie wie im wirklichen Leben. Der Kollege hätte gut daran getan, die neue Partnerin mit einzubeziehen. Erst wenn die Fakten auf dem Tisch liegen, kann ein Veränderungsprozess beginnen.

### *»Ja, bin ich dann schon sexsüchtig ...?«*

Merkwürdigerweise fragen mich auch vernünftige Menschen immer wieder, ob es denn stimme, dass man schon alkoholsüchtig sei, wenn man fast jeden Abend ein Glas Rotwein trinke! Nein, so etwas habe ich nie gesagt. Es wäre und ist auch

Unsinn. Ganz allgemein geht es darum, ob ein Verhalten negative soziale, psychische und/oder körperliche Auswirkungen hat. Sexualität ist nach meiner Auffassung ein Verhalten, das zum Leben gehört wie Essen und Trinken. Vor Kurzem konnte man in der Zeitung lesen, dass das der Schauspieler Dustin Hoffman genauso sieht. Mit 70 braucht er nach eigenen Angaben täglich Sex – und ist seit 27 Jahren mit seiner Frau Lisa verheiratet. Sein Kollege Michael Douglas tat sich da über Jahre schon schwerer. Seine junge Frau Catherine Zeta-Jones hat sich gegen Seitensprünge bei ihm mit einer hohen Summe versichert. Sie wird schon ihre Gründe haben ...

Bill Clinton soll wie sein Idol John F. Kennedy eine Sexsucht haben mit einer Braut in (fast) jeder Stadt. Dass ihm dann ausgerechnet eine Affäre im Büro – das seitdem als Oral Office bezeichnet wird – fast zum Verhängnis wurde, ist beinahe schon Realsatire. Was viele nicht wissen: In den USA gilt oraler Sex nicht als Ehebruch, während er bei uns als besonders intime Variante gehandelt wird.

Unser nationaler Kinderbuchautor Erich Kästner wollte, was wenige wissen, mit Kindern lieber nichts zu tun haben. Seinen eigenen einzigen Sohn lernte er erst kennen, als dieser schon sechs Jahre alt war. Umso mehr war Kästner den Frauen zugetan. Er soll zeitweilig für jeden Wochentag eine eigene Geliebte gehabt haben, bei Ausfall durch die Periode jeweils einen Ersatz ...

### *Rekorde der besonderen Art*

Am heftigsten und geradezu rekordverdächtig hat es wohl der Krimiautor George Simenon getrieben, der – neben einer atemberaubenden Massenproduktion an Büchern – Hunderte von Geliebten gehabt haben soll. Ob er neben der bekannten

Pfeife weitere Süchte hatte, weiß ich nicht. Kästner hatte stets mehrere Geliebte auf einmal, war Alkoholiker, trank bei Interviews nebenbei mal eine Flasche Whisky, rauchte – und starb, auf eigenen Wunsch unbehandelt, an einem Speiseröhrenkrebs.

John F. Kennedy hatte nicht nur die Botschaft seines Vaters verstanden, was Mann mit Frauen zu tun hatte, sondern er soll auch ganze Cocktails von Medikamenten, dazu Kokain und Amphetamine eingenommen haben. In der Familie vererbten sich die Süchte sozusagen. Ein Neffe soll später nur freigekommen sein nach sexuellen Übergriffen, weil er eben ein Kennedy ist ...

Dass viele Rock- und Schlagerstars nach den Konzerten nicht nur Groupies vernaschen, sondern auch zu Alkohol und Drogen greifen, ist bekannt. Aber bevor wir uns an den Schwächen von Prominenten allzu sehr »aufgeilen«, kehren wir zurück zur Normalität eben auch der Sexsucht. Sucht ist immer ein Schamthema, ganz besonders natürlich der Sex als Sucht. Was für uns alle ein Teil des Lebens, des Lebensglücks sein kann und sollte, wird hier zur Krankheit.

### *Auswirkungen auf die Jugend: Deutschlands Sextragödie?*

»Wenn Kinder nicht mehr lernen, was Liebe ist« – im Untertitel ihres Buches zur sexuellen Lage der Jugendlichen *Deutschlands sexuelle Tragödie* bringen Pastor Siggelkow und Autor Wolfgang Büscher ihre Bedenken an. In Fernsehberichten wie »Jugend im Pornofieber« von arte kommt man zu dem Schluss, dass es eine »Generation Porno« gäbe. Andere, wie der fast vergessene Sexualforscher Volkmar Sigusch, versuchen abzuwiegeln. Überwiegend setze die Jugend auf Treue und Liebe.

Aber es ist eben wie bei den Drogen, die damals die sexuelle Revolution begleiteten: Einige geraten in Schwierigkeiten, werden zu Missbrauchern und Abhängigen. Kaum haben auch Ihre Kinder den Button »Ich bin 18« gedrückt, können sie sich jede Perversität zu Gemüte führen. Dabei kann einem schon das Gemüt abhandenkommen, wenn nicht nur sogenannter Blümchensex gezeigt wird (wie in Kolles Aufklärungsstreifen), sondern Menschen mit Sadomasoaktionen, wenn der Schwager mit der Schwägerin schläft, während die Ehefrau zuschaut und applaudiert ... Was denkt ein Teenager, wenn ein Rapper im Auswahlkomitee für eine der TV-Castingshows sitzt, der in einem Song Analverkehr besingt, bei dem die – missbrauchte – Freundin vor Schmerzen schreit und sogar blutet, weil am Anus etwas gerissen ist – und er aufgegeilt zum Orgasmus kommt?

Was denken Sie über Videos von Gruppensex Jugendlicher auf einem Spielplatz mit Parkbank im Internet?! Oder von mitgeschnittenen Sexszenen, wo man Freunden beweisen kann, dass man die oder jene schon »flachgelegt« hat ...?

Zärtlichkeit und Respekt, wesentliche Anteile einer menschlichen Beziehung oder gar Liebe, kommen in der Landschaft der Pornografie nicht vor. Die Reinigungs- oder Katharsishypothese ist auch hier im Übrigen falsch. Solche Filme wirken eindeutig verstärkend. Extreme sexuelle Erfahrungen, ob nun virtuell oder real, machen beziehungsunfähig – auf Dauer. Was denken Teenager, die mit hemmungslosen Eltern Hardcorepornos anschauen?

Der Buchautor Büscher fordert dreierlei: Bildung, Bildung, Bildung. Aber dagegen stehen laut Komiker Otto die drei Hobbys der Deutschen: Sex, Sex, Sex.

Ich würde anders sagen: Erziehung! Liebe und Konfrontation in der richtigen Mischung bringen eine Entwicklung auf den Weg. Und wie immer: das Vorbild der Erwachsenen. Kinder und Jugendliche können mit verklemmten Eltern genauso wenig anfangen wie mit Eltern, die ihre Teenys in Libertinage noch übertreffen wollen und gar keine Grenzen mehr kennen. Aber was nützt das, wenn ein Kind einen Fernseher oder einen Computer im Zimmer stehen hat und schon nachmittags hört, wie man völlig schamlos über intimste Details spricht!? Sexuelle Verwahrlosung kann verhindert werden, aber es ist nicht immer leicht.

### *Sex: 800 Millionen Treffer im Internet*

Der Partner der oben beschriebenen Patientin hat reiche Auswahl. Selbst wenn er jetzt sofort anfinge, könnte er das Angebot im Internet, das wahrscheinlich täglich zunimmt, in seinem Leben kaum mehr abarbeiten ... Aber es muss doch irgendwann langweilig werden?! Schließlich sind die sexuellen Varianten begrenzt, ist der menschliche Körper immer gleich.

Damit Mann schön auf Trab bleibt, bekommt er gewollt oder ungewollt immer neue Anregungen: »Mit unserem Produkt vergessen (Sie – in der Eile vom Absender wohl vergessen) die Potenzprobleme und haben wieder Spaß am Sex ... Das Geld kommt und geht (in die Kassen des Internetanbieters) – unvergessliches Sex-Erlebnis bleibt! Diskrete Verpackung, diskrete Zahlung, kein peinlicher Arztbesuch erforderlich ...«

### *Viagra – eine Nebenwirkung macht Karriere*

Viagra war ein Zufallstreffer der Pharmaforschung, vergleichbar vielleicht der Teflonpfanne bei der Weltraumforschung. Eigentlich geplant als Herzmittel, wollten männliche Versuchsteilnehmer die Pillen nicht mehr hergeben. Auf die unerwartete Nebenwirkung einer massiven sexuellen Stimulation mit lang dauernden Erektionen wollten sie nicht mehr verzichten. Viagra, ein geschicktes Kunstwort angeblich aus den Bestandteilen »Vigor« (= Kraft) und Niagara.

### *Romeo C.: »Chatgeflüster«*

Nach einem Interview im Radio bekam ich die Geständnisse eines Lehrers zugesandt, der detailliert seine Methoden und Ergebnisse mit Pseudopartnerinnen und sich selbst schilderte. Statt also den mühsamen Weg der realen Partnersuche zu betreiben, stimulierte er sich und seine Chatpartnerinnen mit geilen Dialogen. Damit ist er in guter und reichlicher Gesellschaft, wie insbesondere Frau Farke immer wieder betont. Aber es spricht eben keiner drüber, auch Frauen nicht, die sich womöglich zusätzlich vor der Webcam entblößen und ihre Ehe aufs Spiel setzen. Manche werden z.B. auch von Urlaubsbekanntschaften dazu verleitet und schämen sich unendlich, zumal sie Angst haben müssen, dass der »Partner« das Ganze mitgeschnitten hat und ins Internet stellt.

### *Freiwillige Operationen im Intimbereich?*

Kann man eventuell Männer noch verstehen, die glauben, von der Natur an ihrem »wichtigsten Teil« zu wenig bedacht worden zu sein, und deshalb künstliche Hilfe suchen mit Gewichten und Operationen, so staunt man schon, dass auch Frauen allen Ernstes glauben, sie könnten sich und ihr Sexleben mit medizinischen Eingriffen verbessern. Hier ist nicht die Rede von Brustvergrößerungen oder Fettabsaugen zur Erhöhung der Attraktivität. Es geht um »vaginal rejuvenation«, vaginale Verjüngung, bei Google immerhin zugänglich über rund 150 000 Treffer. Man kann also als Arzt Geld verdienen, indem man Frauen die inneren Schamlippen verkleinert, die Klitoris aufpolstert oder die Vagina mit Eigenfett wieder enger gestaltet: »Designer-Vagina«. Aber Vorsicht, Fachleute warnen: Aus Lustgewinn kann Frustgewinn werden, weil die Sensibilität ganzer Hautareale leiden kann, von Narbenkomplikationen ganz zu schweigen.

Wo wir gerade dabei sind: Piercings im Genitalbereich sind eine ebenfalls überflüssige und nicht ungefährliche Mode. Wer meint, auf den besonderen Schmuck und Kick nicht verzichten zu können, sollte sich vielleicht klarmachen, dass Piercings an den besonderen Stellen zu fast 50 % Komplikationen bereiten, an der Brust und an der Zunge fast zu einem Viertel. Und die Heilung kann Wochen bis Monate dauern. Das kann die Erotik schon mächtig stören.

Wie sagte doch »Deutschlands erfolgreichste Pornoautorin« Sophie Andresky: »Für wirklich guten Sex braucht man weder ein Tiroler Dirndl noch ein Glas Nutella. Zwei gewaschene Unterleiber, flinke Finger und gut gelaunte Zungen, Augen zum Staunen, Münder zum Fragen und Ohren zum Hören. Das wär's schon.«

### *Erkennen und Therapie von Sexsucht*

In Deutschland sind wir auf diesem Gebiet noch ziemlich am Anfang. Einer der Kollegen mit viel Erfahrung und offensivem Umgang ist mein langjähriger Freund Dr. Bernhard Mäulen, der so wie ich viele Anregungen aus den USA bekam, die uns mit den Problemen, aber auch mit den Problemlösungen oft ein Stück voraus sind. Auf seiner Internetseite www.aerztegesundheit.de/Frames-Infos.htm (»Sexuelle Übergriffe«)

befindet sich unter anderem ein ausführlicher Artikel »Süchtiges sexuelles Verhalten«. Er verweist auch auf den Screeningtest von Patrick Carnes mit 25 Fragen. (Wer dabei mehr als 13 Fragen positiv beantwortet, sollte dringend über professionelle Hilfe nachdenken.)

Wie so oft bei der Sucht gilt für Co-Abhängige wie Süchtige: Bereits das intensive Nachdenken über das Thema kann ein deutlicher Hinweis sein. Und damit kann der erste Schritt zur weiteren Information und zur Veränderung stattfinden, die bekanntlich immer im Kopf beginnt.

Mäulen beschreibt eindringlich die Häufung von verschiedenen Süchten bei den Betroffenen, wobei zunächst die stoffgebundenen Süchte angegangen werden sollten, dann die stoffungebundenen wie eben die Sexsucht. Nach einem Ersttermin mit einer ausführlichen Erhebung der Anamnese sollen 90 Tage Verzicht auf alle sexuellen Handlungen an sich und mit anderen der Einstieg sein –, oft nur machbar unter stationären Bedingungen. Ein tief gehender psychotherapeutischer Prozess ist das Entscheidende. Trotzdem sind auch medikamentöse Beeinflussungen zu erwägen, mit Antidepressiva oder dem triebdämpfenden Mittel Androcur.

Sehr häufig geht es um kriminelle Handlungen, oder wie der Jurist sagt, »strafbewehrte«. Sextäter sind häufig Serientäter und kommen erst in Behandlung, wenn sie sozusagen erwischt worden sind. Die katholische Kirche in den USA musste schon fast eine Milliarde Dollar an Schmerzens- und Schweigegeldern an Opfer zahlen wegen der Vergehen ihrer Priester. Da stellte sich sogar der deutsche Papst diesem peinlichen Thema und sprach auch mit Opfern.

Ein emotional belastetes Terrain, das schnell von »Schwanz ab«- oder »Rübe runter«-Thesen besetzt wird. Viel häufiger als die spektakulären Fälle sind aber die verborgenen familiären Tragödien.

### *Sex statt Sofa*

Niemand würde vermuten, dass der sympathische junge Mann für Prostituierte so viel Geld pro Monat ausgab, dass die Familie nicht nur seit Jahren auf Urlaub, sondern auch auf ein dringend benötigtes Sofa verzichten musste.

Auch hier war die Ehefrau trotz eines Verlaufes von zwei Jahren bis vor Kurzem ahnungslos, als sie endlich die Kontovorgänge ihres Mannes überprüfte. Die 12-jährige Tochter wusste längst Bescheid, da sie auf dem Computer die angewählten Internetadressen des Vaters verfolgt hatte: Was heißt z.B. www.rotelaterne.de? Ein Klick und alles war klar. Die Tochter bezichtigte sich in ihrer Verwirrung selbst der Sexsucht, heulte ganze Nächte durch und ist inzwischen bei einer Kindertherapeutin.

Mit meiner Hilfe, die spät, aber hoffentlich noch rechtzeitig kam, hat der Mann bisher die Abstinenz eingehalten. Auch seinem Chef war übrigens aufgefallen, dass der hoch qualifizierte Mitarbeiter, der demnächst in die Führungsebene aufrücken sollte, erhebliche Fehlzeiten tagsüber aufwies. Das konnte Herr S. selbst mit familiären Verpflichtungen – Sohn vom Kindergarten abholen usw. – nicht ausreichend erklären. Es stehen also die Gesundheit und Existenz mehrerer Menschen, eine Ehe und eine Karriere auf dem Spiel.

Interessant, dass ein Bruder des Patienten, ebenfalls hoch qualifizierter Akademiker, es offenbar noch bunter getrieben hat und durch seine Sexsucht sich und seine Familie samt unehelicher Kinder ruiniert hat. Ob das für die behauptete genetische Disposition spricht, sei dahingestellt.

# KAUFSUCHT – erwünscht!

Nirgendwo wird das Konzept der Verfügbarkeit so deutlich wie beim Kaufen. In der deutschen Geschichte gibt es zwei Ereignisse, die uns das vor Augen führen: die Währungsreform 1948 und die Wiedervereinigung 1989. Gab es zu Beginn des Jahres 1948 hauptsächlich den Mangel zu verwalten und zu verkraften, herrschte zum Teil noch Hunger, so war im Juni 1948, nach Einführung der Deutschen Mark, plötzlich fast alles vorhanden. Die Produzenten wussten, dass sie für ihre Waren einen realen Gegenwert erhalten – und rückten damit in die Schaufenster.

Ging es nach vielen Jahren der Entbehrung zunächst um die Befriedigung verständlicher und nachvollziehbarer Bedürfnisse nach guter und reichlicher Nahrung, warmer und ansehnlicher Kleidung, schöner Einrichtung etc., so kippte das nicht viel später um in die berühmt-berüchtigte Sauf- und Fresswelle, die Italien-Welle (typische Frage in Deutschland: »Wohin fahrt ihr dieses Jahr?«), den Kaufrausch. Der Alkoholkonsum erhöhte sich von 3,5 auf zum Teil über 12 Liter reinen Stoff pro Kopf und Jahr, übrigens mit nur leichter zeitlicher

Verschiebung parallel in Bundesrepublik und DDR. Nicht nur durch die leeren Kalorien des Alkohols, auch über zu viel Essen, oder sollen wir sagen Fressen, legten die Menschen an Gewicht zu: Aus überschlanken Gestalten wie auch dem Schauspieler Gert Fröbe wurden rundliche Brummer, gut repräsentiert durch den Vater der Marktwirtschaft und des Wirtschaftswunders, den späteren Kanzler Ludwig Erhard mit seiner Zigarre.

Konsum war auf allen Gebieten erwünscht und angesagt. Nach und nach gab es alles, was das Herz begehrt. Die Grenze zwischen sinnvoller Bedürfnisbefriedigung und Sucht begann schnell zu verschwimmen. Statussymbole mussten und müssen her: Gekauft wurde also keineswegs nur eine Ware, sondern Mittel, sich gegenüber anderen darzustellen, eine Fassade aufzubauen, Erfolg und Wohlstand zu demonstrieren. Wir sind wieder wer, und was wir sind!!! Die Werbebranche wusste schon immer, dass es nicht nur um eine möglichst gute, am besten getestete Ware ging (Stiftung Warentest-Urteile als Gütesiegel), sondern um Gefühle, um die Erfüllung von Sehn-Süchten nach Geborgenheit und Liebe, Anerkennung und Beachtung, Prestige.

## *Unterschiede*

Leser, die in den neuen Bundesländern aufgewachsen sind (DDR traut man sich kaum mehr zu sagen ...), kennen noch die Sehnsucht nach Markenartikeln, die im – eigentlich verbotenen – Westfernsehen zu sehen, aber außer sehr teuer über Intershops oder aus Westpaketen oder über Westtouristen nicht erreichbar waren. Die Partei sorgte ja angeblich für alle, wollte »ihre« Bevölkerung gut erziehen hin auf Werte wie Egalität vs. Individualisierung im Westen, Plan vs. Markt, Bedarfsdeckung vs. Konsum, Tradition vs. Moderne. Aber die DDR-Politiker hatten nicht nur für sich persönlich und ihre Familien stets gut gesorgt, auch im Sinne von Zugang zum Konsum. Sie hatten die Rechnung ohne den schwachen Menschen gemacht, der nun mal scharf ist oder wird auf schöne Dinge, sobald die Grundbedürfnisse befriedigt sind.

Hier darf ich eine persönliche Anmerkung machen: Meine beiden älteren Brüder sind 1939 bzw. 1940 geboren, haben also ihre frühe Kindheit im Krieg erlebt – und den Aufschwung während ihrer Schulzeit und Pubertät. Der zweitälteste war dann als Jurist in der ständigen Vertretung der Bundesrepublik in Ostberlin (sozusagen einer Vorstufe der Wiedervereinigung) für Kunst, Kultur und Kirche zuständig. Mit meiner Familie besuchte ich ihn 1987 in seinem Wohnsitz in Pankow. Draußen standen die frierenden Posten der Volksarmee, um auch ja alles mitzukriegen. Außer in dem schönen Bungalow fühlten wir uns weniger wohl. Der Kontrast zwischen Ost und West war beeindruckend, um nicht zu sagen erschütternd. Nur kopfschüttelnd hörten wir mit diesen Eindrücken später unseren Kanzler Kohl von den »blühenden Landschaften« schwadronieren, wobei er ja nicht die Landwirtschaft meinte, sondern – taktisch sehr geschickt – die grünen Wiesen des Konsums ...

Die Verwandlung eines Lands aus einem Zustand wie in der Bundesrepublik um 1950 zu einem modernen Land würde Jahrzehnte dauern und Milliarden kosten. Das durfte man damals natürlich niemand sagen. Politiker, die das dummerweise ehrlich von sich gaben, hatten schon verloren. Meine Frau bewahrt bis heute eine Strumpfhose aus DDR-Produktion auf, die das ganze Elend einer gesteuerten Wirtschaft demonstriert (wie der Trabbi – Ausschneiden, Kleben, Falten). Unser damals noch sehr kleiner Sohn erinnert sich an die leeren Läden, geschmückt mit ein paar Konservendosen ... In der DDR kaufte man etwas, wenn es endlich etwas gab. Man stand Schlange, wie im Westen nur bis zur Währungsreform. Der Konsum kam erst ab 1989 mit der Währungsreform mit der Aushändigung von Bargeld.

Verweilen wir noch einen Moment: Wie alle Deutschen im Krieg besannen sich die Bürger der DDR auf andere Werte. Sehr gerne erinnern wir uns an die menschlichen Begegnungen, an die Wärme, an das wirkliche Interesse. Damit war es nach der Wiedervereinigung schnell vorbei, wie mir immer wieder Patienten aus der Ex-DDR beschrieben haben. Der lange gehemmte Konsumdrang wurde jetzt rauschartig befriedigt. Menschliche Werte, private Begegnungen wurden weniger wichtig. Kaum jemand wagt bis heute auszusprechen, dass der dramatische Rückgang der Geburtenrate mit der Ausrichtung auf Konsum in einem unmittelbaren Zusammenhang stand und steht. Man sagt ja auch: »Wir schaffen uns noch ein Kind an«, oder: »Wir können es uns nicht leisten«. So ging es also jetzt um die Anschaffung von Fernsehern, Videorekordern, Stereoanlagen oder Autos mit dem haushoch überlegenen Weststandard.

### *1991: Die erste gründliche Studie zur Kaufsucht*

Noch im Jahr der Wiedervereinigung hatten Wissenschaftler in Hohenheim bei Stuttgart mit einer ersten und bis heute weltweit größten Studie zum Problem der Konsumsucht begonnen, die 1991 veröffentlicht und 2001 wiederholt wurde. (In den USA und Kanada gab es die Diskussion um dieses Phänomen schon in den 1980er-Jahren. Nicht nur die Probleme, auch die Forschung importieren wir mit ca. einem Jahrzehnt Verzögerung ...)

Auf der Grundlage von intensiven Interviews entwickelte man einen »Kaufsuchtindikator«. Die Ergebnisse 1991 zeigten etwa 5 % »stark« kaufsuchtgefährdete Menschen im Westen und

»nur« 1 % im Osten. Immerhin waren aber weitere 20 % in den alten und schon 13 % in den neuen Bundesländern »deutlich« suchtgefährdet. Wie nicht anders zu erwarten hatten die Ostdeutschen, vor allem die Frauen, ein Jahrzehnt später »dazugelernt«. Die Quote der Kaufsüchtigen hatte sich 2001 versechsfacht! Wenigstens hier hat die Assimilation gut geklappt.

Obwohl die Betroffenen im Prinzip aus allen Schichten kommen, besitzen überraschend viele eine mittlere bis gute Bildung. Ob es zutrifft, dass insbesondere Personen mit niedrigem Einkommen kaufsüchtig seien, wage ich zu bezweifeln. Diese werden halt schneller auffällig als Schickimicki-Muttis, die als Freizeitbeschäftigung »Shoppen« angeben ...

Inzwischen dürfte das Kaufen über das Internet eine weit größere Rolle spielen als noch 2001. Aus Berichten von Angehörigen weiß ich, dass häufig bei Versandhäusern geordert wird – oder die verlockenden Angebote von Tchibo (»Jede Woche eine neue Welt« – Amerika, Grönland oder was?) oder der Supermärkte genutzt werden bis hin zum Messietum bei Menschen, die nach außen noch gut funktionieren, aber zum Teil unausgepackte Waren horten, die sie nicht brauchen. Ehefrauen können das noch weniger bremsen als Kinder, die dem Vater hin und wieder energisch in die Parade fahren, wenn er wieder mal was erwerben will, das schon x-mal vorhanden ist.

### *Die üblichen Verdächtigen*

Die Kriterien der Kaufsucht sind die wie bei anderen Süchten:

- Der unwiderstehliche Drang, der stärker als der eigene Wille erfahren wird: »Wenn ich Geld habe, muss ich es einfach ausgeben!«

- Die Interessen der Süchtigen verengen sich auf den Konsum. Kaufen ist die Ersatzbefriedigung schlechthin, soziale Kontakte nehmen ab, Überschuldung droht.
- Dosissteigerung! Es muss immer häufiger und oft auch immer Teureres gekauft werden, um den gleichen Effekt zu erzielen, die innere Leere auszufüllen, Trost zu finden, den es anderweitig nicht mehr gibt.
- Entzugserscheinungen! Innere Unruhe und vegetative Zeichen wie feuchte Hände, Schwitzen etc. treten auf bis hin zu psychosomatischen Krankheiten und Selbstmordgedanken.

Mit der kurzfristigen Euphorie ist es wie beim Schuss Heroin oder dem Schluck Alkohol schnell wieder vorbei. Es folgen Scham und Schuldgefühle: »Was habe ich wieder angestellt? Ich habe meine Kinder verraten. Das Geld für den Urlaub ist futsch ...« Manche sind sich wie Drogenabhängige nicht zu schade, Konten ihrer Kinder zu plündern. Andere bedienen sich an der Portokasse ihres Betriebs. Nicht zu vergessen die ständige Angst vor Entdeckung und Beschämung, die wiederum auch »behandelt« werden muss wie Kopfweh oder Menstruationsschmerzen ...

Freud hatte zu Recht auf den Ersatzcharakter der Sucht für Sex hingewiesen. Nach meinen Beobachtungen kaufen nicht nur Frauen, sondern auch Männer als Ersatz für Erotik und Liebe – oder schlicht Sex, sexuelle Befriedigung.

Kürzlich unterhielt ich mich mit einem Patienten, der schon – für die Verhältnisse meiner Praxis – ziemlich lange zu mir kommt. Er ist wohlhabend, ohne das nach außen besonders zu zeigen. Sein Hobby, um nicht zu sagen seine Sucht, sind junge Frauen, vor allem aus Afrika. Darüber mag man die Nase rümpfen. Aber hier geht es um einen anderen Aspekt: Mir war mehrfach aufgefallen, dass er stets mit einem, vorsichtig ausgedrückt, sehr unauffälligen Kleinwagen vorfuhr. Als wir im Gespräch darauf kamen, meinte er nur: »Ich habe nach Luxuskarossen nicht die geringste Sehnsucht! Meine Bestätigung als Mann bekomme ich über meine Geliebten. Was brauche ich da ein Auto als Potenzsymbol?!« Wir mussten lachen, passt doch häufiger der von einem Kabarettisten despektierlich formulierte Satz: »Je faltiger der Sack, desto glänzender der Lack!« Über das Alter von SLK- oder Porschefahrern und seinen Zusammenhang mit möglichen Potenzängsten wurde schon genug gelästert.

### *Sex and the City: Kaufrausch oder Orgasmus?*

Worum geht es denn letzten Endes? Befriedigung tritt nur ein, wenn man/frau den Höhepunkt erreicht. Dann treten andere Ersatzbedürfnisse in den Hintergrund. Die endlose Vorlust, das unbefriedigte Verlangen verführt uns zum Konsum. »Konsumiere und du bist glücklich!« signalisieren uns die Werbeschlauberger.

Sie dürften sich freuen über eine Serie wie »Sex and the City«. Ich gebe zu, ich habe sie bisher kaum bzw. nicht gesehen. Dieser Typus amerikanischer Frauen ist mir seit meinem ersten Besuch in den USA 1970 von Herzen zuwider. Jetzt also auch noch »Der Film«. Lassen wir den Schriftsteller Joseph von Westphalen zu Wort kommen, der sich in einem Zeitungsartikel ungeniert Luft macht (*Abendzeitung* vom 29.5.2008). Männer, meinte er zu Recht, »die detailliert über die sexuellen Eigenarten von Frauen spekulieren«, wirken »primitiv und pubertär und hoffnungslos gestrig«, »während man halbwegs attraktiven Frauen vergleichsweise intime Schwärmereien über männliche Potenz verzeiht.« Und jetzt kommt es: »Es ist aber nicht komisch, weil die eigentliche Ungeniertheit gar keine sexuelle ist, sondern allein darin besteht, ungeniert für Produkte zu werben und das als sexy zu verkaufen. Diese vier Konsum-Tussen fühlen sich nur wohl, wenn sie von Schühchen und Täschchen und den trägerlosen Tops ihrer Lieblingsdesigner schnattern.«

Die Hauptdarstellerin funktioniert wie bei einer Modenschau: Es müssen wohl über 50 verschiedene Klamotten sein, mit denen Jessica Parker an den Filmkameras vorbeistöckelt. Es ist zu vermuten, dass ein wesentlicher Teil der Produktionskosten über hemmungsloses Productplacement finanziert wurde. Natürlich ist sich die Boulevardzeitung nicht zu schade, wie eine Frauenzeitschrift gleich anzugeben, wo man die (hässlichen) Teile wie z.B. die Eiffelturm-Tasche kaufen kann. Dazu sollten Sie aber bitte 3 000 Euro oder die Platinkarte Ihres Ehemannes/Liebhabers mitbringen!

Von Westphalen ist ein guter Beobachter: »Was die wirkliche sexuelle Ungeniertheit betrifft, haben die verbalerotischen Modepuppen aus New York mit ihren kitschigen Glücksvorstellungen und ihre Drehbuchautoren keine Ahnung, wie offen und urig es in der Alten Welt zugeht. Belauscht man abseits der Schickeriameilen Münchens vier freche Giesingerinnen, erfährt man mehr über Sex, als man wissen wollte. Noch mehr, wenn wenigstens eine von ihnen eine aus den neuen Ländern ist – denn die Unverklemmtheit der Ex-DDRlerinnen ist legendärer als alles US-Serienstargeschnatter.« Damit wäre der Kreis geschlossen.

## *Das Suchtmittel KAUFEN*

Kaufen kann die Rache am Partner, an der Partnerin sein fürs Verweigern oder fürs Fremdgehen. Es kann die innere Leere füllen, wenn der Sinn des Lebens mit Heirat, Kind (gerade im Hort) und Statusauto soweit erfüllt ist. Man beschenkt sich selbst. Man ist angeregt, beruhigt, beschäftigt. Man ist der drögen Realität für eine gewisse Zeit entrückt. Die Autoren Reisch, Neuner und Raab verwenden auch Begriffe wie »Tranquilizer« und »Aufputschmittel«. Drogenabhängige würden von »downers« oder »uppers« sprechen. Frauen kommen sich wichtig vor, ebenso wie Männer, wenn sie »bevorzugt« bedient werden. Dass die VerkäuferInnen sich insgeheim und in der Kaffeepause lustig machen über ihre Kunden, die nichts anderes als Kaufen in ihren hohlen Schädeln haben, erfahren sie nicht. Natürlich bedient man jemanden gerne, der die Kreditkarte locker sitzen hat!

Frauen wie Männer bekämpfen ihre verborgenen Minderwertigkeitsgefühle in der Boutique und imponieren wie in teuren Lokalen mit pseudovertrauten Formulierungen dem Personal. »Einkaufen versetzt mich in Hochstimmung.« »Ich bin ja sonst nichts wert!« »Mit dem Scheckbuch bin ich wenigstens jemand.« »Kaufen ist bei mir Partnerersatz.« Kaufsucht ist häufig mit Depressionen verbunden, kein Wunder.

Einer meiner Patienten wurde als Kind äußerst streng erzogen. Obwohl er Angst vor der Dunkelheit hatte, durfte er bei seiner Schwester, zu der er von der Mutter abgeschoben war, nicht mal die Nachttischlampe anlassen. Später kam er über seinen Beruf (der auch viel mit Status zu tun hat, nämlich mit Autos) zu Geld. Neben Alkoholexzessen alle paar Wochen über mehrere Tage gönnte er sich Einkaufsorgien, wo er mit seinem teuren Schlitten vor teuren Läden vorfuhr, um sich und seine Kinder einzukleiden. Die Skiausrüstung musste die teuerste sein, Hemden vom Feinsten kaufte er gleich serienweise, sodass inzwischen über 100 in seinen Schränken hingen. Glücklich war der Mann aber nicht, sonst wäre er nicht zu mir gekommen.

Der berühmte Psychiater Ernst Kraepelin beschreibt schon in seinem Lehrbuch *Psychiatrie* von 1909 die »Oniomanie«: »Die krankhafte Kauflust, die den Kranken veranlasst, sobald sich ihm dazu Gelegenheit bietet, ohne jedes wirkliche Bedürfnis in großen Mengen einzukaufen, Hunderte von Halsbinden oder Handschuhen, Dutzende von Anzügen, Überröcken, Schmucksachen, Uhren ... «

### *Das schöne Geschenk*

Erinnern Sie sich noch, wie Sie als Kind Ihr schönstes und wichtigstes Weihnachtsgeschenk mit ins Bett genommen oder danebengelegt haben, um nur ja weiter davon träumen zu können? Das ist eine normale Reaktion, wenn wir etwas herbeigesehnt, vielleicht mit daraufhin gespart haben.

Kaufsüchtige halten es ganz anders mit ihren Beutestücken. Sie packen sie oft zu Hause nicht mal aus, verstecken sie womöglich vor den Augen des Partners und der Familie. Einmal benutzt, bleibt vieles dann unbeachtet liegen. Manches wird verschenkt oder weggeworfen. An Klamotten hängen nach Monaten noch die Preisschilder. Lebensmittel vergammeln, weil sie im Keller vergessen wurden ...

### *Fehlende Frustrationstoleranz*

Vorfreude ist die wichtigste Freude. Wo bleibt die, wenn heutige Kinder das meiste bekommen, sobald auch nur der Schimmer eines Wunsches aufgetaucht ist? Man steht vor dem Laden, sieht ein Videospiel, geht rein und kauft es. Wo bleibt da die Sehnsucht, der Kick? Der Weg ist das Ziel, ob es sich um einen materiellen oder immateriellen Wunsch handelt. Wenn ich eine Partnerin/einen Partner gleich einfach so haben kann wie eine Wurstsemmel am Kiosk: Ist das romantisch? Befriedigt das wirklich – außer ganz kurzfristig?

Oder der typische Verlauf bei geschiedenen Eltern: Wir haben immer mehr Scheidungswaisen, die ihr Leben lang ebenso zu leiden haben wie Kinder, die von vornherein meist von der Mutter »allein« erzogen werden. Mehr oder minder verzweifelte Eltern versuchen dann die entstandenen Defizite aus Schuldgefühlen heraus abzuzahlen. Sie verwöhnen ihre Kinder um die Wette, trauen sich nicht, einmal Nein zu sagen. Dann könnte das Kind mich weniger lieben als meine Ex oder meinen Ex ... Kurzfristig stimmt das, mittelfristig wissen Kinder aber sehr wohl, dass das Verwöhnen mit teuren Geschenken, Urlauben, Events aller Art nur Ersatz ist für das, was sie eigentlich brauchen und wünschen: Geborgenheit und Liebe, echte Zuwendung, Gespräche und Gefühle.

Viele Kinder lernen auch nicht mehr zu teilen, da sie keine Geschwister haben. Ein Untermieter von mir in der Studentenzeit verblüffte uns, als wir ihn baten, auch mal was einzukaufen wie Gewürze oder Ähnliches, mit dem Satz »Es ist doch alles da!«. Er war mit Mutter und Tante als Einzelkind aufgewachsen. Es kam ihm nicht in den Sinn, an Gemeinschaft auch nur zu denken.

### *Entstehung der Oniomanie*

Über die Entwicklung zur Kaufsucht wurde nun schon einiges gesagt. Natürlich könnte auch eine ererbte Komponente eine Rolle spielen. Aber führt uns das weiter? Eine Störung der Impulskontrolle ist ja nicht angeboren wie rote Haare oder blaue Augen. Sie entsteht in der Kindheit. Kindheit hat Folgen, wie wir gesehen haben. Eltern, die ihren Kindern keine Frustration mehr zumuten, sie ständig übertrieben umsorgen, Entscheidungen abnehmen oder mit frühen »Diskussionen« überfordern, führen ihre Kinder nicht in die Autonomie. Jede Sucht ist ein Konflikt zwischen Autonomie und Abhängigkeit. Erst müssen wir unseren Kindern Wurzeln geben – und später Flügel verleihen. Überzeugend gute Autorität auszuüben, Geborgenheit und Liebe zu geben, ohne zu verwöhnen oder überzubehüten – nicht einfach. Erschreckend häufig ist nach meinen Beobachtungen aber auch eine Gleichgültigkeit gegenüber Kindern: »Ich hatte eine Mutter, aber keine Mama!« So die Aussage einer Frau, die später wegen Alkoholmissbrauchs und Konsumsucht zu mir kam. Zwar fehlte es ihr materiell an nichts, aber eben an der »Kuhwärme«, die jedes Kind braucht.

### *Lernen am Modell*

Kaufwütige Mütter schleppen gerne ihre Töchter mit, um denen etwas, wie sie meinen, Gutes zukommen zu lassen. So wie nicht selten Medikamentenmissbrauch von Mutter auf Tochter übertragen wird, so ahmen Töchter eben häufig auch die Konsummuster ihrer Mütter nach. Wenn dann noch Klamotten, CDs, DVDs oder Spiele im Sinne von Belohnung oder Bestrafung eingesetzt werden, ist es nahe liegend, dass die entsprechende Struktur des Gehirns, das Suchtgedächtnis, sich früh etabliert. Was und wie viel konsumiert wird, hängt von der sozialen Umgebung ab. In einer Clique, die wie die Schnattergänse aus »Sex and the City« ständig über Mode redet, wird man sich anders orientieren als in einer Gruppe von Musikern oder Sportlern, die ihre Energie auf ganz andere Ziele richten. Gut wären in Schulen Schuluniformen, die dem Konsumterror endlich ein Ende setzen. Reiche können sich die Markenklamotten leisten. Weniger Begüterte leiden unnötig, wenn sie nicht mithalten können.

### *Narzissmus*

Eine entscheidende Rolle spielen gerade bei der Kaufsucht narzisstische Tendenzen. Bei mangelndem Selbstbewusstsein muss ich mir ein falsches Selbst aus Klamotten, teuren Handys und iPods schaffen.

Neulich wanderte ich in einer Seminarpause durch eine inzwischen teure Wohngegend, wo ich mal als Student gewohnt hatte. Es kamen drei Jugendliche aus der Tür, offenbar noch nicht lange aufgewacht, aber hergerichtet wie aus einem Filmdrehbuch. Wahrscheinlich hätten sie es gerne gehabt, wie die Söhne eines bekannten Filmschauspielers posieren zu können. So wirkten ihre schräg sitzenden Markenkäppis etwas deplatziert über den teuren Sonnenbrillen. Die zerschlissen-teuren Jeans hingen so tief, dass man fast hätte meinen können, sie fallen demnächst mangels Halt zu Boden, zumal in der Gesäßtasche schwer die neueste Ausgabe des *Playboy* hing. Vermutlich hatten sie auch noch die Knöpfe ihrer MP3-Player im Ohr, um sich ja nicht unterhalten zu müssen ...

### *Therapie, eine ernste Sache*

Wie so oft geht es bei der Kaufsucht »um die Wurst«, das heißt die Existenz. Erste Maßnahmen sind verhaltensorientiert: Rückgabe bzw. Einziehen bzw. Sperrung aller virtuellen Kaufmöglichkeiten, also von Eurocheque und Kreditkarten, Umstellung auf reinen Bargeldverkehr.

Der Mann einer Patientin gab ihr nur noch eine bestimmte Summe pro Tag zur Haushaltsführung. Sie musste genau nachweisen, wo das Geld geblieben war. Peinlich, dass dann herauskam, dass seine Frau sich nicht mal schämte, seine Geschwister anzupumpen, später sogar seinen Chef. Da stand das Paar kurz vor der Scheidung. Interessant, dass sich ihr Hintergrund später als weniger wohlhabend erwies als vorgetäuscht. Genau genommen stammte sie aus armen Verhältnissen.

Eine hübsche Russin hatte schon den Vater ihres ersten Kindes ausgenommen. Nach kargen Jahren in der alten UdSSR hatte sie hier begonnen, richtig zuzuschlagen. Manipulativ bezirzte sie auch ihren nächsten Mann. Der glaubte, alles im Griff zu haben, um dann festzustellen, dass sie entgegen allen Schwüren seine Scheckkarte missbraucht hatte, um im Internet zu spielen und immer wieder Shoppingtouren zu unternehmen. In der Therapie gestand sie peinlich berührt, dass sie nun begonnen hatte, mit einem Job die im Freundeskreis geliehene Summe zurückzuzahlen.

Als Therapeut habe ich sozusagen eine Kontrollfunktion. Im Sinne einer neutralen Autorität und Bezugsperson muss ich vermitteln, dass ich genau auf das achte, was passiert. »Wenn ich Ihnen helfen soll, müssen Sie ehrlich zu mir sein. Ich weiß, dass das nicht einfach für Sie ist. Aber betrogen haben Sie lange Zeit sich selbst – und Ihre Familie/Ihren Partner. Nur wenn Sie aus diesem Kreislauf aussteigen, haben Sie eine Chance.« Moralisierende Vorhaltungen bringen gar nichts. Deshalb mache ich immer klar, dass ich das nur spiegle oder konfrontiere, um die Energie letzten Endes wieder auf gesündere Aktivitäten zu richten und von der (Ersatz-)Befriedigung abzulenken.

Alternative Verhaltensweisen sind wichtig. Deshalb fordere ich z.B. auf, noch umtauschbare Ware zurückzutragen oder zurückgelegte Ware nicht abzuholen, sondern – telefonisch! – abzusagen. Bloß nicht in Schlussverkäufe gehen oder reduzierte Waren als Schnäppchen erwerben!

Was auch hilft: Sich einen Überblick darüber verschaffen, was schon da ist: Welche Kleider sind noch nie getragen? Welche Schuhe warten noch auf den ersten Gang? Brauche ich wirklich eine neue Hose – oder liegen noch so viele tolle im

Schrank? Habe ich wirklich schon alle CDs gehört, die ich mir in den letzten Monaten gekauft habe?

Man kann auch eine Regel einführen, nichts sofort zu kaufen, sondern erst beim zweiten Anlauf. Ganz unangenehm für Kaufsüchtige ist das Führen eines Haushaltsbuchs: Was wurde wo für wie viel ausgegeben?

### *Mehr in die Tiefe*

Reine verhaltenstherapeutische Interventionen reichen in der Regel nicht aus. Wir müssen über Hintergründe, über die Geschichte jedes einzelnen Betroffenen genauer sprechen, in die Tiefe vordringen, wo es um die Entstehung des Ich, des Selbst geht. Wo sind meine Stärken, wo meine Schwächen? Wie kann ich damit gut umgehen?

Fast immer spielen Partnerschaft und Sexualität eine Rolle. Der Sinn des Lebens kann wohl nicht im Einkaufen liegen, er muss woanders gesucht werden. Nicht selten geht es um unerfüllte Träume und Wünsche. »Glück ist Talent für das Schicksal.« (Novalis) Dieses Talent verkommt, wenn es nicht geschult wird.

### *Kaufsüchtige sind sehr krank*

In Medizinerkreisen gibt es, wenn die Patienten gerade nicht zuhören, einen saloppen Spruch, der besagt, dass jemand »nicht nur Flöhe, sondern auch Läuse« hat. Bei der Kaufsucht trifft das in einem extremen Ausmaß zu, wie es ein aktueller Artikel bestätigt: »Pathologisches Kaufen – ein Überblick über den Stand der Literatur« von Astrid Müller und Martina de Zwaan (*Sucht*, Heft 54 (5), 2008, Seite 271 ff.). Demnach beträgt die Quote von kaufsüchtigen Menschen (überwiegend Frauen), die weitere gravierende Störungen haben, möglicherweise über 90 %. Diese reichen von Depressionen und Ängsten über andere Süchte wie Essstörungen, Alkoholmissbrauch bis hin zu Zwangsstörungen und sozialen Ängsten. Ein hoher Prozentsatz betreibt außerdem Horten, bekannt als Messie-Syndrom. Es geht um den Kaufakt an sich, nicht um den realen Gebrauchswert der Ware. Und: Es geht wie immer um Gefühle, die im Sinne einer Selbstmedikation mit den falschen Mitteln »behandelt« werden.

Warum die Autorinnen das pathologische Kaufen eher den Störungen der Impulskontrolle und nicht den Süchten zuordnen wollen, ist mir ein Rätsel. Aber vielleicht sollten wir die akademische Diskussion hintanstellen. Wichtig ist: Reale Menschen stecken in realen Schwierigkeiten. Die Therapie scheint bei der Kaufsucht vor allem über die Selbsthilfe und die von einem Psychotherapeuten geleitete Gruppe zu laufen, wo man sich nicht zu schämen braucht, über diese zu sprechen.

# ESSEN:

## Vom Mangel zum Überfluss und Überdruss – und wieder zurück

Schätzen Sie mal, wie viel ein deutscher Mann 1948 durchschnittlich wog, kurz vor der Währungsreform. Und wie viel eine deutsche Frau. Es waren 68,3 bzw. 52,6 Kilo. Während und nach dem Krieg kam niemand freiwillig auf die Idee zu hungern: Das mussten die meisten sowieso und zwangsweise. Viele hatten Mangelerscheinungen mit Rachitis, Minderwuchs etc. Jeder war auch Jahre nach den schrecklichen Ereignissen froh zu überleben. Lebensmittel wurden »organisiert«, d.h. zum Teil auch geklaut, um die Lebenserhaltung zu sichern. Nur die Bauern, die sich heute angeblich von Missernte zu Missernte hangeln, waren gut dran, weil sie Zugang zu den Grundnahrungsmitteln hatten.

Keine Angst, wir wollen hier nicht in eine sentimentale Rückschau verfallen, in die Nostalgie, damals sei alles besser gewesen. Aber gerade die Verhaltenssüchte, das heißt vor allem auch die Essstörungen, haben eine erhebliche geschichtliche Perspektive. War der bereits erwähnte Schauspieler Gert Fröbe ein optimaler »Otto Normalverbraucher« aus dem gleichnamigen Film von 1948 als ranker, schlanker Mann an der Grenze zum Untergewicht, so verkörperte genau derselbe, kaum wiederzuerkennen, Jahre später bei James Bond in »Goldfinger« oder karikaturhaft 1965 in »Die tollkühnen Männer in ihren fliegenden Kisten« den Typus des Wohlstandsbürgers mit dickem Schmerbauch, der kaum in seine fliegende Kiste passte.

Ein rundlicher Schauspielerkollege von Fröbe verdiente gutes Geld mit einer Reklame, die auf dem Spruch »Man gönnt sich ja sonst nichts« basierte. Inzwischen ist die Werbung nach dem frühen Tod des Mannes sang- und klanglos abgesetzt und nicht wieder aufgegriffen worden.

### *Am anderen Ende des Spektrums: Magersucht*

Erste Überlegungen und Bedenken kamen Ende der 1960er- und Anfang der 1970er-Jahre auf, als ein Model namens Twiggy (= Zweiglein) Furore machte und Nachahmerinnen unter den pubertierenden Mädchen fand. Allerdings muss klargestellt werden, dass man lange, zum Teil bis heute, aus Twiggy eine Heldin machte mit ihren langen Beinen und ihren scheinbar übergroßen Augen. Eine von nicht wenigen anderen bewunderte Schönheit mit Essproblemen war die Tochter des berühmten Hollywoodschauspielers Henry Fonda, Jane, die erst kürzlich in ihrer Biografie die Schrecken ihrer Esskrankheit offenbarte. Sicher kein Zufall, dass sie mit Aerobic für ein Fitnessprogramm stand, das bis heute seine Anhängerinnen hat.

Kurz gesagt: Nur in einer Überflussgesellschaft entstehen Luxusprobleme wie Essstörungen. Kaum haben wir mithilfe der Medizin die alten Seuchen wie Pest, Tuberkulose, aber auch die Kinderkrankheiten fast abgeschafft, kreieren wir neue, die uns und unser Gesundheitssystem bis auf Weiteres extrem belasten werden.

### *Ungefähr 40 % der Deutschen sind zu dick*

»Nimmt der Mensch mehr Energie in Form von Nahrung zu sich, als er tatsächlich verbraucht, wird er/sie im Laufe der Zeit übergewichtig.« So einfach ist das, zitiert aus *Meine Gesundheit.* »Wer abnehmen will, muss entweder weniger essen, als er verbraucht, oder seinen Energieverbrauch z.B. durch Sport oder körperliche Arbeit deutlich steigern.« Auch das ist leicht zu verstehen. Aber hier steckt genau das Problem: Unsere Energiebilanz ist völlig aus dem Gleichgewicht geraten. Körperliche Arbeit, z.B. im Haushalt, im Garten oder im Betrieb, wird uns immer mehr abgenommen oder zumindest deutlich erleichtert, während uns gleichzeitig ein Schlaraffenland von Nahrung erwartet, dem auch Vernünftige kaum entkommen können.

Aus diesem Dilemma heraus hat sich wiederum eine riesige Industrie entwickelt von Diäten, Pillen, Ratgebern, die uns wie-

der gesünder machen will – oder es zumindest vorgibt. Wenn ich Zeit übrig hätte, würde ich ein Buch mit dem Titel *Die Kaugummidiät* schreiben. Darin würde ich eine Reihe von völlig frei erfundenen, hirnrissigen Ernährungstipps sammeln, um dem ganzen Unsinn ein Ende zu bereiten. (Ich gebe zu, ich bin verärgert, um nicht zu sagen neidisch darüber, dass man mit zwei Arten von Büchern ziemlich sicher richtig Geld machen kann: mit Kochbüchern und Diätratgebern. Sie können gar nicht blöd genug sein, um beim Verbraucher nicht anzukommen.)

## *Gesund kochen, ungesund essen*

Es ist eine Form von Realsatire, wenn die Deutschen – mit ihnen natürlich die Amerikaner und alle anderen reichen Nationen – sich immer ungesünder ernähren, viel zu viel in sich hineinstopfen, am besten vor dem Fernseher – während gerade hier immer häufiger besser (?), gesünder und kalorienärmer gekocht wird. Zwei Drittel der Menschheit hungern (nach Überzeugung von Fachleuten unnötigerweise!), 100 000 Menschen sterben pro Tag, während das letzte, unser Drittel sich im fetten Schlaraffenland um Kopf und Kragen frisst ...

Wichtig anzumerken, dass sich die Menschen in sogenannten Schwellenländern im Übergang zum Wohlstand ähnlich verhalten wie die Menschen in Mitteleuropa nach dem Zweiten Weltkrieg: Auch hier legen sich die Menschen Übergewicht bis hin zur Fettsucht zu, sobald die Griffnähe für genügend Lebensmittel gegeben ist. Wer mal gehungert hat, will vorsorgen und nie wieder Hunger erleben. Ich denke hier an einen früheren Nachbarn, der viele Winter in Sibirien frieren und hungern musste. Das ganze Jahr über war er damit beschäftigt, Holz zu machen, obwohl sein Haus längst über eine Zentralheizung verfügte ...

Aber nehmen wir ein prominenteres Beispiel mit einem inzwischen beträchtlichen Gewichtsproblem, das seine und die Geschichte der Bundesrepublik widerspiegelt: Helmut Kohl. Im aufschlussreichen und klugen Buch des früheren Spiegel-Journalisten Jürgen Leinemann *Höhenrausch* wird er zitiert: Nie mehr würde er »dieses schreckliche, ausweglose Gefühl los, nicht satt zu sein und die depressive Grundstimmung, die daraus kommt«. »Wir haben gestohlen wie die Raben, aber wir haben gewusst, dass wir stehlen. Wir haben es halt aus Hunger gemacht und gingen auch nicht zur Beichte.« Menschen, die so etwas erlebt haben, können schlecht etwas zu essen stehen lassen.

### *Die Sache mit den Normwerten*

Trotz gewisser Bedenken hat sich der Body-Mass-Index (BMI) durchgesetzt als Orientierung für die Frage, ob ein Mensch normal-, unter- oder übergewichtig ist: Körpergewicht durch Quadrat der Körpergröße. Als normal gelten Werte zwischen 18 und 25, definitiv fettsüchtig und krank sind Menschen mit einem Wert von über 30. Dann spricht man von Adipositas (von lateinisch adeps = Fett).

Wie bei allen Statistiken bleiben dabei individuelle Faktoren unberücksichtigt. Und aus der übrigen Medizin wissen wir, dass die scheinbare Allgemeingültigkeit von Werten zu relativieren ist. Hat man z.B. viele Menschen per definitionem für krank erklärt, bloß weil man den früher gültigen Wert für den Cholesterinspiegel einfach runtergesetzt hat, so gibt es ernsthafte Forscher, die den Normalbereich für die sogenannten Leberwerte für viel zu hoch halten. Beides spielt nicht zufällig bei der Frage der Essstörungen eine wahrlich gewichtige Rolle. Bei der Bestimmung der Leberfunktion hat man in die relativ wenigen wissenschaftlichen Tests viel zu viele Menschen mit wahrscheinlichem Alkoholmissbrauch mit einbezogen. Dadurch freuen sich hier umgekehrt wie beim Cholesterinschwindel viele Menschen, sie könnten ja gar kein Alkoholproblem haben ...

Machen wir es uns einfacher: Nehmen Sie sich ein Maßband und messen Sie den Bauchumfang: Ab 80 Zentimeter bei Frauen und ab 92 Zentimeter bei Männern besteht ein erhöhtes Risiko für alle Folgeerkrankungen, vor allem wenn das Fett hauptsächlich im Bauch versammelt ist.

Mit den Zahlen und Prozentangaben wird ständig gespielt. Keine Woche vergeht, in der nicht neue Angaben mit neuen Rekordzahlen erscheinen. Erst kürzlich wurden die Deutschen sogar an die Spitze der dicksten Nationen gehievt. Begierig druckten die Zeitungen, verbreiteten die Nachrichtensendungen die Meldung. Wer möchte da auf Forscher hören, die sich nicht erklären können, wer da was wie ermittelt haben will? Immerhin erscheint auch die Nachricht, dass ein erfolgversprechendes Diätmedikament wegen diverser Selbstmorde aus dem Verkehr gezogen werden musste.

Einigen wir uns darauf: Viele Menschen in unserem Land, vielleicht sogar wir selbst, sind viel zu dick und müssen mit vielfachen negativen Konsequenzen rechnen. Die Bundesregierung hat 2007 eine Aktion »Gesunde Ernährung und Bewegung« gestartet, weil es für unser krankes Gesundheitssystem nicht mehr tragbar ist, 37 Millionen übergewichtige Erwachsene und über 2 Millionen dicke Kinder durchzuschleppen.

### *Ursachen der Fettsucht*

Außer dem Wohlstand gibt es natürlich weitere Faktoren, vor allem soziale und genetische. Die entsprechende Ausstattung des Menschen ist seit Jahrhunderten praktisch unverändert. Demnach führt also kein Weg daran vorbei, die Zunahme von Adipositas unserer Kultur zuzuschreiben. Entwicklungsgeschichtlich war eine optimale Nahrungsverwertung ein Vorteil, also haben sich gute Futterverwerter möglicherweise besser durchsetzen können.

Individuell haben wir wiederum verschiedene genetische Schicksale. Sie kennen die Menschen, die behaupten, sie müssten nur was Fettgedrucktes lesen, um zuzunehmen, während andere sich mit dicken Müslis etc. vergeblich versuchen aufzupäppeln ... Dabei spielen hier vor allem der Grundumsatz, die Nahrungsverwertung und das Fettverteilungsmuster eine wesentliche Rolle. Ernst zu nehmende Studien sprechen von 70 % genetischem Einfluss, ermittelt in Zwillingsstudien. Dazu passen Studien an Adoptivkindern, deren BMIs mit dem ihrer leiblichen Eltern stark korrelieren, mit dem ihrer Adoptiveltern dagegen nicht. Einfach ausgedrückt sind bei einem dicken Elternteil 40 % der Kinder ebenfalls dick, bei Übergewicht beider Eltern sogar 70 %! Jeder hat schon Fernsehberichte über – meist wenig erfolgreiche – Abnehmprogramme für schwergewichtige Kinder gesehen, die endlich lernen sollen, gesund einzukaufen und gesund zu essen. Und plötzlich kommt eine Mutter ins Bild, die den Kursus erst einmal selbst absolvieren sollte ...

## *Lustige Dicke?*

Dicke Menschen sind entgegen einer verbreiteten Meinung meist nicht glücklich. Sie leiden nach dem Motto »Wer den Schaden hat, braucht für den Spott nicht zu sorgen«. Humor als Gegenangriff kann da helfen. Der beleibte Schauspieler Heinrich George (Vater von Götz George) soll mal auf einem

Berliner Hinterhof gestanden haben. Er sah sich suchend um, bis eine Frau oben aus einem Fenster rief: »Erwarten Sie jemand?« Antwort: »Nein, ich bin immer so dick!«

### *Eigene Erfahrungen*

Glücklicherweise stamme ich aus einer Familie, in der kaum jemand zu dick ist oder war, allenfalls unser Vater, Jahrgang 1906, der im Ersten und Zweiten Weltkrieg noch gehungert hatte als Zivilist und später als Soldat. Bei der Heimkehr erkannte ihn kaum jemand wieder ... Für einige Jahre im beginnenden Wirtschaftswunder konnte er schlecht Reste stehen lassen oder gar wegwerfen. Das führte – neben einigen anderen Faktoren – zu einem gewissen, aber nicht übertriebenen Übergewicht. Er befand sich dann in dem Bereich, der nach neuesten Überzeugungen gesünder ist als ein allzu strenges Normalgewicht, da man im Zweifel z.B. bei Krankheit zuzusetzen hat, statt gleich in den Mangel zu geraten.

Allzu gutes und reichliches Essen führte bei uns vier Brüdern nach sehr schlanken Jugendjahren nach Eheschluss und Kindern zu unterschiedlichen Gewichtszunahmen. Ich bewegte mich lange bei einem BMI von 20,3 oder darunter. Meine damalige Freundin nannte mich »Dicker«! Rein zufällig war ihr Vater fast exakt gleich groß und gleich schlank ...

Erschreckend dann meine Erlebnisse bei meinem zweiten USA-Aufenthalt, als ich innerhalb von nur vier Wochen sieben Kilogramm zugelegt habe auf einen BMI von 24,6 und dieses Paket bis heute nur teilweise losgebracht habe. Schon vorher hatte ich durch meine Frau, die allzu gut kocht, bereits einige Kilos zugelegt, sodass ich jetzt trotz Sport bei 23,6 liege. Diäten mache ich deswegen keine, achte nur auf mehr Bewegung – und zähle nie Kalorien.

Wenig trösten konnte ich mich mit Studien, die belegen, dass in den USA praktisch alle Einwanderer erheblich dicker werden im Laufe der Zeit. Ursache: die Verdichtung vieler Faktoren, die zur Fettsucht beitragen: Fast Food, am besten im Drive-in mitgenommen, Fertignahrung vor dem Fernseher, Popcorn im Kino, die unglaubliche Portionsgröße bei Pommes frites, Eis oder Softdrinks (kennen Sie noch die winzige Ur-Coca-Cola-Flasche? Inzwischen ist die Eineinhalbliter-Flasche mit der fünffachen Menge das Normalmaß!), Geschmacksverstärker wie Glutamat, der offenbar das Sättigungsgefühl ausschaltet, Werbung für Süßes und Fettes, frühe Prägung durch Zuckerzusätze oder gar Ersatzstoffe (diese regen den Appetit direkt an!), Farb- und Geruchsstoffe, die uns verführen, Jo-Jo-Effekte durch Diäten, die zu über 90 % im Endeffekt dicker machen als vorher.

Was fehlt, sind oft gemeinsame Mahlzeiten, wo man sich Zeit nimmt für den Genuss, so wie es uns z.B. die Italiener oder Franzosen vormachen. So oft wie möglich sollte Essen ein Ritual sein, das das Gemeinschaftsgefühl genauso fördert wie die gesunde Ernährung.

### *Psychologische Effekte*

Hier sind wir bei einem wichtigen Thema angelangt. Die momentan tonangebende Medizin überbetont die sogenannten biologischen Faktoren wie die beschriebene Genetik. Soziale und kulturelle Einflüsse dürfen auch noch sein, aber über die entscheidenden Effekte der Psyche wird viel zu wenig gesprochen. Viele Menschen essen als Ersatz für emotionale Zuwendung, sprich persönlichen Kontakt. Nicht zu vergessen der nächste Kontakt, Sex! »Ein guter Hahn wird nicht fett.« An diesen Bauernspruch dürfen wir uns ruhig erinnern. Dabei geht es beim Menschen nicht nur um die verbrauchten Kalorien, sondern um das Zufriedensein. Wer zufrieden ist, muss nicht seinen Frust runterschlucken und mit Softdrinks oder Alkohol nachspülen. Der Ersatzcharakter des Essens wird in der Werbung bewusst genutzt, wenn z.B. ein Eis offenbar als Ersatz für Küsse oder oralen Sex genutzt wird.

### *Gewohnheit und Erziehung sind alles*

Wurden früher Kinder unter martialischen Drohungen zum Essen genötigt, manchmal gezwungen (»Du bleibst sitzen, bis du aufgegessen hast!«), mit Lebertran gequält, so bekommen sie heute, was immer sie wollen, auch wenn es extrem ungesund ist. Aus falscher Toleranz, Feigheit, mangelnder Reflexion, fehlender eigener Überzeugung sind viele Eltern schnell bereit nachzugeben, wenn die lieben Kinder oder das verwöhnte Einzelkind schnell mal zum »Mäcki« gehen will. So bequem, wieder mal das Einkaufen und Kochen gespart ... Und der Kindergeburtstag wird auch gleich dort gefeiert.

Viele Kinder verwechseln Kochen mit dem Auftauen in der Mikrowelle. Sind sie dann noch allein zu Hause, hocken sie sich wahrscheinlich vor den Computer oder den Fernseher, um dort ihre Aufregung mit Fast Food zu beruhigen und gleich eine Dose Red Bull dazu zu trinken, die wiederum allzu munter machen kann ...

Leere wird manchmal im Gehirn, meistens im Bauch gefühlt. Leicht und bequem können wir sie auffüllen mit fester und flüssiger Nahrung. Leere ist natürlich kein Gefühl, sondern eine Mischung, meistens aus einer diffusen Traurigkeit, Angst, vielleicht Ärger. Daraus resultiert eine Unruhe und Nervosität, die mit dem Füllen des Bauchs behandelt werden kann, obwohl es nicht wirklich um Hunger geht. Damit wären wir wiederum bei den psychischen Faktoren. Die Körper- und Gefühlswahrnehmung ist irritiert, womöglich steht niemand zur Verfügung, der mit uns über unsere Ängste und unseren Kummer spricht. Früher gingen die meisten Kinder dann raus und haben sich in wilden Spielen abreagiert, Fußball oder Indianer, Rollschuh laufen oder Basketball, sich geprügelt oder was auch immer. Heute steht da der verlockende Computer mit seinen Pseudospielen und Pseudopfadfinderausflügen, seinen erotischen Verlockungen und seinen Kaufmöglichkeiten, den vielen Filmen mit aufregender Action.

### *Auswirkungen*

Wäre die Fettsucht nur eine Frage der Schönheit und des Selbstwertgefühls, könnte man sie vernachlässigen. Aber leider gibt es reichlich negative körperliche Folgen: Entwicklung von Herz-Kreislauf-Erkrankungen bis hin zum Herzinfarkt durch Bluthochdruck, Fettstoffwechselstörungen, Diabetes etc. Oft verkannt wird das Krebsrisiko, z.B. für Brustkrebs. Nicht zu vergessen die Auswirkungen auf überbelastete Gelenke mit Arthrose und Arthritis, Fußdeformitäten, im Spätstadium nicht selten die Notwendigkeit, das eine oder andere Gelenk durch ein neues zu ersetzen. Gicht ist häufiger, ebenfalls mit Auswirkung auf verschiedene Gelenke. Die Gallenblase ist häufiger krank, Venen machen schlapp.

Was noch? In vielen Ehebetten fehlt es nicht nur an erotischer Begeisterung, sondern auch – wenn diese doch noch da sein sollte – an der Fähigkeit, Aktivitäten einzuleiten ... Der Bauchumfang bei Männern steht im umgekehrten Verhältnis zum Testosteronspiegel. Da muss dann ein Mittel herhalten, das ursprünglich für Herzpatienten gedacht war. Als diese es wie schon beschrieben nicht mehr hergeben wollten nach einer Testung, kam man darauf, dass es eine Nebenwirkung gegeben hatte, die man nun begeistert zur Hauptindikation erklärte: vermehrte und dauerhafte Erektionen. Viagra war geboren und wurde 1998 auf den Markt geworfen, später folgten die Nachfolgepräparate Cialis und Levitra.

### *Folgen*

Es soll Männer geben, die größere Brüste haben als ihre Frauen. Die umgangssprachlichen Bezeichnungen erspare ich Ihnen mit einer Ausnahme: »Biertitten«. Und dann gibt es noch eine Vorrichtung, über die fast genauso gerne geschwiegen wird wie über Potenzstörungen oder problematische anatomische Koituskonstellationen: die Apnoe-Masken, die vor allem adipöse Menschen aufsetzen müssen, um die Phasen völlig aussetzender Atmung zu verkürzen, die lebensgefährlich sein können. Man spricht bei dem Gerät z.B. von »Rüssel«, das fast aussieht wie ein Zubehör von der Intensivstation.

## *Adipositas – eine schwere und schwer behandelbare Suchtkrankheit*

Wer erst einmal Übergewicht durch ein länger dauerndes Ungleichgewicht von Energiezufuhr und -verbrauch erworben hat, tut sich enorm schwer, das wieder abzubauen. Die Verfügbarkeit ist wie bei allen Süchten das Hauptproblem. Nachts sollen hungernde Menschen auf Diät selbst durch zwei geschlossene Türen das Surren des vollen Kühlschranks hören können. Auch Exkanzler Kohl, ein oben schon zitiertes prominentes Beispiel für das Schicksal des Wohlstandsdeutschen, gab zu, nachts zum Kühlschrankräuber zu werden ... Und all seine angeblichen Schlankheitskuren mit der Meier- oder Müller-Diät haben genau dasselbe gebracht wie beim Normalbürger: Übergewicht, und das in schlimmer Form: vom schlanken, gut aussehenden jungen Mann mit tadelloser Figur zur Birne-Karikatur.

Ähnlich erging es Winston Churchill, dessen ihm zugeschriebenes Zitat leider bis heute in keiner Runde über Gesundheit fehlen darf: »Sport ist Mord!« So ein Blödsinn. Der ehemalige gute Sportler benutzte den Spruch (wenn er nicht sowieso ironisch und damit umgekehrt gemeint war!) wohl als Ausrede und Entschuldigung (wir Psychotherapeuten nennen das Intellektualisierung, Bagatellisieren oder Rationalisieren) vor sich und anderen. Er endete für seine letzten Jahre im Rollstuhl. Vielleicht wäre ihm dieses Schicksal mit Sport bis zum Lebensende erspart geblieben.

### *Profit ist alles*

Ganze Industriezweige leben vom Kampf gegen die Pfunde: Teile der Nahrungsmittelkonzerne, der Pharmafirmen, nicht wenige Apotheken, Lebensmittelläden, vorgebliche Wellnesskliniken, ganze Kurorte, Fitnesscenter, Reiseunternehmen. Ach, und wie beschrieben Verlage, die die entsprechenden Ratgeber herausgeben, um sie dann wenige Monate später durch angeblich neueste Erkenntnisse zu ersetzen. Und dann gibt es da noch die Hersteller von Waagen, Fitnessgeräten, Fettanteilmessern usw.

Um gleich mit dem momentan perversesten Vorschlag zu beginnen: »Pillen statt Pausenbrot« titelte der frühere Arzt und jetzt kritische Journalist Werner Bartens in der *Süddeutschen Zeitung* 20.7.2008. Der Verband amerikanischer Kinderärzte hatte ernsthaft vorgeschlagen, schon bei Zweijährigen den Cholesterinwert zu bestimmen. Ab acht könne man dann damit beginnen, diesen gefährdeten Kindern teure Medikamente, sogenannte Statine, zu verordnen. Vorsorge, Prävention kann eben nie früh genug beginnen ... In den zuständigen Pharmafirmen knallen die Champagnerkorken. Die scheinbare Logik: Das Risiko für frühen Diabetes und frühe Herzinfarkte nimmt in der Tat seit Jahren zu. Deshalb gab es schon früher die Empfehlung, ab zehn Jahren zu verschreiben, falls die dicken Kinder nicht innerhalb eines Jahres gut abgenommen haben.

»Wir sind mitten in einer Epidemie«, meint der Leiter der Neugeborenenabteilung am Medical College of Georgia. »Das Risiko, in jungen Jahren Statine zu geben, ist geringer als der Nutzen, den man davon hat.« Für solche Sätze kann man sich gut bezahlen lassen – und in Hochglanzbeilagen medizinischer Zeitschriften passende Artikel formulieren. Aber selbst im tablettengläubigen Amerika bleiben solche idiotischen Vorschläge nicht ohne energischen Widerspruch. »Ich schäme mich für den Verband der Kinderärzte, der eine medikamentöse Therapie vorschlägt, ohne klare Daten dafür zu haben«, sagt Lawrence Rosen von der Universität New Jersey. Kein Problem für die Befürworter: »Wir extrapolieren (übertragen) Daten von Erwachsenen.« Die Kontrollbehörde Federal Drug Administration FDA hat ein Statin tatsächlich für Achtjährige zugelassen. Da kommt neben sachlich gerechtfertigter Kritik auch Sarkasmus auf, wie ihn eine Mutter in einem Internetforum äußert: »Ich traue den amerikanischen Ärzten ... Zum Frühstück sollten alle Kinder Ritalin (gegen Hyperaktivität), Prozac (gegen Depressionen) und Statine bekommen. Aber ist es mit acht Jahren nicht schon viel zu spät?«

### *Erfolg durch mehr Bewegung und gesünderes Essen*

Die wichtigsten Empfehlungen bezüglich Gewicht und Abnehmen lassen sich in wenigen Sätzen zusammenfassen. Natürlich kann es nicht schaden, sich mal über den Gehalt von Lebensmitteln Klarheit zu verschaffen, Fettprozente nachzulesen oder darüber nachzudenken, dass Croissants zwar gut schmecken können, aber pure Kalorienbomben sind. Aber die meisten von uns wissen das sowieso. Das Auswendiglernen von Kalorientabellen oder das Zitieren angeblich neuester Forschungsergebnisse aus der immer noch schwammigen Ernährungswissenschaft gehört schon in den pathologischen Bereich allzu großer Aufmerksamkeit für die Nahrung. Gut sind mediterrane Kost, viel Fisch, weniger Fett, aber ruhig mal richtig Olivenöl, frische Produkte, am besten passend zur Saison, Obst und Gemüse mit viel Ballaststoffen, hochwertiges Eiweiß. Und genügend Flüssigkeit ohne Zuckerzusätze oder gar Zuckerersatzstoffe. Wasser ist in den meisten Regionen Deutschlands ausgesprochen gut und gesund.

### *Gewicht als Abwehrstrategie*

Wie in der übrigen Gesellschaft haben wir in der Praxis viele Menschen mit Gewichtsproblemen, wie man so schön sagt. Wahrscheinlich sind es sogar überdurchschnittlich viele, weil nicht wenige mit Suchtgefährdungen oder -krankheiten kommen. Alkoholiker können nach erfolgreicher Entgiftung (ambulant oder stationär) meistens problemlos fast alle unnötigen Kilos loswerden, die sie vorher unfreiwillig durch die leeren Kalorien der alkoholischen Getränke und den nachfolgenden Hunger erworben haben. Viele müssen – und tun es

gerne – sich neue Klamotten kaufen, weil die alten jetzt viel zu groß sind.

Es gibt aber auch Patienten, die ihr Gewicht bewusst oder unbewusst als gelungene Abwehrstrategie erworben haben und ungern darauf verzichten wollen, wie z.B. ein rundlicher Künstler, der ohne Alkoholmissbrauch immerhin 30 (!) Kilo zugelegt hat im Lauf der Jahre: »Ich fühle mich so wohler und sicherer!«, betont er. Seine Gefühle sind geschützter, die Panzerung gegenüber der feindlichen Realität ist wirksam. In der Familie gibt es viel Adipositas, z.B. bei seiner Mutter, die ihm in der Kindheit nicht die Geborgenheit geschenkt hat, die er gebraucht hätte. Er musste überwiegend bei der leider spielsüchtigen Oma aufwachsen, ebenfalls übergewichtig, ebenfalls chaotisch ... Später wechselte er bis auf Alkohol viele Drogen durch, wurde auch kauf- und konsumsüchtig.

Ein anderer Patient präsentierte sich als Mensch mit Arbeits-, Beziehungs- und Gewichtsproblemen. Mit den Weight Watchers hatte er erheblich an Gewicht verloren, war inzwischen aber an eine Grenze gestoßen, die er nicht bewältigen konnte.

Nur sehr widerwillig ging er auf meine Deutung ein, dass er sich unbewusst gegen weitere Gewichtsabnahme wehre – Grund genug für ihn, sich nicht wieder hinaus ins Leben zu wagen.

Eine frühere Patientin hatte ihrer Hausärztin (aber nicht mir) erzählt, was sie von einer Gewichtsreduktion hielt: »Wenn ich abnehme, will mein Mann wieder Sex von mir! Und das will ich nicht!« Auch ein klares Motiv.

Überhaupt würde vielen Menschen, sorry, vor allem Frauen, der Gesprächsstoff fast ausgehen, wenn man nicht über Diäten und Abnehmen reden könnte ...

## *»Essen nimmt mittlerweile viel zu viel Aufmerksamkeit ein«*

So das Fazit und die Überschrift zu einem Interview mit der ärztlichen Leiterin von ANAD, einer Beratungsstelle für Essgestörte. Dr. Lisa Pecho hat vor vielen Jahren eine ähnliche Aufgabe übernommen, wie ich sie nach Abschluss meiner Facharztausbildung abgelehnt habe: Der Leiter einer renommierten psychosomatischen Klinik im bayerischen Oberland wollte mich als Oberarzt für sein Team gewinnen. Nach dem Bewerbungsgespräch hatte ich ein Schlüsselerlebnis, das mich umstimmte: An der Eingangstür der Klinik standen vier junge Frauen/Mädchen zusammen, die alle magersüchtig waren. Nein, das würde ich nicht schaffen: mit Menschen therapeutisch arbeiten, die im Wahn bereit sind, sich am gedeckten Tisch zu Tode zu hungern. Außerdem esse ich selbst viel zu gerne – und würde wahrscheinlich eine sogenannte negative Gegenübertragung entwickeln, da ich für das Verhalten so gut wie kein Verständnis hätte.

Dr. Lisa Pecho hat also eine vergleichbar schwierige Aufgabe angenommen, im Verein ANAD (= Anorexia nervosa and

Associated Disorders) die ärztliche Verantwortung zu übernehmen. Dazu gehört auch »Cinderella«, eine Beratungsstelle für Essstörungen des Aktionskreises für Ess- und Magersucht. Auf Wunsch werden neben der individuellen Beratung und Therapie auch Informationsabende in Schulen angeboten. (Details s. www.anad.de)

### *Tödliche Folgen*

Bitte raten Sie einmal, wie viele betroffene Mädchen, inzwischen auch vermehrt Jungen, an der Magersucht sterben! Es sind bis zu 15 %, mehr als bei Drogenproblemen! Die Ursachen für die Entstehung sind wie bei allen Süchten vielschichtig. Darunter spielt die Familie eine wichtige, aber sicher nicht die alleinige Rolle. Schuldgefühle halten viele Eltern davon ab, rechtzeitig Hilfe zu holen. Dabei sind hier natürlich in besonderem Maße die Co-Abhängigen gefragt einzugreifen, denn die Magersüchtigen, aber auch die Bulimiker (mit Fressattacken und folgendem Erbrechen) sind besonders uneinsichtig. »An einer schwergradig Magersüchtigen kann man sich wirklich die Zähne (!) ausbeißen«, sagt sogar Frau Dr. Pecho. »Sie müssen sich mal überlegen, welche Power dazu gehört, fast nichts mehr zu essen. Wenn jemand nur noch Haut und Knochen hat, erregt das erst einmal Mitleid. Das kann sich aber schnell in Ablehnung umwandeln, wenn Hilfe nicht angenommen wird.«

Eltern, vor allem Mütter, leben oft ein allzu kontrolliertes Essverhalten vor, in dem man viel über Ernährung spricht, ständig gesund leben und essen will, bloß keine Fette und bösen Kohlenhydrate. Zucker und Fett sind total schlecht – das lernen schon kleine Kinder, während ihnen gleichzeitig die Werbung eintrichtert, diesen oder jenen angeblich gesunden Riegel, vitaminhaltigen Joghurt, schmackhaften Softdrink toll zu finden oder gar die Produkte von McDonald's und Burger King. In dieser verrückten Welt geht das Augenmaß dafür verloren, was vernünftige Ernährung wirklich bedeuten könnte. Schlechtes Gewissen gibt den Gesundheitsgläubigen den Rest.

»Die Beschäftigung mit Figur und Gewicht ist zu einer Ersatzreligion geworden. Man will sich unterscheiden (Dabei machen und denken ja alle den gleichen Unsinn! H.K.) von den anderen. Schlanksein steht bei uns für Erfolg, Gesundheit, Maßhalten (und Schönheit, H.K.) Dabei haben jüngste Studien gezeigt: Menschen mit einem leichten Übergewicht leben länger«, so nochmals Dr. Pecho.

Aber zurück zu den sich häufenden Problemfällen: Kaum zu fassen, dass immer mehr Jugendliche sich in einem gefährlichen Bereich bewegen, schon in frühen Jahren x Diäten hinter sich haben – und ca. 600 000 definitiv krank sind (s. www.magersucht-online.de, hungrig-online.de etc.). Aber auch der Anteil der Jungen nimmt zu, geschätzt werden 15 %. Dazu kommen Frauen von über 40, die nicht wie früher üblich zur Matrone werden, sondern immer länger schlank, erfolgreich und konkurrenzfähig bleiben wollen. Und es gibt mehrere, nicht wenige, die ihre Magersucht im fortgeschrittenen Alter mehr oder minder gut getarnt haben ...

### *Der Heroin Chic – Kate Moss und die Folgen*

Die Medien vermitteln ein unrealistisches Bild vor allem der Frau. Es ist geradezu unverschämt und arrogant, wenn ein Karl Lagerfeld nach mehreren Todesfällen in der Modebranche in einem Interview platt lügt, er hätte jedenfalls noch nie ein magersüchtiges Model in seinem Umfeld gesehen. Sein Spitzname »Magerfeld« spricht Bände. Und er muss schon hohe Mozartkrägen tragen, um seine schlotternden Halsfalten zu verbergen. Anfang der 1990er-Jahre ließ sich die heute noch aktive Kate Moss für eine Parfumwerbung in all ihrer krankhaften Schlankheit nackt ablichten, ohne dass dieser jetzt Heroin Chic genannte Auftritt allzu viel Kritik hervorgerufen hätte.

Ein BMI von 18 wird zwar nicht als krankhaft definiert, ist aber nicht normal. Viele völlig normalgewichtige Frauen mit schönen weiblichen Formen werden als zu dick angesehen – oder in den von Mädchen suchtartig verfolgten Topmodel-gesucht-Fernsehfolgen aussortiert von einer zynisch lächelnden Moderatorin, die mit ihrem schmutzigen Geschäft Millionen macht.

Dr. Pecho hat sich in ihrem Interview nicht so drastisch ausgedrückt, wie ich das hier riskiere. Aber ich denke, sie ist ähnlicher Ansicht. Die verlogenen Kampagnen, untergewichtige Models mit Auftrittsverbot zu belegen, erinnern an die hilflosen Versuche im Leistungssport, Dopingsünder durch Ausschluss zu bestrafen. Interessant wäre es immerhin, bei Miss-Wettbewerben und in einer Sonderausgabe einer Modezeitschrift ausschließlich Frauen ohne Silikonausstattung zu zeigen.

Laut einer Zeitungsmeldung vom 18.4.2008 will die französische Regierung künftig diejenigen bestrafen, die auf Internetseiten, in Blogs und Zeitschriften zu extremen Diäten und krankhaften Schönheitsidealen verführen. Man glaubt es kaum: zwei Jahre Haft und bis zu 30 000 Euro Geldstrafe! Gleich neben dieser Nachricht in einer Boulevardzeitung ein erotisches Bild einer Frau, die noch heute viele Männer mit ihrer Schönheit irritiert, ohne auch nur den geringsten Ansatz zur Magersucht zu haben: Marilyn Monroe. Leider war sie medikamenten- und alkoholsüchtig – und starb letzten Endes wohl daran.

### *Sissi und die Folgen*

Die Sissi-Filme über die unglückliche Kaiserin und ihr Schicksal haben schon in den 1950er-Jahren Millionen gerührt und in die Kinos gelockt. Gespielt von einer Schauspielerin, die zu viel trank, rauchte und Medikamente nahm, wurde Elisabeth als armes, süßes Opfer vorgeführt, das ja nur lieben wollte. In Wirklichkeit war die reale Figur viel widersprüchlicher, um nicht zu sagen kränker als vorgespiegelt. Sie reagierte mit Essstörungen, betrieb in diesem Rahmen extremen Sport, nicht Joggen, sondern Reiten, kümmerte sich nicht gerade vorbildlich um ihre Kinder. Sicher war sie nicht glücklich, litt unter Depressionen. Aber es grenzt schon an Zynismus, wenn dann ein Psychologieprofessor eine Kampagne trägt, in der das »Sissi-Syndrom« lediglich als eine Depression geführt wird, die (natürlich!) am besten mit einem teuren Antidepressivum geheilt werden könne. So kann man auch Krankheiten erfinden. Die Zielgruppe: junge, nach Schönheit, Erfolg und Emanzipation suchende junge Frauen, die vielleicht etwas depressiv sind, weil sie halt nicht dem gängigen Schönheitsideal entsprechen.

Inzwischen diskutiert man die Probleme der Kaiserin Elisabeth ebenso wie die ihrer vielfachen Darstellerin Romy Schneider. Sissi erlangte Ruhm durch den an ihr verübten Mord, Romy Schneider durch ihre hervorragenden schauspielerischen Leistungen vor allem in späteren Jahren, ihre vielfältigen Männergeschichten und -tragödien, den Tod ihres Sohnes – und durch ihren vermuteten frühen Selbstmord.

### *Eine Beruhigung – und eine Irritation*

Drei Viertel aller Kinder und Jugendlichen zwischen 11 und 17 weisen ein normales Gewicht auf. Aber – da stimmt etwas nicht – nur rund 40 % der Kids halten sich auch für normal, umgekehrt geschlossen 60 % für zu dick! Am anderen Ende des Spektrums ein ähnlich schiefes Bild: Nur 60,9 % der viel zu dicken Mädchen stimmen mit dieser Einschätzung überein – und sogar nur 32,2 % der Jungs. Amerikanische, australische und britische Studien kommen zu ähnlichen Ergebnissen, die hier nicht im Detail dargestellt werden können (vgl. *Deutsches Ärzteblatt* 23 vom 6.6.2008, S. 406 ff.). Erhellend der Vergleich zu einer früheren Studie von 1992, der eine erhebliche Zunahme verzerrter Körperwahrnehmung belegt, obwohl damals die Entwicklung – s. Kate Moss – längst begonnen hatte.

### *Adipositas wie Magersucht – Luxusprobleme, die das Leben verkürzen*

Sechs Jahre weniger Leben durch Dicksein. Aber es gibt auch kritische Stimmen, die sich die Statistiken genauer vorgenommen haben und zur Ansicht gekommen sind, Adipositas sei womöglich erst ab einem hohen BMI von 30 oder gar 35 wirklich gefährlich. In den USA, dem Land der Superdicken, hat man anfängliche Todesfallzahlen von 400 000 pro Jahr auf 100 000 runterkorrigiert. Erschüttert war ich trotz allem von einem amerikanischen Fernsehbericht, wo ein übergewichtiger Mann einen ernsthaften Deal mit dem lieben Gott herbeisehnte: Er würde gerne vorweg einige Jahre seines Lebens opfern, wenn er dafür ein dünnes Dasein führen könnte ...

Es bleibt also viel zu tun in der Bewältigung unserer Essprobleme. Die Arbeit an den Gefühlen in einer lösungsorientierten Psychotherapie kann ein guter Anfang sein für viele. Die unbewussten Motive sind oft die wichtigeren. Gegen die Genetik komme ich nicht an, aber Genetik ist allenfalls die Hälfte des Problems. Die andere können wir alle sehr wohl beeinflussen.

1995 waren 200 Millionen Menschen weltweit adipös, 2000 waren es schon 100 Millionen mehr, also 300 Millionen, davon 115 Millionen in Entwicklungsländern. Zur Jahrtausendwende war ein Drittel bis die Hälfte der Bevölkerung in Deutschland zu dick. Letzte Untersuchungen von 2007 riefen Panik und einen (vielfach belächelten und kritisierten) nationalen Aktionsplan hervor. Es kann doch nicht sein, dass bei uns 37 Millionen Erwachsene und 2 Millionen Kinder und Jugendliche zu dick sind?! Wie weltweit findet man auch bei uns das gleiche Bild: Lieber reich und gesund als arm und krank. Die sozial Schwächeren sind deutlich mehr betroffen. Geld und Bildung sind also Schutzfaktoren. Frauen mit Hauptschulabschluss waren zu zwei Dritteln zu dick, Frauen mit Abitur gerade mal zu knapp 31 %.

Magersucht wurde zuerst gehäuft in englischen Internaten beobachtet. Inzwischen ist sie zur verbreiteten Seuche geworden. Es sollte uns aufrütteln, wenn jedes fünfte Kind unter einer Essstörung leidet. Wie die Ursachen, so sind auch die Behandlungsansätze außerordentlich vielfältig. Es beginnt bei der oft so späten Erkenntnis, dass überhaupt ein Problem vorliegt.

### *Schwer: in Ordnung – oder: Die Kalorie, Staatsfeind Nummer eins*

Der oben zitierte Medizin-Berichterstatter Werner Bartens bringt es im *SZ-Magazin* auf den Punkt: »Fitte Dicke sind gesünder als schlappe Dünne. Höchste Zeit, dass die Verfechter des Schlankheitswahns ihr Fett wegkriegen.« Wir sollten uns nicht mehr vom Mythos Idealgewicht knechten lassen, meint der idealgewichtige Journalist. Wahrscheinlich müssen wir ihm recht geben. Seine Vermutung: Übergewicht wird so stark ins Visier genommen, weil es um einen sozial geprägten Makel geht. Nur deshalb würden sich die Schlankheitsaktivisten darauf stürzen.

Vor Jahren habe ich eine unveröffentlichte Glosse geschrieben, die die Kalorie als Staatsfeind Nummer eins behandelt. Aber was soll man auf das Fahndungsplakat schreiben? Haben Sie schon mal eine Kalorie gesehen? Eben. Vielleicht gibt es sie gar nicht?! Ein Phantom, erfunden nach dem Ende der Baader-Meinhof-Gruppe? Es passt immerhin, dass die Kalorie weiblich ist. Gut proportionierte Frauen sehen mehr Gewichtsprobleme als Männer mit Bierbauch ...

Künftige Aktionen zur Gewichtskontrolle sollten eher heißen »Fit und fett« oder »Gesund und rund«, so der Soziologie Friedrich Schorb vom Zentrum für Sozialpolitik der Universität Bremen. Die Nationale Verzehrstudie II (die heißt wirklich so!) von 2006 zeigt nicht nur eine Zunahme der Adipositas über die letzten 20 Jahre von 39 % bei den Männern und 44 % bei den Frauen mit der Perspektive auf ein weiteres Ansteigen in der Zukunft. Man weiß eben auch, dass nur 15 % aller Menschen mit einem BMI von 30 bis 40 innerhalb von fünf Jahren dauerhaft und substanziell abnehmen können. (*Deutsches Ärzteblatt* 48 vom 22.11.2008, S. 827 ff.)

*Ich mache zurzeit drei Diäten –*
*von einer werde ich nicht satt.*

Anonym

# SPORT als Selbst-Mord

Eines der häufigsten und gleichzeitig dämlichsten Zitate ist das auch hier schon einmal verwendete eines britischen Politikers, der nach einer sportlichen Jugend die letzten Jahre seines Lebens im Rollstuhl verbringen musste: »Sport ist Mord« von Winston Churchill. Exzessives Rauchen und Whiskytrinken hatten ihn zuletzt seiner Gesundheit beraubt neben seinem anstrengenden Job als Politiker. Haben Sie im Übrigen schon mal darüber nachgedacht, wie das Zitat im Original geheißen hat? Es soll die Antwort gewesen sein auf die Frage eines bemühten Journalisten nach dem Geheimnis seines Alters. »Vor allem: Kein Sport!«

Mein Verdacht, warum das Zitat bei uns so beliebt ist: Es reimt sich so schön, zumindest im Deutschen. Und es dient natürlich den Unsportlichen als wunderbare Ausrede, den Couch Potatoes, die mit Messer und Gabel oder weniger vornehm mit der Tiefkühlpizza und dem Dosenbier Selbstmord auf Raten begehen. Im Grunde haben sie natürlich alle ein schlechtes Gewissen, aber mit einer scheinbar witzigen Bemerkung eines Prominenten kann man vieles von sich abschütteln ... Vielleicht war der Interviewer auch nur dem ironischen Humor von Churchill aufgesessen, denn der hatte mit 70 noch an Fuchsjagden teilgenommen, war als junger Mann ein guter Kricket- und Golfspieler, ein Schwimmer und Fechter. Mit über 50 Jahren spielte der englische Gentleman noch Polo. Also verdankte der schlitzohrige alte Herr sein Alter zumindest teilweise seiner Bewegungsfreude. Aber eines hat er sicher nicht betrieben: Leistungssport! Dazu war er viel zu vielseitig. Also formulieren wir um: »Schreiben Sie für Ihre Leser: kein Leistungssport!«

## *Von »mens sana in corpore sano« zur Sucht nach dem perfekten Körper*

Von der Formel, wir sollten einen gesunden Geist in einem gesunden Körper haben (»mens sana in corpore sano«), sind wir fast alle ziemlich weit weg. Die Einflüsse unserer Gesellschaft machen uns das auch nicht leicht. Aber Ideale sind dazu da, sie als Ziel vor Augen zu haben.

Es besteht kein Zweifel daran, dass ausreichende körperliche Bewegung (von der geistigen mal ganz abgesehen) geradezu das Allheilmittel ist, nach dem wir in der Medizin seit Jahrhunderten suchen. Dabei war es eben immer schon da – und kostet nichts. Bewegung ist das beste Anti-Aging-Mittel, wirksam außerdem gegen Depressionen, Immunprobleme, Osteoporose, Demenz usw. Sogar das eher konservative *Deutsche Ärzteblatt* konstatierte in einem Artikel nüchtern: »Bei allen Erkrankungen von Herz und Lunge, bei Hochdruck und Diabetes mellitus, bei Osteoporose und Tumorleiden, aber auch bei Depressionen sollte regelmäßige körperliche Aktivität rezeptiert werden.« Wenn das so einfach wäre ... (Zitat aus meinem Buch *Das Anti-Burnout-Erfolgsprogramm. Gesundheit, Glück und Glaube*). Schon Hippokrates verzweifelte wie Millionen Ärzte auf der Welt am faulen Patienten: »Die Menschen sind krank, weil sie aus Unvernunft alles tun, um nicht gesund zu sein.«

### *Die Menge macht das Gift*

Dieser Satz des umstrittenen (und möglicherweise ermordeten) Arztes Paracelsus ist eine der großen und wichtigen Weisheiten für unser Thema der Süchte. Wir Menschen tendieren offenbar dazu, die Dinge, die in guter Dosierung heilsam oder zumindest angenehm sind, durch Übertreibung in krank machende Mittel zu verwandeln. Ist das bei Schokolade, Wein oder Schweinebraten noch leicht nachvollziehbar, so gibt es andere Bereiche, wo man sich erst einmal wundern muss.

Ein gutes Beispiel ist die Sportsucht. Noch wird dieser Begriff mit Zurückhaltung verwendet, aber es grassiert längst eine Tendenz quer durch die Gesellschaft, die sicher mehr umfasst als das angeblich nur eine Prozent der Freizeitsportler, die davon betroffen sein sollen.

### *Olympische Spiele – Spitzensportler oder Spritzensportler?*

Als ich an diesem Buch arbeitete, liefen gerade die Olympischen Spiele in Peking. Wenn wir die berechtigten schwerwiegenden politischen Bedenken mal beiseitelassen, so müssen auch Ignoranten inzwischen damit leben, dass fast alle Bereiche des Sports überschattet sind von Manipulationsversuchen vor allem durch immer neue Medikamente. Hatte man sich vor Jahren noch z.B. auf einen armen, muskelbepackten, stotternden Schwarzen aus armen Verhältnissen eingeschossen, der als böser Sünder und in dem Fall wirklich schwarzes Schaf dienen musste, so gilt inzwischen fast ein Generalverdacht nicht nur für 100-Meter-Läufer. Wichtig ist einfach, wer dem Kontrollsystem wie am besten entkommt. Wer ohne »die gute Medizin«, wie es Ben Johnson heute nennt, auskommen muss, läuft sowieso hinterher. Der Ehrliche ist der Dumme.

Vor einigen Jahren saß ich in »Streit im Schloss«, einer Talkshow des Saarländischen Rundfunks, zwischen einem hohen Sportfunktionär, selbst dekorierter Olympiateilnehmer und Mediziner, dem Sportjournalisten und Dopingfachmann Hajo Seppelt und Dieter Baumann, dem 5 000-Meter-Olympiasieger von Barcelona, dem man – von ihm heftig bestritten – Testosteron-Doping nachsagte, und einer Schwimmtrainerin.

Der Funktionär fühlte sich in der kritischen Runde sichtlich unwohl bis aggressiv, als er uns zuhören musste. Für ihn waren wir sicherlich alle Nestbeschmutzer, die den schönen Sport kaputt machen. Damals waren die Skandale für die breite Öffentlichkeit noch längst nicht so offen und unbestreitbar wie heute. Herr Seppelt ist inzwischen ein vielgefragter Mann, nachdem er im Kreis seiner Kollegen vorher ungern beachtet wurde, um es vorsichtig auszudrücken.

Am eklatantesten ist die Sache bei der Tour de France, dem Fest der Dopingsünder. Wir als Publikum haben vielleicht auch immer gerne weggeschaut oder weggehört, wenn ein Sieger nach dem anderen demontiert wurde. Dabei hätten wir schon vor 50 Jahren merken können, dass da etwas nicht stimmt, als Fahrer in ihren Zimmern randalierten – oder Jahre später, als 1967 ein Tom Simpson tot vom Rad fiel. Seit Beginn meiner Seminare zur Sucht vor fast 20 Jahren habe ich das Bild des traurigen Radfahrers in meiner Präsentation, der sich den Berg hinaufquälte, bevor er wenige Minuten später tot war. An den Reaktionen der Teilnehmer spüre ich, dass die schlechte Nachricht nicht unbedingt willkommen ist.

### *Leistungsgesellschaft und Leistungssport*

Leistungssport ist ein gutes Bild für unsere Gesellschaft. Viele Prinzipien wie Kriterien gelten hier wie dort. Wir definieren uns über Leistung in der Arbeit, über Effektivität und Konkurrenz, über Erfolg. Selbstwertgefühl entsteht– auch – darüber, wie und was wir arbeiten. Aber wenn wir es übertreiben, nicht mehr arbeiten, um zu leben, sondern leben, um zu arbeiten, geraten wir in die Arbeitssucht (s. Seite 158 ff.).

Einmal nahm mich einer meiner Teilnehmer eines Anti-Burnout-Seminars in seinem hochtourigen Auto mit nach Hause. Er war der persönliche Referent eines Topmanagers. Ganz begeistert berichtete er von seinem Boss, der nicht nur Topzahlen und Topergebnisse lieferte, sondern ganz nebenbei noch Marathon lief. Meine vorsichtigen Einwände, wie das alles miteinander vereinbar sei und womöglich noch mit einer Familie, überhörte er einfach. Er schwamm in der Erfolgswelle seines angebeteten und idealisierten Vorgesetzten mit, ließ sich von dessen Narzissmus anstecken. Bei Pressekonferenzen fiel mir stets das smarte, wenig angenehme Lächeln des Managers auf, der auch schlechte Zahlen und Pläne für Mitarbeiterentlassungen mit derselben Ironie unter die Leute brachte.

Inzwischen ist der Topmann längst entlassen und steckt in einem der größten Korruptionsskandale der Nachkriegsgeschichte mit dreistelligen Millionenbeträgen. Vielleicht hätte er sich besser den Realitäten gestellt als davonzulaufen?!

### *Ab wann ist Sport eine Sucht?*

Der Übergang ist wie beim Alkohol fließend. Die Lebensperspektive verengt sich immer mehr. Anfängliche Rauscherlebnisse müssen immer häufiger aufgesucht werden, die Dosis wird gesteigert. Schließlich treten Entzugserscheinungen auf mit Nervosität, depressiver Verstimmung oder gar Angstzuständen. Das Zeitfenster außerhalb der Arbeit wird immer kleiner: morgens vielleicht schon rein in die Laufschuhe, in der Mittagspause Abo in der Mucki-Bude, abends auf das Fahrrad oder den Heimtrainer. Den nächsten Halbmarathon im Visier, die bessere Zeit als im Vorjahr, besser als der Nachbar oder ein anderer Konkurrent in der Altersklasse ... Die Kilometer werden protokolliert oder die gestemmten Kilogramm. Alles wird unwichtiger als das Trainingsprogramm, das Körpergewicht, das Aussehen.

Unter meinen Patienten sind immer mehr, die vor ihrer eigentlichen Suchtkarriere Phasen von Leistungssport absolviert haben, zum Teil verbunden mit Essstörungen – um z.B. später Alkoholiker zu werden.

Typisch eine Patientin, der man heute ihre Vergangenheit als Sportlerin kaum noch ansieht. Da sie zu Hause wenig Anerkennung fand, sich nicht beachtet fühlte, suchte sie Bestätigung im Leistungssport, heimste Pokale ein und freute sich immer wieder über neue Bestleistungen in der Leichtathletik. Die Zeit im Leistungssport war überschattet von ernsthaften Selbstwertkrisen und einer immer stärker werdenden Essstörung, erst mit anorektischen Zügen, dann mit Fressattacken im Sinne einer Bulimie. Die Trainer freuten sich über bessere Leistungen, sahen über die Gewichtsveränderungen geflissentlich hinweg.

Als während der ersten Zeit der Berufstätigkeit – als Ärztin! – eine Krise eintrat, wurde die Essstörung wieder relevant. Erst eine konsequente Psychotherapie und der Besuch von Selbsthilfegruppen führten die Patientin zurück in die Realität. Und hier, im Freizeitsport, beobachtete sie schnell wieder die Phänomene, die sie vom Leistungssport nur zu gut kannte: »Ständig geht es um Zeiten, um Veranstaltungen, zu denen man reisen und auf denen man mit neuen Bestzeiten glänzen will. Es ist doch absurd, wenn das ganze Glück daran hängt, ob man einen Halbmarathon nun mit einer Minute weniger oder mehr als im letzten Jahr bestritten hat! Als wenn der Sinn des Lebens daran hinge.« Sie selbst könne ihren Körper wieder gut spüren im Sport ohne die Jagd auf abstrakte Ziele, die mit dem realen Leben nichts zu tun haben.

### *Endorphine oder Selbstwert?*

Einige Zeit glaubte man in der Wissenschaft, die suchtartige Entwicklung beim Sport sei nur auf die Ausschüttung von Hormonen in Form der Endorphine zurückzuführen. Da aber der Anstieg nicht in einer sinnvollen Relation steht zu den Aktivitäten, scheint das nur ein Teilaspekt zu sein. Mit Entspannungsmethoden wie dem autogenen Training sind ähnliche Effekte erreichbar, ohne dass Suchttendenzen auftreten.

Die Defizite oder gar Defekte im Selbstwertgefühl der Betroffenen spielen wie immer bei der Sucht eine große Rolle: Die besondere Leistung lenkt ab von den eigenen Schwächen, Gefühle des Stolzes und der Erleichterung stellen sich ein. Hier ist man jemand, hebt sich ab von der schlappen Masse, auf die man herabblicken kann. Man kann sich den von den Massenmedien verbreiteten Idealen der Körperform annähern. Fantasien von besonderer Schönheit und der Zugehörigkeit zu einer Elite stellen sich ein.

Dabei können Selbst- und Fremdwahrnehmung extrem auseinanderdriften, bis hin zur manifesten Körperschemastörung wie bei den Essstörungen. Man hält sich für zu dick oder – bei den Muskeln – für zu schmal, obwohl die Realität wieder einmal ganz anders ist. Da hilft man gerne einmal nach, um endlich so toll zu sein wie im Traum vorgestellt.

Ein kleiner Junge in Österreich namens Arnold wurde von seinem Vater, einem Polizisten, nicht nur gegenüber dem Bruder benachteiligt, sondern auch gedemütigt und geschlagen. Er wollte deshalb so stark wie möglich werden, um es endlich allen zu zeigen. Er begann wie besessen zu trainieren, erst im Münchner Stadtteil Schwabing, später in den USA. Bis heute bestreitet Arnold, jemals aufbauende Mittel genommen zu haben, aber kaum jemand glaubt es. In Schönheitswettbewerben wurde er zum Mister Universum gekürt – und ist heute Gouverneur von Kalifornien.

Das Überkompensieren von Minderwertigkeitsgefühlen kann also in Einzelfällen erfolgreich sein. Überraschend viele Leistungs- und Freizeit-Leistungssportler kommen im Übrigen aus Familien mit einer Suchtbelastung. Sie wollen sozusagen die Familienehre retten: Seht her, wir sind doch wer! Ehrgeiz wird auch aus der Familienpersönlichkeit gespeist. Nicht nur spätere Bundeskanzler wollen da raus (aus einer armen und verachteten Familie) – und da rein bzw. rauf aufs Treppchen der narzisstischen Belohnung.

### *Fest der Völker – Fest der Schönheit*

So hießen die beiden Filme von Leni Riefenstahl über die Olympischen Spiele 1936 in Berlin, noch heute Vorbild für viele Nachfolger. Es geht darin um die Ästhetisierung von körperlicher Bewegung – und gleichzeitig um seine Heroisierung und Übertreibung. Dumm nur, dass einer der Stars der Spiele rassisch nicht dem Ideal des blonden, blauäugigen Helden entsprach: Jesse Owens als Sieger über 100 Meter, 200 Meter, in der Staffel und im Weitsprung ...

Der Reiz schöner Bewegung soll hier überhaupt nicht infrage gestellt werden. Wer würde nicht zugeben, dass z.B.

Beachvolleyball nicht nur hoch athletisch ist, sondern auch zahlreiche ästhetische bis erotische Reize bietet. Da ist für jeden etwas dabei. Aber Ideale werden immer gefährlich, wenn man sie verabsolutiert und ihnen ohne Rücksicht auf die eigenen Möglichkeiten nacheifern will.

Die Helden von Olympia dienen wie in anderen Bereichen als Vorbilder. Wir sollten uns die Schicksale vieler ruhig genauer anschauen, um zu lernen, dass der Preis für viele deutlich zu hoch sein kann. Wir sehen nach einem bekannten Zitat von Bert Brecht nur die im Licht, die im Dunkeln sehen wir nicht. Wie viele haben es eben nicht geschafft mit ihren zu hohen Ansprüchen an sich selbst!?

Kaum verwunderlich, dass manche Sportgurus, die mit blond gefärbten Haaren und Hollywood-Gebiss in teuren Kursen und Seminaren ihre Weisheiten angepriesen haben, sang- und klanglos völlig von der Bildfläche verschwunden sind, weil sie es vielleicht doch auch bei sich selbst übertrieben haben ...

## *Weglaufen vor was?*

Man kann auch vor sich selbst weglaufen. Jeder, der Sport im gesunden Bereich betreibt, kennt das erleichternde Gefühl, wenn während einer Tennisstunde, einem Waldlauf, einer Schwimmrunde oder einer Radtour die Sorgen immer mehr in den Hintergrund treten, wie wir Zeit und Raum vergessen und uns nur noch auf die Gegenwart konzentrieren, auf unseren Körper, unsere Umgebung, unseren Gegner. Aber das kann man natürlich auch so intensivieren und missbrauchen, dass man dem Alltag insgesamt, vielleicht auch spezifischer einem Partner oder einer ausweglosen beruflichen oder persönlichen Situation davonläuft. Das geschieht nicht unbedingt bewusst. Darauf angesprochen, würden viele exzessive Sportler das leugnen wie ein Alkoholiker seinen Konsum.

Ein Schulfreund gestand mir bei einem Besuch Jahrzehnte später in seiner jetzigen Heimat, dass er seine erste Ehe (mit immerhin zwei Kindern) durch seine Laufleidenschaft ruiniert hätte – und bei der nächsten könne es ähnlich laufen im wahrsten Sinne des Wortes. Sein Selbstbewusstsein war schon immer wackelig mit einem autoritären und arbeitssüchtigen Vater, der schon mal am Abendbrottisch einfach einschlief. Er selbst konnte gerade auf sportlichem Gebiet als Schüler nicht viel vorweisen im Kontrast zu seinen beiden jüngeren Brüdern, die alle Voraussetzungen für eine »Sportskanone« hatten. Aber jetzt endlich war er trotz seines unscheinbaren Äußeren besser als die Brüder. Selbst eine tolle berufliche Karriere hatte das Selbstbewusstsein nicht ausreichend gestärkt.

### *Rückzug – auf viele Arten möglich*

Manche ziehen sich vor familiären Problemen in die Garage zum Basteln an Autos oder in den Hobbykeller zurück. Andere laufen und laufen: Ja, wohin laufen sie denn? Manche laufen nicht in Richtung eines Ziels, sondern nur weg. Rückzug gelingt auch, wie wir gesehen haben, am PC oder am Fernseher, mit Bier und Wein und Haschisch oder mit exzessivem Spielen oder Kaufen oder Masturbieren.

Sport scheint demgegenüber die gesündere und edlere Variante zu sein. Aber sie kann genauso entgleisen. Meine Prognose lautet, dass wir es mit Sportsucht in den nächsten Jahren noch viel mehr zu tun bekommen. Die Dunkelziffer dürfte schon jetzt hoch sein. Die Zahl der Sportmediziner nimmt immer mehr zu. Sie haben immer mehr mit den Auswüchsen zu tun (und sind manchmal selbst betroffen). Und in den Fitnessstudios blüht der Handel mit Präparaten zur Leistungssteigerung.

### *Der Sporttest*

Falls Sie selbst Zweifel haben, ob Ihr Verhältnis zum Sport noch normal und gesund ist, schauen Sie auf die anschließenden Fragen. Sind mehr als fünf Kriterien erfüllt, haben Sie ein ernsthaftes Problem.

1. Sie vernachlässigen soziale Kontakte wegen des Sports oder geben sie ganz auf.
2. Sie denken immer mehr und immer zwanghafter an Sport.
3. Wenn Sie nicht zum Trainieren kommen, empfinden Sie das als Strafe. Es treten Entzugserscheinungen auf, Sie werden nervös, deprimiert, ärgerlich, ängstlich.
4. Sie müssen die Dosis steigern, um sich wohlzufühlen.
5. Sie missachten, leugnen oder bagatellisieren körperliche Symptome, Warnsignale, um trotzdem trainieren zu können.
6. Sie täuschen andere über den Umfang Ihrer sportlichen Betätigung, machen manches sozusagen heimlich.
7. Nicht Sie kontrollieren den Sport, sondern Ihr Trainingsprogramm beginnt Ihr ganzes Leben zu bestimmen.
8. Sie haben praktisch keine Zeit mehr für andere Aktivitäten, andere Hobbys oder soziale Treffen mit Freunden.

Vielleicht verstehen Sie die eine oder andere Sportart gar nicht mehr als Sport, wie Inlineskaten oder Radfahren. Sie meinen, 100 Kilometer Laufen oder 400 Kilometer Radfahren seien doch ganz normal pro Woche. Sie haben gleich mehrere Verträge mit Fitnessstudios. Sie können zwischen den Übungen am Gerät nicht aufhören, sondern nutzen die Zeit, um andere Muskelgruppen auf Trab zu bringen ...

Ab mehr als einer Stunde Freizeitsport pro Tag sollte man nach Meinung von Fachleuten beginnen, ernsthaft über seine Sportleidenschaft nachzudenken!

# Glück und Unglück der SCHÖNHEITSCHIRURGIE

Ich bin in meiner Medizinerausbildung während des praktischen Jahres zum Bewunderer von plastischen Chirurgen geworden. Auf der damals (und heute) renommierten Abteilung des Klinikums der Technischen Universität München wurde ich Zeuge hervorragender Leistungen, die ich sicher auch deshalb toll fand, da ich zu dieser Tätigkeit denkbar ungeeignet wäre aufgrund meiner handwerklichen Ungeschicklichkeit. Aber zurück zu den Fakten: Es ging um die heute so verbreiteten, damals eher seltenen Brustvergrößerungen und -verkleinerungen, um das Annähen von Fingern, wenn jemand unbedingt gemeint hatte, den Rasenmäher bei laufender Maschine säubern zu müssen, um Nasenkorrekturen nach Unfall usw. Krebskranke Frauen erhielten eine Brustrekonstruktion, im Gesicht verstümmelten Patienten oder Brandopfern wurde ein Stück ihrer Würde wiedergegeben: eine sorgfältige ästhetische Kunst mit allen Kennzeichen der modernen Medizin.

Schon damals gab es aber Anzeichen einer problematischen Entwicklung: Der Markt begann zu boomen, die Konkurrenz nahm zu. Einer der damaligen Assistenten wurde wenige Jahre später unter bis heute ungeklärten Umständen in seiner Praxis erschossen. Inzwischen ist gerade auch München ein Pflaster für die Schönheit geworden mit vielen bedenklichen Auswüchsen. Eine meiner Patientinnen war bei einem prominenten Schönheitschirurgen gewesen. Sie verdiente viel Geld mit – ja – Edelprostitution. Sicher war es zunächst ihr eigener Wunsch, hier und da eine Korrektur an ihrem ansonsten wohlgeformten Körper vornehmen zu lassen. Ihr Chirurg wurde dann auch ihr Kunde, überredete sie zu PR-Aktionen im Fernsehen. Dafür gab es die OP umsonst ... Wie er auf die Idee kam, sie schon mit 35 zum zweiten Mal im Gesicht zu liften, bleibt sein Geheimnis. Leider ging dann bei der OP alles schief. Eine Infektion entstellte das schöne Gesicht. Schadenersatzforderungen endeten in Zahlungen unter der Hand, man könnte auch von Schweigegeld sprechen ...

Es besteht dringender Handlungsbedarf, um den Missbrauch der plastischen Chirurgie zu bremsen. Kontrollieren oder abschaffen kann man ihn ohnehin nicht mehr. Es geht wie immer in der Chirurgie um eine Körperverletzung, die der Einwilligung des Betroffenen bedarf. Rund 22 % aller weiblichen und etwa 8 % aller männlichen wegen Schönheit operierten Patienten klagen über Folgeschäden. Bei der Fettabsaugung stirbt einer von 5 000 Patienten, über die Hälfte (!) aller klagt über Probleme. Schon 2002 hatte die Stiftung Warentest bemängelt, dass nicht einmal jeder sechste Arzt in der OP-Aufklärung das Sterberisiko mit erwähnt hatte. Nun sollen die Operateure per Gesetz verpflichtet werden, den Krankenkassen die Komplikationen zu melden. Nicht selten trägt die oft beschworene Gemeinschaft der Versicherten nur oberflächlich kaschiert die Folgekosten.

Ein weiteres, geradezu unglaubliches Phänomen und Problem: Eingriffe im plastischen Bereich können nicht nur von hoch qualifizierten Fachärzten vorgenommen werden, sondern vielleicht von einem Chirurgen mit einem Wochenendkurs oder einem Arzt ohne jede Zusatzqualifikation. Über eine halbe Million Operationen pro Jahr finden also unter ungewissen Vorzeichen und mit ungewissen Folgen statt. Körperlich im Prinzip unnötige Eingriffe, die inzwischen zu mehr als 10 % schon an unter 20-Jährigen vorgenommen werden, mit steigender Tendenz. Es passt zum Magerwahn, wenn bei einer Befragung 40 % der Mädchen zwischen 9 und 14 Jahren (!) sich gerne Fett absaugen ließen. Wer sagt denen, dass die Schönheit der Frau mit dem nüchternen Auge des Arztes betrachtet im Wesentlichen durch Fett entsteht!? Weibliche Rundungen bleiben weg oder verschwinden wieder, wenn die Unterfütterung fehlt.

### *Das falsche Image*

Wie wir bei den Essstörungen gesehen haben, entwickeln vor allem Mädchen nicht selten ein völlig schiefes Körperbild bis hin zum Ende in Magersucht. Dazu trägt natürlich das in der Werbung inzwischen normale (?) Bild der Frau bei, wie sie zu sein hat: superschmale Hüften und dazu ein wunderschöner runder, großer Busen. Da das von der Natur – von Ausnahmen abgesehen – nicht vorgesehen ist, sind inzwischen praktisch alle Models mit Silikoneinlagen von beträchtlichen Ausmaßen ausgestattet. Laien können den Unterschied oft nicht erkennen. Vielleicht haben sie auch nie Gelegenheit, so eine künstlich aufgebaute Brust zu fühlen ... Es wäre eigentlich Aufgabe aufgeklärter und emanzipierter Frauen bzw. Frauenzeitschriften, mal eine Ausgabe ihrer Hochglanzblätter zu bringen mit Frauen ohne jede plastische Korrektur! Früher waren Retuscheure stundenlang beschäftigt, jeden angeblichen Makel zu übertünchen. Heute steht der plastische Chirurg vor dem Model oder der Schauspielerin mit den ach so wunderbaren Formen und sagt stolz zu den vielleicht nicht so begeisterten OP-Schwestern: »Das ist mein Werk!«

Ruft man, wie eine Redakteurin der *Süddeutschen Zeitung*, die Nummer aus einer halbseitigen Anzeige in einem weitverbreiteten Journal an, die einen Atombusen für nur 2 999 Euro verspricht, bekommt man bemerkenswerte Auskünfte. Man will ja unter anderem nur den Schönheits-Tourismus in andere Länder verhindern ... Und: »Ich sag mal so: Unter 18 Jahren ist das eine Entscheidungsfrage.« Die Frau vom »Marketing-Tool«, das heißt der Agentur, die die Eingriffe zum eigenen Profit vermittelt, gerät etwas ins Schleudern. Aber dann hat sie auch noch einen Bankkredit anzubieten für Minderbemittelte, die trotzdem einen Riesenbusen haben wollen, schon unter 18 ...

Man muss eigentlich laut schreien angesichts dieser unglaublichen Zustände. Es ist nicht anders als bei den anderen Luxusproblemen: ein Zusammenspiel von Menschen, die etwas wollen – und denen, die es anbieten. Ein Markt also mit allen Zeichen eines kranken Kapitalismus. Es ist nicht lange her, da galt ein Leoparden- oder gar Ozelotmantel als das beste Zeichen von Reichtum und Schönheit. Heute bleiben die damals gekauften Mäntel fast immer im Schrank, weil sie einfach nicht mehr schick und politisch nicht mehr korrekt sind. Aber solange es Kokainkonsumenten gibt, wird Kokain angebaut und verkauft. Und solange Frauen und inzwischen auch immer mehr Männer den krankhaften Drang haben, die Sucht, ihren Körper durch Sport, Ernährung und zur Not einen gravierenden Eingriff in die Gesundheit, sprich die plastische Chirurgie, zum Ideal zu formen, wird es Ärzte und Kurpfuscher geben, die damit gerne Geld verdienen.

Fast wäre ich mit meiner Praxis im Haus einer renommierten Schönheitsklinik gelandet. Das Einkommen, die Einrichtung und die Autos, die vor der Tür standen, hätte ich gerne mit den Kollegen getauscht. Die Spritzen, die der oben beschriebene Arzt am Wochenende seinen betuchten Kundinnen in die Lippen verpasst, sollen pro Stück einige hundert Euro kosten. Dann noch einige Botox-Spritzen hier und dort – und schon ist man angeblich wieder schön. Nur erschreckend, wenn sich in München ein amerikanischer Kollege der Presse stellt, der an sich selbst vieles hat machen lassen: Er schaut ähnlich deformiert aus wie Michael Jackson, der arme schwarze Sänger, der süchtig ist und war nach chirurgischer Korrektur. Inzwischen ist seine Fassade nicht mehr zu retten, nicht einmal von deutschen Spezialisten. Michael Jackson ist eine der traurigen Ikonen des Schönheitswahns.

### *Wie bearbeite ich innere Probleme mit äußeren Mitteln?*

Ein vorgesehenes Gesetz zur Kontrolle der Schönheitschirurgie ist wie bei allen modernen Süchten völlig unzulänglich. Es setzt erst ein, wenn das Kind schon in den Brunnen gefallen ist respektive auf dem OP-Tisch gelegen hat. Warum sind mögliche Kandidatinnen und Kandidaten für Wohlstands-OPs nicht verpflichtet, sich erst einmal psychologisch beraten zu lassen? Das eine schließt ja das andere nicht aus: Es geht um das Selbstwertgefühl, um eine narzisstische Problematik.

### *Schönheit = Glück?*

Schönheit ist für die, die sie besitzen, wie für die, die von ihr angezogen werden, eine Verheißung von Glück. Wir reagieren alle bewusst wie unbewusst darauf. Schöne Kinder bekommen in der Schule bessere Noten. Ein schönes Mädchen darf für die Welt ein Liedchen trällern wie bei den Olympischen

Spielen in Peking. Nur schlimm, dass die wirkliche Sängerin unerkannt hinter der Bühne steht und der anderen ihre Stimme buchstäblich leiht. Mit einer Zahnspange, einer Nasenkorrektur, einer Veränderung des Haaransatzes, einem Haarteil und einem Kinnaufbau hätte sie es vielleicht auch zu Ruhm gebracht ... So grausam ist die Welt.

In der Pubertät ringen wir alle um unsere Identität, um unser Ich, unseren Selbstwert, wenn man so will, auch um unseren Tauschwert auf dem Markt der Partnerschaften und des Berufes. Hier ist es geradezu ein Verbrechen, künstlich einzugreifen und die Illusion zu erwecken, durch eine größere Brust (die sich auch spät noch stark entwickeln kann!), einen weniger rundlichen Po oder schlankere Oberschenkel die Probleme zu lösen. Und auch später kann eine vorhergehende oder begleitende lösungs- und zielorientierte psychische Beratung eine große Hilfe sein.

### *Piercing und Tätowieren – Selbstverständlichkeiten*

Ich bin völlig altmodisch und habe keine Piercings und keine Tätowierungen, weder an sichtbaren noch an unsichtbaren Stellen. Mir ist es unbegreiflich, wie viele Frauen und immer mehr Männer sich selbst modische Verletzungen beibringen lassen, die durchaus nicht ohne Folgen bleiben. Vieles ist im engeren Sinne selbstschädigend: Die Komplikationsrate mag bei Ohrringen gering sein. Bei Mundpiercings oder Metall im Intimbereich sieht das schon anders aus.

Wieder fehlten und fehlen gesetzliche Regelungen, um die Bürger vor sich und geldgierigen Anbietern zu schützen. Wir müssen doch tolerant sein. Jeder soll selbst entscheiden. Gewiß, aber Risiken können manche nicht abschätzen. Inzwischen sind auch in diesem Bereich Eltern komplett überfordert und hilflos, wagen nicht, Nein zu sagen, wenn die minderjährige Tochter unbedingt ein Nabelpiercing braucht.

Vor Jahren stritt ich mich mit einer vernünftigen Mutter, geschiedene Grundschullehrerin mit einem Alkoholproblem, die meinte, sie könne es nicht verhindern, wenn ihre Tochter mit 15 ein Zungenpiercing machen lassen wolle. Die Kleine weiß nicht mal, wie man richtig küsst, da verbaut sie sich schon die natürliche Empfindung.

Einem jugendbewegten, philosophisch angehauchten Journalisten versuchte ich zu vermitteln, dass viele Menschen, die glauben, sich mit Tattoos und Piercings schmücken zu müssen, ein inneres Problem haben. Was soll da das Argument, dass die polynesischen Maoris es auch machen!? Goethe war auch nicht tätowiert, auch nicht seine befreundeten Wissenschaftler, z.B. die berühmten Brüder Humboldt, die viel in der Welt herumgekommen waren, oder all die anderen Geistesgrößen seiner Zeit. Vielleicht passt es einfach nicht in unsere Kultur und ist nur eine Modeerscheinung?

Ich befürchte, Piercings und Tätowierungen gehören inzwischen doch zu unserer Kultur. Wie in der plastischen Chirurgie geht es dabei um eine künstliche, nicht ungefährliche Korrektur des Selbstbildes. Der Trend scheint aktuell zwar etwas nachzulassen. Aber viele wären froh, sie könnten ihre Jugendsünden wieder entfernen lassen, vor allem wenn der Tätowierer einen Schreibfehler begangen hat oder künstlerisch nicht auf der Höhe war. Wieder wäre also der Schutz der Minderjährigen Pflicht der Gesetzgebung – mit entsprechenden Strafen und Sanktionen für die, die meinen, sie könnten tun, was sie wollen, um zu ihrem Profit zu kommen.

# Sind VOODOOPUPPEN SERIÖS? Esoterik und die Folgen

Sie haben richtig gelesen: Die Stiftung Warentest ging tatsächlich der Frage nach, ob Voodoopuppen das halten, was sie versprechen. Vielleicht wissen Sie genauso wenig wie ich, wie solche Puppen überhaupt aussehen oder gar wirken sollen. Auf entsprechenden Messen wird neben einer zweifelhaften Beratung viel angeboten, wo sich bei Nichtgläubigen nur die Haare aufstellen. Irgendwelche Energiefelder werden mit Spiralen korrigiert, sauteure Matratzen geben erst die richtige Schlafatmosphäre. Auf die Liste solcher Artikel will ich mich hier nicht weiter einlassen. Wenn Sie Interesse haben, öffnen Sie mal die Website eines Herstellers oder einer Messe! Es gibt nichts, was es nicht gibt.

Nur zur Verständigung für Leser – und vor allem Leserinnen! –, die sich hier angesprochen und womöglich angegriffen fühlen: Die Auffassung des Lebens, der Gesundheit und damit des Menschen als eines rein biologischen Funktionskörpers, der ausschließlich nach den Gesetzen der Physik, der Chemie, Biochemie und Physiologie funktioniert, teile ich so nicht.

Es muss da noch etwas anderes geben, das das Leben an sich ausmacht. In vielen, nicht nur fernöstlichen Philosophien gibt es diese berechtigte Annahme. Aber man sollte eben mit allen vernünftigen Methoden jenseits der beiden Extreme des mechanistischen Denkens oder der Mystik darangehen und alles sorgfältig prüfen. Wenn man die Geschichte der Medizin betrachtet, auch die der letzten Jahrzehnte, so sind immer wieder Zweifel aufgekommen über Grundsätze und Fakten, an die wir lange geglaubt haben, die dann schnellstens über den Haufen geworfen werden mussten.

Es geht hier wiederum um die Übertreibung und den blinden Glauben. Menschen, die nicht einmal ein Aspirin schlucken, ohne vorher mehrfach den Beipackzettel zu studieren, glauben plötzlich an magische Kräfte in Matratzen, an Wasseradern unter dem Haus, an heilende Kräfte von Kupferarmbändern. Sollen sie ruhig! Solange sie nicht nach und nach ihr ganzes Geld dafür verbraten und an nichts anderes mehr denken können.

## *Das Geschäft mit der Angst*

Früher war überwiegend die Kirche mit ihren Seel-Sorgern zuständig für die Bewältigung menschlicher Existenzangst. Inzwischen haben nicht nur wir professionellen Seelenklempner diese Funktion übernommen, sondern viele in Wochenendkursen bestens geschulte Geschäftemacher, die mit tiefsinnigen Gesprächen, Pendeln, Tarotkarten, astrologischen Berechnungen und womöglich eben Voodoopuppen Menschen einfangen und ausnehmen, die ihr einsames Leben nicht mehr im Griff haben.

Erst neulich habe ich ein Fernsehinterview gegeben zum Fall einer Frau, die nicht mehr aus dem Haus ging, nicht mal ein Postpaket abholte, ohne vorher ihre verständnisvolle und reichlich kassierende Beraterin einer bestimmten Agentur anzurufen. Als ich in meinem Statement unter anderem auf die Frage des Geldes kam, waren die jungen Journalisten zunächst etwas empört. Bei Rückfrage stellte sich das Übliche heraus: Natürlich war die Frau nur deshalb jetzt in Therapie, weil sie ihr schmales Budget ständig überschritten hatte – und zuvor bei der Schuldnerberatung gelandet war. Bei den Telefonaten hört man leider nicht, wie die Euros durchrattern wie früher bei Telefonaten in den Telefonzellen beim Ferngespräch. Pro Minute sind da zum Teil über 2 Euro fällig für »Hellsichtiges Kartenlegen«, »Kartenlegen, Channelling, Ängste lösen und spirituelle Begleitung«, »Russisches Zigeunerorakel« usw.

In der einschlägigen Zeitschrift *Zukunftsblick* sind die Pseudoexperten am Werk – und kassieren mehr als wir Profis nach jahrelanger supervidierter und überprüfter Selbsterfahrung, Theorieschulung und Praxis. Bevor ich es gelesen habe, konnte ich nicht glauben, dass ansonsten ernst zu nehmende Menschen z.B. bei der Agentur Questico anrufen und annehmen, sie bekämen unter einer kostenträchtigen 0800-Nummer Antwort auf die Fragen »Ob er der Richtige ist? Wie soll ich mich entscheiden? Was wird mir die Zukunft bringen?«

Wie bei manchen Drogenhändlern ist der erste Schuss gratis: »Vielleicht beginnt Ihr Glück mit einem Anruf!« Oder auch eine Sucht und das entsprechende Unglück. Jetzt beginne ich mich abhängig zu machen von wildfremden Menschen, deren Hauptinteresse das (mein) Geld ist. Mittendrin auch in dieser Zeitschrift ein gewisser Winfried Noé, der sich geschickt sehr gut vermarktet und dem Ganzen einen seriösen Anstrich verleiht, unter anderem mit dem großen Monatshoroskop.

Es lohnt sich: Questico als Marktführer beschäftigt allein 2 500 »Berater« und setzte schon 2005 sagenhafte 45 Millionen Euro um, auch über den Fernsehsender Astro TV. Frauke Zarathnik von der Parapsychologischen Beratungsstelle in Freiburg kennt die Hauptquelle, die Hauptsorge der Anrufer: die Liebe, was sonst, natürlich die missglückte, denn 80 % der Hilfesuchenden, fast ausschließlich Frauen, wurden von ihren Partnern verlassen. Viel Hellsehen ist da gar nicht erforderlich. Eine Patientin der Beratungsstelle Tal 19 in München hat in einem Jahr 38 000 Euro mit den Wahrsagern bei Questico vertelefoniert. Süßer die Kassen nie klingeln ... Fast jeder Anruf wird mit einer guten Nachricht belohnt, schlechte Weissagungen werden vermieden.

### Das große Wissen

Selbst unter Akademikern hört man gelegentlich in Gesprächen so ein wissendes Raunen, dass ja jetzt wieder der Mars die Sonne kreuzt beim Sternbild Soundso, dass dieser Mensch ein typischer Skorpion ist (wie ich) oder es ja nicht anders sein kann, wenn der Aszendent gerade spinnt. An Astrologie glauben so viele Menschen, dass ich mich hier nicht in die Nesseln setzen will. Es mag ja Einflüsse des Himmels auf uns geben, aber die Selffulfilling Prophecy, die sich selbst erfüllende Prophezeiung ist vielleicht des Rätsels Lösung in vielen Fällen. Hab ich's doch gesagt! Es *musste* gut oder schlecht laufen, weil die Sterne so standen! Merkwürdigerweise wurde aber niemals ein großes natürliches oder politisches Ereignis übereinstimmend von mehreren Astrologen vorausgesagt. Dass unter Millionen Aussagen und Astrostarbenutzern irgendjemand eine Andeutung gegeben hat, beweist nichts.

Da gibt es Menschen, die zögern die Geburt eines Kindes nicht aus medizinischen, sondern aus astrologischen Gründen hinaus. Andere beantragen eine andere Hausnummer, die insgesamt glücklicher mache als die bisher verteilte. Numerologie ist eine Teildisziplin der Esoterik. Wir Europäer sind da ja noch harmlos. Die umstrittenen Olympischen Spiele in Peking mit ihrer Supershow wurden am 8.8.2008 um 20.08 Uhr eröffnet, weil das besonders günstig schien. (In China gilt die 8 als Glückszahl.) Hoffentlich trifft das Glück auch für die unterdrückten Minderheiten zu und für die beiden alten Menschen, die sich vom Demonstrationsverbot nicht abhalten ließen! Vielleicht hilft da was aus dem Astroshop: der Toprenner Aqua-Auraspitze mit Kette oder ein Lichtengel, jeweils ein Unikat – für nur 49,95 Euro! Da gehen wir doch lieber in eine Supermarktkette, wo ein ganzes Esoterikset angeboten wird für je 7,99 Euro – Pendelkarten mit Lochstanzung und Metallpendel, 25 Runensteine mit Säckchen oder 78 Tarotkarten. Das dürfte auch für einen Tibetaner erschwinglich sein ...

Einige Suchtberatungsstellen beschäftigen sich inzwischen speziell auch mit der Esoteriksucht und ihren Auswirkungen. Hinter der Sucht nach obskurer Beratung über die Astrologiehotlines stecken nicht selten gravierende und dringend behandlungsbedürftige Probleme der Betroffenen, die andauern und sich verschärfen, solange der verständnisvolle Plauderer am anderen Ende der Leitung noch da ist für seine Kunden. Leidensdruck entsteht letzten Endes fast nur durch Geldmangel ...

# ARBEIT ALS SUCHT?

Zum »Tag der Arbeit« 2007 schrieb Godehard Weyerer in der *Süddeutschen Zeitung* über das nicht so seltene Phänomen der Arbeitssucht. Wieder lagen hier die Zahlen verschiedener Wissenschaftler weit auseinander. Sind es nun 200 000 oder gar – immerhin fünfmal so viel! – eine Million Menschen, die darunter leiden? Die Co-Abhängigen, die Partner und anderen Angehörigen, wie z.B. Kinder, sind sicher wieder nicht mitgezählt. Der Bremer Wirtschaftsprofessor Holger Heide hält Arbeitssucht für ein Massenphänomen, das eher im Zunehmen begriffen ist.

Dem später Süchtigen, der sich jahrelang auf den definitiven Zustand hin bewegt, sind die Ursachen und wahren Beweggründe in der Regel nicht bewusst. Dabei stellt auch die Arbeitssucht einen – letzten Endes nicht geglückten – Konfliktlösungsversuch dar, in dem und mit dem z.B. Minderwertigkeitsgefühle abgewehrt werden können, ebenso drohende Depressionen, nicht erwiderte Geborgenheitswünsche oder Entwurzelungsgefühle. In der Erziehung der verbiesterten Arbeiter spielt der Leistungsgedanke eine überdimensionierte Rolle. Das Kind wird etwa für gute Zensuren in der Schule gelobt oder für sportliche oder kreative Leistungen. Dahinter steckt oft eine Ideologie, die – heute selten ausgesprochen – die

Zeitvergeudung als Laster betrachtet (so der protestantische Philosoph Max Weber) und im Müßiggang sowieso »aller Laster Anfang«. Das sparsame und fleißige Leben wird von Gott belohnt. »Hast du denn gar nichts zu tun?«, fragte vom Balkon herunter eine entsprechend gepolte Mutter ihre ohnehin fast arbeitssüchtige (und alkoholabhängige) Tochter, die sich endlich mal ein Sonnenbad auf der Terrasse gönnen wollte ...

### *Flexibilität für wen?*

Kürzlich berichtete mir ein Patient aus einem großen Automobilwerk, dass dort das Klima in den letzten Monaten aufgrund der schlechten Geschäftslage miserabel geworden sei. Fast jeder fürchtet um seinen Arbeitsplatz. Abfindungen werden angeboten. McKinsey war wieder mal da ... Für einen erheblichen Teil der Belegschaft hat man die Arbeitszeiterfassung wieder abgeschafft, die Mittagspause willkürlich verlängert. Der Effekt: Überstundenkonten können – für die Geschäftsleitung wunschgemäß – nicht mehr aufgebaut werden. Ähnliches findet in vielen Firmen statt, sogar in Behörden, wo man früher sprichwörtlich einen gemütlichen Büroschlaf einlegen konnte.

Wo Managementstrategen von individualisierten Arbeitsbeziehungen sprechen, von »Vertrauensarbeitszeiten« und dem Dezentralisieren von Verantwortung, geht es in Wirklichkeit um die Verdichtung von Arbeit und die Ausweitung von Arbeitszeiten. Soziale Errungenschaften, für die Gewerkschaften Jahrzehnte gekämpft haben, werden unter schönen Worten wieder heimlich abgeschafft. Der Mensch, der Arbeiter, hat einen großen Nachteil: Er kostet Geld, zu viel Geld ... Hat man die Vergünstigungen, Arbeitszeitverkürzungen, Urlaube etc. einige Jahre deutlich überzogen, so geht die Tendenz jetzt wieder exakt in die andere Richtung.

### *Ein guter Nährboden für Arbeitssucht*

Im Bereich der Alkoholherstellung und -verteilung gibt und gab es immer schon vermehrt Menschen, die in die Alkoholabhängigkeit gerieten. Verfügbarkeit und Griffnähe sind wie immer die Zauberwörter. Unter den jetzigen Bedingungen der Arbeitswelt, die sich durch die Finanzkrise noch wesentlich verschärfen wird, finden sich für immer mehr Menschen beste Vorbedingungen, eine Tendenz zur Arbeitssucht letzten Endes auch zum Vollbild werden zu lassen.

Einige meiner Schulkollegen ziehen sich schon langsam aus dem Arbeitsleben zurück. Einer, der es in einer bekannten Bank bis ganz oben geschafft hatte, geht lieber bei weit geringeren Bezügen einige Jahre früher in Rente, als »sich noch mal von einem arbeitswütigen jung-dynamischen Aufsteiger herumkommandieren zu lassen«. Für den müssen Familie und Hobbys warten, sogar die eigene Gesundheit wird gnadenlos aufs Spiel gesetzt.

### *Burn-out*

Über die Hälfte der Arbeitssüchtigen ist gleichzeitig vom Prozess des Ausbrennens betroffen – oder sie sind schon ausgebrannt. Das ist so leicht dahingesagt, aber vielleicht haben Sie schon mal ein ausgebranntes Haus gesehen, von außen und von innen? Das ist ganz schrecklich und keineswegs ein harmloser Vergleich: Wo vor Kurzem noch das blühende Leben laut und farbig stattgefunden hat, ist jetzt alles zerstört. Was sich Menschen über Jahre aufgebaut, liebevoll gesammelt und zusammengestellt haben, liegt in Trümmern. Nur gut, wenn es wenigstens keine Verletzten oder Todesopfer gegeben hat ... Stellen Sie sich also genau diese Atmosphäre der Lähmung und

des Entsetzens vor, wenn Sie an Burn-out denken! Das Modewort wird so locker ausgesprochen ...

Burn-out ist – dazu habe ich 2003 mein Buch *Das Anti-Burnout-Erfolgsprogramm* geschrieben – die Verbindung von psychischer und körperlicher Erschöpfung, Negativismus und Zynismus sich selbst, den Mitmenschen und der eigenen Arbeit gegenüber sowie einer Ineffektivität, denn die frische Schaffenskraft ist über die Jahre längst abhandengekommen. Inzwischen werden dem Burn-out-Syndrom über hundert Symptome zugeordnet, körperlicher wie psychischer Art bis hin zu Hörsturz, Schlaganfall und Herzinfarkt. Wenige Autoren haben in den mittlerweile zahlreichen Büchern das Thema der Suchtentwicklung bei Burn-out ernst genommen. Dabei ist es nahe liegend, dass wir versuchen, verletzte Gefühle mit allen, auch ungesunden Mitteln zu heilen. Man gönnt sich ja (neben der Arbeit!) sonst nichts! Also der Griff zum Alkohol, zu Schmerz- oder Beruhigungsmitteln, Drogen aller Art, Kaffee, Sex, Internet usw.

Arbeitssucht führt zu Burn-out, umgekehrt führt Burn-out vielleicht auch zur Arbeitssucht. Wie immer bei der Sucht kommen verschiedene Bedingungen zusammen im Suchtdreieck: Es ist der Mensch mit seinen angeborenen und in der Erziehung erworbenen Eigenschaften, der sich die passende Droge sucht, am besten gleich mehrere. Und diese wirken dann wieder auf ihn zurück. Der Arbeitsplatz spielt an der dritten Ecke eine ganz entscheidende Rolle: Wir benötigen Geld als Lebensmittel. Folglich müssen wir uns den Bedingungen unterwerfen, die am jeweiligen Arbeitsplatz gegeben sind – und sich, wie wir gesehen haben, ziemlich schnell ändern können. Es heißt mitmachen oder bald wieder gehen. Firmen tun sich mittelfristig sicher keinen Gefallen, wenn sie ihre Mitarbeiter zu sehr ausbeuten. Aber die meisten Manager benötigen schnelle Erfolge, vorzeigbare Zahlen. Wenn sie schon selbst arbeitssüchtig sind oder es werden, sollen doch möglichst viele motivierte Mitarbeiter am gleichen Strang ziehen, ohne Rücksicht auf Verluste, einer Formulierung aus der Militärstrategie ...

Bevor wir nun weiter theoretisieren, schauen Sie anhand des folgenden Fragebogens doch mal, ob Sie selbst betroffen sind – oder jemand aus Ihrer Umgebung!

## Fragebogen über süchtiges Arbeiten

Sind Sie arbeitssüchtig? – Mit diesem Fragebogen können Sie Ihre Anfälligkeit für Arbeitssucht testen. Beantworten Sie jede Frage mit »Ja« oder »Nein«.

| | Ja | Nein |
|---|---|---|
| 1. Arbeiten Sie heimlich? (Zum Beispiel in der Freizeit, im Urlaub?) | ☐ | ☐ |
| 2. Denken Sie häufig an Ihre Arbeit? (Etwa, wenn Sie nicht schlafen können?) | ☐ | ☐ |
| 3. Arbeiten Sie hastig? | ☐ | ☐ |
| 4. Haben Sie wegen Ihrer Arbeit Schuldgefühle? | ☐ | ☐ |
| 5. Vermeiden Sie in Gesprächen Anspielungen auf Ihre Überarbeitung? | ☐ | ☐ |
| 6. Haben Sie mit Beginn der Arbeit ein unwiderstehliches Verlangen, weiterzuarbeiten? | ☐ | ☐ |
| 7. Gebrauchen Sie Ausreden, weshalb Sie arbeiten? | ☐ | ☐ |
| 8. Zeigen Sie ein besonders unduldsames, aggressives Benehmen gegen die Umwelt? | ☐ | ☐ |
| 9. Versuchen Sie periodenweise, nicht zu arbeiten? | ☐ | ☐ |
| 10. Neigen Sie zu innerer Zerknirschung und dauernden Schuldgefühlen wegen des Arbeitens? | ☐ | ☐ |
| 11. Haben Sie versucht, sich an ein Arbeitssystem zu halten, etwa nur zu bestimmten Zeiten zu arbeiten? | ☐ | ☐ |
| 12. Haben Sie häufiger den Arbeitsplatz oder das Arbeitsgebiet gewechselt? | ☐ | ☐ |
| 13. Richten Sie Ihren gesamten Lebensstil auf die Arbeit ein? | ☐ | ☐ |
| 14. Zeigen Sie auffallendes Selbstmitleid? | ☐ | ☐ |
| 15. Haben Sie bemerkt, dass Sie sich außer für Ihre Arbeit für nichts mehr interessieren? | ☐ | ☐ |
| 16. Haben sich Änderungen im Familienleben ergeben? | ☐ | ☐ |
| 17. Neigen Sie dazu, sich einen Vorrat an Arbeit zu sichern? | ☐ | ☐ |

| | | | |
|---|---|---|---|
| 18. | Vernachlässigen Sie Ihre Ernährung? | ☐ | ☐ |
| 19. | Arbeiten Sie regelmäßig am Abend? | ☐ | ☐ |
| 20. | Haben Sie mitunter Tag und Nacht hintereinander gearbeitet? | ☐ | ☐ |
| 21. | Beobachten Sie einen moralischen Abbau an sich selbst? | ☐ | ☐ |
| 22. | Führen Sie Arbeiten aus, die eigentlich unter Ihrem Niveau sind? | ☐ | ☐ |
| 23. | Wurden Ihre Arbeitsleistungen geringer? | ☐ | ☐ |
| 24. | Wurde Ihnen das Arbeiten zum Zwang? | ☐ | ☐ |
| 25. | Wurden Sie wegen Folgekrankheiten der Arbeitssucht in ein Krankenhaus aufgenommen? | ☐ | ☐ |

Wer fünf dieser Fragen mit »Ja« beantwortet, ist zumindest suchtgefährdet. Wer mehr als zehn Fragen mit »Ja« beantwortet, ist mit ziemlicher Sicherheit arbeitssüchtig. Dem Suchtkranken kann geholfen werden. Voraussetzung ist, dass er sich seiner Arbeitssucht bewusst ist und sie als behandelbare Krankheit anerkennt.

(Nach: Jörg Fengler: *Süchtige und Tüchtige. Begegnung und Arbeit mit Abhängigen*, München: Pfeiffer 1994, S. 370 f.)

Es geht auch bei Arbeitssucht immer um Kontrolle und Kontrollverlust, um die Mengen, die das Gift machen, um heimliches Arbeiten, Vorratshaltung, Entzugserscheinungen (auch als Sonntagsneurose beschrieben ...), letzten Endes um Gefühle wie Ärger, Scham und Schuldgefühle.

In Japan sieht man Arbeitssucht als »Karoshi« – auch nicht unumstritten – geradezu als Todesursache. Laut dem oben zitierten Wirtschaftsprofessor Holger Heide führt Arbeitssucht zu zahlreichen Symptomen, wie wir sie auch aus anderer Perspektive vom Burn-out kennen: Herz-Kreislauf-Probleme, Schlafstörungen, Rückenprobleme, Suchttendenzen, vor allem zum Alkohol. Systematisch vom System geförderte und von den Gefährdeten bereitwillig, dann süchtig erbrachte Über-Leistung kann zur Verzweiflung und zum Suizid führen, der von den betroffenen Firmen gerne verheimlicht wird. Ein Designer bei Renault sprang nach einer kritischen Sitzung aus dem fünften Stock, ein anderer Mitarbeiter ertränkte sich in einem Teich auf dem Firmengelände. Abschiedsbriefe und Berichte der Angehörigen deuten auf den hier relevanten Zusammenhang.

Laurent Vogel, Fachmann für Arbeitsgesundheit beim Europäischen Gewerkschaftsinstitut in Brüssel: »Suizide am Arbeitsplatz gibt es überall in Europa. Nur sind sie erstens ein gesellschaftliches Tabu. Und zweitens werden sie von den Unternehmen verschwiegen, weil sie deren Streben nach immer höherer Produktivität infrage stellen.« Dazu Professor Dietrich Sauer von der Bundeswehruniversität in München: »Mir erzählen viele Betriebsräte: Das gibt's bei uns auch.« Sauers Kollege vom Soziologischen Forschungsinstitut Göttingen bestätigt das und setzt noch einen drauf: »Die Arbeitswelt kennzeichnet eine wachsende Grausamkeit gegenüber dem Individuum.«

Und hier kommt unser Hauptthema der Medien wieder ins Spiel, wie es 2003 bei meinem Buch *Das Anti-Burnout-Erfolgsprogramm* noch nicht annähernd der Fall war: Am Wochenende noch mal an den PC gehen, in die Firmensoftware einloggen, Dienst-E-Mails abrufen, das Handy abhören, all das machen keineswegs nur Führungskräfte der verschiedenen Ebenen. Allein die Präsenz der Firmenfakten zu Hause im sonst geschützten Bereich der eigenen Wohnung genügt, um Stress zu erzeugen.

Ist es da verwunderlich, dass sich in nur einem Jahrzehnt die Kosten dieser Arbeitsatmosphäre fast verdoppelten mit Depressionen, Angststörungen, Herzinfarkten, Hörstürzen? Die Techniker Krankenkasse hat 2006 gegenüber 2005 ein Anwachsen der Krankschreibungen um 10 % feststellen müssen. Von zweieinhalb Millionen Versicherten ließen sich 33 000 krankschreiben wegen Überforderung und ihren Folgen: Acht (!)

Millionen Arbeitstage fielen damit aus. Das sollte zu denken geben, auch unter rein ökonomischen Gesichtspunkten. Auf der einen Seite haben sich die Arbeitsbedingungen im positiven Sinne revolutioniert, soweit es um physische, also körperliche Bedingungen geht, um Schadstoffe, Staubbelastung, Gefahrenschutz usw. Auf der anderen Seite scheint es wie bei der momentanen Medizin massiv zu hapern im Bereich der psychischen Faktoren. Da besteht nicht nur aus humanitären Gründen massiver Nachholbedarf.

Noch einmal Sauer: »Das kurzfristige Quartalsdenken der Finanzmärkte schlägt auf die Arbeitsorganisation voll durch.« Mitleid ist nicht angesagt. Der Vorstandsvorsitzende Christian Streiff kündigte bei Peugeot Citroën vor Kurzem an, man wolle eine Aufholjagd gegenüber den Konkurrenten einläuten mit einer Verdreifachung der Rentabilität in vier Jahren und mit über 50 neuen Modellen. Na, dann mal los, liebe Mitarbeiter!

Man prämiert in einem Werk bei Renault Mitarbeiter, die sich drei Jahre nicht krankschreiben ließen. Froh können diejenigen natürlich sein, aber die Extra-Belohnung ist sicher nicht erforderlich und ein falsches Signal. (Ich selbst habe gerade mein 30. Dienstjubiläum als Arzt hinter mir. Gewiss bin ich stolz, nur drei Tage ausgefallen zu sein. Aber ein bisschen mehr hätte ich mir wahrscheinlich gönnen sollen und können. Früh geprägt wird man als Arzt schon: In den ersten acht Monaten meiner Tätigkeit in einem Kreiskrankenhaus in der Hopfengegend genau 1 000 Überstunden ...)

### *Die Auswüchse eines Systems*

Vor Jahren hat man sich noch lustig gemacht über die ehrgeizigen und allzu oft menschenverachtenden Fünfjahrespläne in der Sowjetunion und die Vergabe von Medaillen an »Helden der Arbeit« dort und in der DDR mit einer sagenhaften Übererfüllung des Solls.

Ein bekannter Gelassenheitsspruch besagt, wir sollten die Dinge/Bedingungen/Menschen akzeptieren, die wir nicht ändern können, aber auch den Mut haben, die Dinge zu ändern, die wir ändern können. Bei meiner Arbeit mit Arbeitssüchtigen, Stress- bzw. Burn-out-Geschädigten gehen wir systematisch immer beide Seiten der Geschichte an, die individuellen Motive und Hintergründe wie die konkreten Arbeitsbedingungen. Es kann natürlich wesentlich helfen, die Anforderungen psychisch anders zu verarbeiten und die Verantwortung für die Psychohygiene selbst zu übernehmen, solange Unternehmen so wenig dafür tun. In relativ vielen Fällen haben sich Betroffene aber auch nach neuen Arbeitsplätzen umgeschaut, da sie keine gesunde Zukunft am alten mehr sahen. Mit der Unterstützung der Psychotherapie war das in der Regel ein voller Erfolg, zumal sie am neuen Ort gleich zu Beginn für sich innerlich und äußerlich versuchten, klare und gesündere Strategien zu entwickeln.

## *Arbeiten, um zu leben!<br>Oder leben, um zu arbeiten?*

Arbeitswütige Chefs, ob nun Rechtsanwälte, Ärzte, Manager, Handwerksmeister, Politiker, Professoren etc. legen viel Wert darauf, dass niemand ihr Verhalten für krankhaft hält. Sie strukturieren die Arbeit so, dass alle anderen mitziehen bzw. mitziehen müssen. Manchmal verbreiten sie viel Charisma, verkünden höhere Ziele (s. oben) und pressen so maximale Leistungen aus den MitarbeiterInnen heraus. Wehe, jemand äußert Zweifel oder macht ein missmutiges Gesicht!

### *Glanz und Elend eines Lebensstiles*

In einer süchtigen und narzisstischen Gesellschaft ist Arbeitssucht geradezu anerkannt, wird bewundert und gefördert. Augenzwinkernd bekennt man sich dazu. Wie bei jeder Sucht sind es erst die Spätfolgen, die in die Therapie führen, leider allzu oft nur in die körperlichen Reparaturwerkstätten ... Wie Alkoholiker (die sie allzu oft gleichzeitig sind) versuchen Arbeitssüchtige, mit dem Hinweis auf ein letztes wichtiges Projekt noch eine Frist zu bekommen, diese oder jene Beförderung zu erreichen, diesen Jahresbonus einzustreichen, die Familie vor dem Ruin zu bewahren, das Haus zu retten, ein neues Auto anzuschaffen – und dann wird sich alles ändern. »Morgen, ja morgen fange ich ein neues Leben an!«

### *Die Arbeit als große Mutter*

Die Arbeit kann man deuten als eine Mutter mit mehr oder minder großen und ergiebigen Brüsten. Sie ernährt, kann aber auch strafen und die Nahrung verweigern ... Man sollte sich gut mit ihr stellen. *Die* Klinik, *die* Firma, *die* Schule, *die* Behörde – alles zufällig weiblich? Die große Mutter ist bei vielen Betroffenen unbewusst, verinnerlicht in ihrem Über-Ich in einer strengen, manchmal sadistischen Form. Lob gibt oder gab es nur für Leistungen, nicht für den Menschen an sich. Die innere Stimme »Du bist nicht gut genug!« kann zum Lebensmotto werden. Manche Arbeitssüchtige stehen am Höhepunkt ihrer Karriere, wo sie Mutter und Vater endlich bewiesen haben, dass sie doch etwas wert sind, gleichzeitig vor den Trümmern ihrer Gesundheit und ihrer sozialen Beziehungen.

## *Genesung*

Genesung beginnt im Kopf mit der Einsicht und, wenn man so will, der Kapitulation. Ich schaffe es nicht mehr, die Arbeit schafft mich. Wenn ich so weitermache, lebe ich nicht mehr lange ...

Der genesende Arbeitssüchtige muss wieder anfangen, sich selbst und anderen etwas außerhalb der Arbeit zu gönnen. Absolute Pausen sind einzuhalten, kein Computer darf im Hintergrund surren mit einem angefangenen Projekt oder einem Manuskript oder einer Bilanz. Das Handy ist ausgeschaltet. Ein sehr sympathischer Kollege empfahl in einem Buch über arbeitssuchtgefährdete Helfer eine Beschwörungsformel zur Niederlegung der Arbeit – und gab gleichzeitig seine eigene Telefonnummer an ...

Musik kann helfen, Entspannungsmethoden, Meditation, eigene Kreativität aller Art. Wichtig ist Gedanken-*Stille*. Ein berühmter Dirigent sagte vor Kurzem im Radio: »Bei Musik darf nicht gesprochen worden. Endlich mal Schluss mit den Tausenden von Worten jeden Tag!« Gleichzeitig ist Musik für ihn »Ordnung«. Neulich konnte ich einen begeisterten Unternehmer aus der Stunde entlassen, der sofort die Idee umsetzen wollte, sein Schlagzeug wiederzubeleben. Trotz allen Erfolgs war er nicht mehr glücklich, konnte nicht mal einen Cappuccino in Ruhe genießen, da ihm ständig die Firma durch den Kopf ging. Nur mit Mühe konnte er zuhören, wenn seine Frau ihn anredete mit ach so trivialen Themen ...

Arbeit kann wunderschön sein. Sie kann wie die Liebe und das Wissen unser Leben positiv bestimmen. Aber mit der Übertreibung kommen wir davon ab, dass die Arbeit uns zwar das Lebensmittel Geld bringen muss, aber uns nicht zerstören darf. Und, nicht zu vergessen: Die wichtigsten Dinge im Leben sind sogar umsonst!

# TABAK UND DIE FOLGEN:

## *Die größte Gesundheitskatastrophe der Menschheitsgeschichte*

Die Pflanze, die von den Matrosen eines gewissen Christophorus Columbus nach Europa gebracht wurde, hatte und hat einen ungeheuren Einfluss auf unsere Kultur und unsere Gesellschaft. Erst war der Tabak eine Sache der Reichen und Einflussreichen, so wie vielleicht heute das Kokain. Später drang er in das gemeine Volk ein, was dazu führte, dass die Tabaksteuer eingeführt wurde, über die der Staat seitdem kräftig kassiert.

Der erste Welt-Tabak-Bericht der WHO erfasst nahezu die gesamte Menschheit: 99 % aller Menschen. 179 Länder haben ihre Zahlen dazu beigetragen (hoffentlich ehrlich und korrekt, bei Drogen ist das so eine Sache ...). Fazit: »Tabak entwickelt sich zu einer der größten Gesundheitskatastrophen der Menschheitsgeschichte. Wir müssen jetzt handeln, um die weltweite Tabakepidemie einzudämmen.« Alle sechs Sekunden stirbt irgendwo auf der Welt ein Mensch an den Folgen des Tabakkonsums. Zählen wir: – eins, zwei, drei, vier, fünf – tot. Leicht zu merken: Im 20. Jahrhundert hat das Rauchen 100 (!)

Millionen Menschen getötet. 2008 sind es allein ca. 5 Millionen, mehr als bei Tuberkulose (»Schwindsucht«), Aids und Malaria zusammen. Hochgerechnet auf das gesamte 21. Jahrhundert, dessen Ende wir (fast) alle nicht mehr erleben werden, sind es, wiederum leicht zu merken, womöglich eine Milliarde Menschen. Die Tabakepidemie hat also gerade erst begonnen.

Die Pestepidemien waren nicht zu verhindern und haben ganze Länder und Kontinente heimgesucht. Jetzt geht es – wie bei den Umweltkatastrophen, zu denen es auch sonst viele Parallelen gibt – um ein vom Menschen selbst fabriziertes Unheil. Wie stark muss der Stoff sein in seiner Wirkung auf die Gehirne und die Gefühle, dass er Derartiges anrichten kann wider besseres Wissen! Aber es scheint ja nicht so wichtig zu sein: 41 der 179 von der WHO aufgelisteten Länder führen erst gar keine Statistik über den Tabakkonsum in der Bevölkerung.

Im Jahre 2030 werden mehr als 80 % der Tabaktoten aus den Entwicklungsländern kommen. Und ein Trend gibt zusätzlich zu denken: Frauen rauchen immer mehr, gefördert von einer gezielten Werbung. In vielen Ländern rauchen die Mädchen schon genauso viel wie die Jungen.

### *Legal, illegal, ganz egal*

Würde heute der Tabak erneut auf dem Prüfstand stehen mit der Fragestellung einer Legalisierung, gäbe es wahrscheinlich einen – völlig berechtigten – Aufstand aller für die Gesundheit Verantwortlichen. Aber so? Jeder zweite Konsument von Tabak stirbt letzten Endes an den direkten oder indirekten Folgen seines Suchtmittels. Jahrzehntelang hat uns die Tabakindustrie – Drogenhandel im Nadelstreifen – in die Irre geführt. Sie besitzt seit fast einem halben Jahrhundert allerbeste fundierte wissenschaftliche Aussagen über die Schädlichkeit des Tabaks und seiner über 200 verschiedenen Inhaltsstoffe. Inzwischen gibt es nach langer Zeit Zugang zu den geheimen Unterlagen der Industrie und ihrer Handlanger, erst in den USA während der Ära Clinton, seit 1998 auch bei uns.

Die Zahl der Raucher ist – arme Zigarettenindustrie! – in Deutschland Gott sei Dank deutlich zurückgegangen, zumindest bei den Männern von 83 % 1955 auf jetzt 35 %. Bei den Frauen hatte die Emanzipation auch negative Folgen: Der Anteil der Raucherinnen stieg von 21 % 1955 auf immerhin 29 % bis 1975, um 2007 wieder auf 24 % abzusinken. Über die Zahl der Toten gibt es natürlich eine heftige Auseinandersetzung. Unbestritten sind es pro Jahr über 140 000, das heißt pro Tag so viele, wie in einen Airbus passen!

Übertragen auf die Luftfahrt, würde heute bei einem täglichen Flugzeugabsturz kein Flugzeug mehr starten. Aber es geht ja nur um den stillen und grausamen Tod von Menschen, die monatelang um ihre Existenz kämpfen, um dann definitiv zu unterliegen, begleitet und beobachtet von Angehörigen und Freunden. Davon wollen die Drogenbosse von Reemtsma, Philip Morris etc. natürlich nichts wissen. Man sollte ihnen wünschen, sie kämen selbst in die Lage der Betroffenen! Und wenn es »nur« um die Zahl der Krebstoten ginge: 30 249 Männer und 12 099 Frauen starben 2007 hierzulande an Lungen-, Kehlkopf- oder Luftröhrenkrebs (die besonders stark mit Tabakkonsum zusammenhängen). Dabei sind die Todesfälle durch Gefäßereignisse wie Herzinfarkt und Schlaganfall oder Gefäßverschlüsse in den Beinen usw. nicht mitgezählt. Damit kämen wir auf die oben genannte Zahl.

Als Prävention sollte man in Schulen nicht so viel auf Information setzen, sondern neben einem klaren Verbot auf dem Schulgelände Nachtwachen ermöglichen im Krankenhaus am Bett z.B. sterbender Lungenkrebskranker. Wer wie der Verfasser die letzten Stunden eines Bruders miterleben konnte/musste, wird nachvollziehen können, wie das gemeint ist. Nur Informationen, die von der Gehirnrinde bis zu den Tiefen des Gehirns vordringen, wo es um Gefühle und vegetative Reaktionen geht, werden auch wirksam.

Momentan rauchen wir in Deutschland pro Jahr 1 333 Zigaretten pro Person, Babys und Greise mitgerechnet. Beteiligen Sie sich an den rund 70 Schachteln? Und Sie kennen auch noch viele, die nicht rauchen? Das müssen dann die andern alle mitrauchen, auch den Anteil der Babys und den der Exraucher ...

## *Verqualmter Blick*

Unter dieser Überschrift fasste die *Süddeutsche Zeitung* einen Skandal zusammen, der bestens zur Politik der Tabakindustrie passt, aber auch zu politischen Institutionen, die sich nicht zu schade sind, einen »Experten« anzuhören, der jahrzehntelang gezielt Desinformation unter dem Mantel von Wissenschaft und Forschung betrieben hat. Das Rauchverbot hat natürlich die Tabakmafia aufgeschreckt. Man klagt nun vor dem Verfassungsgericht gegen das nach langem Kampf durchgesetzte Rauchverbot in Gaststätten, Bars usw. (in Bayern z.B. inzwischen schon wieder aufgelockert!). Der Schaden nicht nur durch Aktiv-, sondern auch durch Passivrauchen ist längst bestens belegt. Aber eine Lobby gibt bei einem Millionengeschäft nicht so schnell auf.

Es geht um den Fall eines gewissen Gerhard Scherer, Biochemiker, der sich nicht schämt, vor dem Bundesverfassungsgericht auszusagen, Passivrauchen in Gaststätten schade praktisch nicht (*Süddeutsche Zeitung* vom 14./15.6.2008). Der angebliche Forscher leitet seit 1988, also seit über 20 Jahren, das Analytisch-biologische Forschungslabor ABF in München.

Dieses war eine Einrichtung des Verbandes der Cigarettenindustrie (VdC). Deren Ruf war allerdings so ruiniert, dass man es 2002 zu einer GmbH (bei Juristen auch als »Glücksspiel mit begrenzter Haftung« tituliert) umbenannte. Sachlich – den Begriff Forschung sollte man wohl vermeiden – hat sich natürlich nichts geändert. 1980, bei der Gründung des ABF, gab es einen klaren Auftrag, nämlich zur »Erhaltung der sozialen Akzeptanz des Rauchens« beizutragen. Es geht um eine umfassende Vernebelungsstrategie, die bis vor Kurzem auch Erfolg hatte. Nur Pech, dass die Herrschaften ihre Archive öffnen mussten. Auf immerhin 40 Millionen (!) Seiten war geheim dokumentiert, was man wollte: »Die Stoßrichtung der Forschung ist es vornehmlich, wissenschaftliche und politische Meinungen und Entwicklungen in Deutschland zu beeinflussen.«

Dr. Scherer wird seine interessengesteuerte Arbeit gut bezahlt bekommen, vielleicht sogar seine Habilitation zum Thema Passivrauchen. Dort würden sich, frohlockte die Tabakindustrie bzw. der VdC, »keine Resultate ... finden, welche nicht Teil eines offiziellen VdC-Projekts waren«. Die Strategie der Tabakindustrie ging auf. In kaum einem Land hat sie einen so starken Einfluss auf die Politik nehmen können wie in Deutschland. Man schickte sogar Dankesschreiben an den Kanzler Helmut Kohl ...

Was nützte es, dass z.B. der »Ärztliche Arbeitskreis Rauchen und Gesundheit« seit Jahren auf die skandalöse Tatsache hingewiesen hat, dass sich nicht wenige aus der deutschen Medizinerelite von der Tabakindustrie bezahlen ließen für dubiose Tätigkeiten, die mit »freier« Forschung wohl wenig zu tun hatten? Aber wer nimmt nicht gerne neben einem Professorengehalt einige Extrazahlungen mit ...

## *Tabakabhängigkeit, die stärkste Sucht!*

Bei kaum einem Stoff gibt es eine vergleichbare Suchtpotenz wie beim Tabak, vielleicht noch am ehesten beim Heroin oder Kokain, Substanzen, die ja interessanterweise mal legal waren! Wie kann man einen derartigen Zusammenhang begründen? Ganz einfach: Bei keinem Stoff gibt es so viele, die den Konsum aufgeben wollen – und so wenige, die es schaffen. Jeder Raucher weiß, dass er sich im Marlboro Country auf gefährlichem Gebiet befindet. Trotzdem schafft es von den zwei Dritteln (!), die unbedingt aufhören wollen, bei systematischer Therapie gerade mal jeder Dritte, vom Rauchen wegzukommen und nach vielen Jahren sein Gesundheitsrisiko einigermaßen zu normalisieren. Trotz steigender Kosten und täglicher Erinnerung an die schädlichen Folgen (der »Morgengruß« des Rauchers mit bitterem Aufstoßen und Räuspern wegen der Verschleimung) können also viele nicht aufhören. Sollten sie (vielleicht *Sie*!?) warten bis zur Diagnose Lungenkrebs: Vergessen Sie es! Sie dürfen bei Mitteilung der Diagnose ruhig weiterrauchen, da sie den Jahrestag der schrecklichen Botschaft sowieso nicht mehr erleben ...

## *Die »Schmauchlümmel«*

Unser Nationaldichter Johann Wolfgang von Goethe war wahrscheinlich Alkoholiker mit einem Konsum von zwei bis drei Flaschen Wein pro Tag. Ihm selbst hat es nicht so sehr geschadet, umso mehr seinem spät angetrauten »Bettschatz« Christiane Vulpius. Mit 51 verstarb sie erbärmlich an den Folgen des Alkoholismus, alleingelassen von ihrem feigen Ehemann. Und es traf auch den Sohn des großen Dichters, der schon mit 41 aufgrund seines Saufens verstarb, ausgerechnet in

Rom, wo er dann auch noch in dem eigentlich für den Vater vorgesehenen Grab beigesetzt wurde. Goethe fand es im Übrigen witzig, seine Enkelkinder unter Alkohol zu setzen, die daraufhin im Zimmer herumtorkelten.

Was Goethe aber nun gar nicht mochte, war das damals immer populärer werdende Rauchen. Hätte er nur geahnt, wie viele seiner SchriftstellerkollegInnen nicht nur dem Alkohol, sondern auch der Kombination mit dem Tabak zum Opfer fallen! Er fand die Wortneuschöpfung »Schmauchlümmel« für die Raucher: »Auch liegt im Rauchen eine arge Unhöflichkeit (und Gesundheitsgefährdung, H.K.), eine impertinente Ungeselligkeit.« Das sehen die Raucher natürlich ganz anders. Sie schaffen eine gemütliche Runde, zu der sich manche auch gesellen, weil die Raucher angeblich die interessanteren Menschen seien.

## *Die stille Sucht*

In unserer Praxis fragen wir systematisch nach allen Süchten. Dabei wird gerade das Rauchen von manchen PatientInnen für so selbstverständlich gehalten, dass sie nur so nebenbei von z.B. »ein bis zwei Schachteln« täglich sprechen. Sobald ein sozial und psychisch (nicht aber körperlich!) schädlicherer Missbrauch von Alkohol aufgegeben wird, steigt fast automatisch der Nikotinkonsum im Sinne einer Suchtverlagerung. Das müssen Therapeut wie Patient fast immer in Kauf nehmen, ohne es aus den Augen zu verlieren. Wie stark Sucht (zur Erinnerung: von »siech« = krank) das Leben beherrscht, wird oft gerade an der Verlagerung deutlich. Welche Gefühle werden beim Entzug einer Droge so stark, dass ich sie nur noch mit vermehrtem Konsum einer anderen Droge kompensieren kann? »Smoke is for fear« – Rauchen ist gut gegen Angst, könnte man frei übersetzen. Soziale Ängste, Selbstwertprobleme werden ausgeglichen mit dem gefährlichen Schnuller. Außerdem haben meine Hände was zu tun ...

Mit dem nachfolgenden Fagerström-Test können Sie Ihre Gefährdung bzw. Abhängigkeit testen.

### Fragebogen zur Nikotinabhängigkeit

(übersetzt nach Fagerström-Test for Nicotine Dependence (FTND)

1. Wann nach dem Aufwachen rauchen Sie Ihre erste Zigarette?

| | |
|---|---|
| innerhalb von 5 Min. | (3) |
| 6–30 Min. | (2) |
| 30–60 Min. | (1) |
| nach 60 Min. | (0) |

2. Fällt es Ihnen schwer, an Orten, an denen Rauchverbot besteht (z.B. Kirchen, Bücherei, Kino usw.), nicht zu rauchen?

| | |
|---|---|
| ja | (1) |
| nein | (0) |

3. Auf welche Zigarette würden Sie nicht verzichten wollen?

| | |
|---|---|
| die erste am Morgen | (1) |
| andere | (0) |

4. Wie viele Zigaretten rauchen Sie im Allgemeinen pro Tag?

| | |
|---|---|
| bis 10 | (0) |
| 11–20 | (1) |
| 21–30 | (2) |
| 31 und mehr | (3) |

5. Rauchen Sie am Morgen im Allgemeinen mehr als während des Tages?

| | |
|---|---|
| ja | (1) |
| nein | (0) |

6. Kommt es vor, dass Sie rauchen, obwohl Sie krank sind, dass Sie den Tag überwiegend im Bett verbringen müssen?

| | |
|---|---|
| ja | (1) |
| nein | (0) |

FTND-Score: zutreffende Punktwerte addieren

**Auswertung:**

| | | |
|---|---|---|
| 0–2 | Punkte: | sehr geringe Abhängigkeit |
| 3–4 | Punkte: | geringe Abhängigkeit |
| 5 | Punkte: | mittlere Abhängigkeit |
| 6–7 | Punkte: | starke Abhängigkeit |
| 8–10 | Punkte: | sehr starke Abhängigkeit |

### *Online mit der Zigarette*

Fast selbstverständlich ist der Beigebrauch von Zigaretten bei allen Formen der Onlinesucht. Ob jemand spielt, einen Kauf über eBay herbeifiebert, in einen Chat vertieft ist oder pornografische Videos schaut: Stets liegt die Zigarette parat. Manche vergessen in der Aufregung oder Erregung auch mal eine, die dann vor sich hinglimmt bis zur Auflösung in Asche ... Oder es kommt zu einem kleinen Zimmer- oder sogar Hausbrand.

Die Selbstmedikation, die Selbstbehandlung mit der Zigarette, funktioniert nach Auskunft der Betroffenen hervorragend. Raucher berichten immer wieder, gerade das Warten hätte sie »wahnsinnig« gemacht. Ein starker Ausdruck! Allerdings wissen die meisten nicht, was es wirklich heißen würde, wahnsinnig zu sein. Aber im Augenblick der Reflexion, außerhalb des Suchtgeschehens, wissen alle, was für ein Unsinn, Irrsinn es ist, dem sie sich da hingeben.

### *Die Therapie: gar nicht einfach!*

Wie oben beschrieben, sind die Ergebnisse therapeutischer Bemühungen nicht überwältigend. Aber es lohnt sich. Immerhin gibt es seit einigen Jahren auch dazu eine fundierte Forschung, verbunden vor allem mit dem Namen von Professor Anil Batra in Tübingen. Es wurden Manuale und Therapiesysteme erarbeitet, die den Ausstiegswilligen Hilfe bieten.

Nach meinen Beobachtungen bei meinen Patienten waren es oft die ganz einsamen, radikalen Entschlüsse, eines Tages mit dem Paffen aufzuhören, die zum Erfolg führten. Ohne Ersatzkaugummi, -pflaster oder Ähnliches. Einfach Schluss. Und dann jeweils 24 Stunden durchhalten.

Was ist von Psychotherapien zu halten? Im Prinzip viel, aber nicht unbedingt von den allzu abhängigen Anhängern Freuds. Sigmund Freud rauchte – wie sein Vater – extrem. Interessant und nahe liegend, dass kaum ein Freud-Schüler sich mit Sucht beschäftigt. In den Biografien werden die Süchte

Freuds – neben Tabak jahrelang Kokain! – so gut wie nicht beachtet. Eine Bemerkung zu Freuds Nikotinabhängigkeit wollte man mir aus einem Artikel unbedingt wieder entfernen ... Obwohl ich schon viele süchtige Raucher erlebt und therapiert habe, ist mir noch nie jemand begegnet, dessen Schicksal sich so extrem darstellt wie das Freuds. Der antwortete seinem Freund auf dessen Vorhaltungen: »Deinem Rauchverbot folge ich nicht, hältst du es denn für ein großes Glück, sehr lange elend zu leben?« Der Rückblick auf einen Abstinenzversuch fiel vernichtend aus: »Ich blieb komplett arbeitsunfähig, ein geschlagener Mann!« Umso erleichternder der Rückfall: »Von der ersten Zigarette an war ich arbeitsfähig und Herr meiner Stimmung, früher war die Existenz unerträglich.« Nach der Diagnose eines Gaumenkrebses lebte Freud noch 16 Jahre, nach zahllosen Operationen »ein Leben endloser Qual« (so sein Freund und Leibarzt Dr. Max Schur), um dann sein Leben mit einer Überdosis Morphium zu beenden.

In meinen Veranstaltungen frage ich immer wieder nach der Zahl der Raucher – und der der Exraucher. Erfreulicherweise werden Letztere immer zahlreicher. Ich lobe sie dann ausdrücklich, denn sie haben für ihre Gesundheit etwas getan, was in seiner Effektivität alles andere übertrifft. Und es ist ein Signal für die anderen – »Lernen am Modell« –, es selbst auch zu versuchen.

Wie schön, wenn Sie es schaffen, wie einer meiner Vorzeigepatienten, der nach dem Alkohol auch das Rauchen aufgegeben hat – und mit dem gesparten Geld wunderbare Reisen mit seiner Freundin macht. Sein Schlüsselerlebnis: Er wollte bei einer Autofahrt lässig die Kippe entsorgen, da der Aschenbecher schon voll war. Also öffnete er das Fenster auf seiner Seite und warf den brennenden Stummel hinaus. Leider hatte der Fahrtwind etwas dagegen: Die Kippe kam zurück ins Wageninnere, genau in den Halsausschnitt seines Hemdes ...

# ALKOHOL:

## Volksdroge Nummer eins

So wie der Ursprung des Wortes Sucht den meisten Menschen nicht bekannt ist, so wissen eher noch weniger, woher denn das Wort Alkohol stammt, das weder aus dem Lateinischen noch aus dem Griechischen kommt. Nein, wir haben es mit dem wohl einzigen arabischen Wort in unserer Sprache zu tun – und das ist gleich von derart überragender Bedeutung! Ohne Übertreibung: Wir leben in einer alkoholischen Gesellschaft. Ergänzt wird das Ganze durch zwei weitere wichtige A: Auto und Atom. Diese beiden A haben jetzt gewaltige Probleme bekommen. Man wird sehen, wie es ausgeht. Unbegrenzte Energie durch Atom, unbegrenzte Freiheit im Auto (vielleicht noch mit dem Geschmack von Freiheit und Abenteuer in Form einer Zigarette am Steuer) und unbegrenzter Rausch – das hat alles seine Tücken.

Um den emotionalen Rahmen zu verdeutlichen, den der Alkohol schafft, bringe ich zu Beginn meiner Vorträge gerne zwei Zitate, das eine aus dem glänzenden Essay von Jürgen Neffe »Gestatten, mein Name ist Alkohol!«:

»Leise schleich ich durch die Kehlen in die Seelen, ins Gemüt, lasse lachen, grübeln, prügeln, dirigiere Mut und Wut.

Heimlich herrsch ich über Liebe, über Kriege, Glück und Hass, Menschen zwischen Wohl und Wehe, Körper zwischen Lust und Last. Ob ihr dichtet oder dämmert, ob ihr feiert oder weint, nach meinem Bild habt ihr die Welt erschaffen, ich bin der Geist, der euch erfüllt ...

Außer als Nahrungsmittel, als Appetitanreger und Durstlöscher diene ich als Schlaf- und Betäubungsmittel, als Angstlöser und Mutmacher, ja als Medium für menschliches Miteinander schlechthin. Unter ihnen, den Menschen, habe ich daher sehr viele Freunde und ungezählte Liebhaber. Deren Liebe kann so selbstlos sein, dass manche von Abhängigkeit reden, ja sogar davon, sie seien mir verfallen. Ein paar Feinde habe ich auch – die meisten waren meine besten Freunde, bevor sie von mir ließen. Und viele Abtrünnige kehren reumütig zurück in meine Arme. Das ist auch nicht sonderlich schwierig, gelte ich doch unter meinesgleichen als leicht erschwinglich und jederzeit verfügbar. Ich bin omnipräsent (überall vorhanden), fühle mich omnipotent (allmächtig), sehe alles, höre alles und mach mir meinen Reim darauf.«

Dazu passt der irische Spruch: »Die Realität ist eine Halluzination, die durch einen Mangel an Alkohol hervorgerufen wird.«

## *Ein Ministerpräsident verplappert sich*

Wahrscheinlich wollte sich Herr Dr. Beckstein beim trinkenden Wählervolk beliebt machen, als er doch allen Ernstes meinte, ein gestandenes Mannsbild (das natürlich CSU wählen soll) könnte auch noch nach zwei Maß Bier Auto fahren. Kann man schon, manche jedenfalls. Aber vielleicht sollte auch ein (ehemaliger) Ministerpräsident wissen, dass die kritische Grenze inzwischen schon bei 0,3 Promille anfängt, nicht mehr wie vor Jahren bei 1,2, bundesweit in mehreren Etappen durchgesetzt gegen den erbitterten Widerstand des Freistaats Bayern, der den Untergang der Gastronomie fürchtete.

Wären Sie doch, Herr Dr. Beckstein, damals in eines meiner Seminare in der Staatskanzlei gekommen, noch zu Stoibers Zeiten. Mehrere Ihrer früheren Minister waren dort und haben viel über Sucht und Co-Abhängigkeit am Arbeitsplatz gelernt, auch über die Alkoholuhr, die besagt, dass man nach einem richtigen Rausch bei einem Abbau von allenfalls 0,1 bis 0,2 Promille pro Stunde am nächsten Morgen nicht unbedingt zur Arbeit fahren sollte.

Alkoholkontrollen im Straßenverkehr haben hier (im Gegensatz zu großen, teuren Plakaten am Straßenrand mit originellen Sprüchen) eine hohe Wirksamkeit im Sinne von Prävention. Laut *Jahrbuch Sucht 2008* der Deutschen Hauptstelle für Suchtfragen (DHS) ist die Zahl der Unfälle unter Alkoholeinfluss (genauer: der ermittelten!) in nur zehn Jahren zurückgegangen von 34 468 auf 20 685. Die Zahl der Getöteten hat sich mehr als halbiert – von 1 472 im Jahr 1996 auf 599 in 2006! Die mittlere Blutalkoholkonzentration (BAK) der Täter, 80 % Männer, hat sich jedoch auf dem hohen Niveau von 1,62 Promille über die Jahre gehalten.

### Beeindruckende Zahlen

Da der Übergang vom Missbrauch zur Abhängigkeit dem Medium entsprechend fließend ist, sind die dazu angegebenen Zahlen je nach Berechnung unterschiedlich. Ausgeprägte Formen des Alkoholismus mit Kontrollverlust und Entzugserscheinungen, mit sozialen, psychischen und körperlichen Folgeerkrankungen sind natürlich einfach zu identifizieren. Ihre persönliche Alkoholgefährdung können Sie anhand des folgenden Kurzfragebogens für Alkoholgefährdete (KfA) testen.

## Kurzfragebogen für Alkoholgefährdete (KfA)

| | | Ja | Nein |
|---|---|---|---|
| 1. | Leiden Sie in letzter Zeit häufiger an Zittern der Hände? | ☐ | ☐ |
| 2. | Leiden Sie in letzter Zeit häufiger an einem Würgegefühl (Brechreiz), besonders morgens? | ☐ | ☐ |
| 3. | Wird das Zittern und der morgendliche Brechreiz besser, wenn Sie etwas Alkohol trinken? | ☐ | ☐ |
| 4. | Leiden Sie in letzter Zeit an starker Nervosität? | ☐ | ☐ |
| 5. | Haben Sie in Zeiten erhöhten Alkoholkonsums weniger gegessen? | ☐ | ☐ |
| 6. | Hatten Sie in letzter Zeit öfters Schlafstörungen oder Albträume? | ☐ | ☐ |
| 7. | Fühlen Sie sich ohne Alkohol gespannt und unruhig? | ☐ | ☐ |
| 8. | Haben Sie nach den ersten Gläsern ein unwiderstehliches Verlangen, weiterzutrinken? | ☐ | ☐ |
| 9. | Leiden Sie an Gedächtnislücken nach starkem Trinken? | ☐ | ☐ |
| 10. | Vertragen Sie zurzeit weniger Alkohol als früher? | ☐ | ☐ |
| 11. | Haben Sie nach dem Trinken schon einmal Gewissensbisse (Schuldgefühle) empfunden? | ☐ | ☐ |
| 12. | Haben Sie ein Trinksystem versucht (z.B. nicht vor bestimmten Zeiten zu trinken)? | ☐ | ☐ |
| 13. | Bringt Ihr Beruf Alkoholtrinken mit sich? | ☐ | ☐ |
| 14. | Hat man Ihnen an einer Arbeitsstelle schon einmal Vorhaltungen wegen Ihres Alkoholtrinkens gemacht? | ☐ | ☐ |
| 15. | Sind Sie weniger tüchtig, seitdem Sie trinken? | ☐ | ☐ |
| 16. | Trinken Sie gerne und regelmäßig ein Gläschen Alkohol, wenn Sie alleine sind? | ☐ | ☐ |
| 17. | Haben Sie einen Kreis von Freunden und Bekannten, in dem viel getrunken wird? | ☐ | ☐ |
| 18. | Fühlen Sie sich sicherer, selbstbewusster, wenn Sie Alkohol getrunken haben? | ☐ | ☐ |

19. Haben Sie zu Hause oder im Betrieb einen kleinen versteckten Vorrat mit alkoholischen Getränken? ☐ ☐
20. Trinken Sie Alkohol, um Stresssituationen besser bewältigen zu können oder um Ärger und Sorgen zu vergessen? ☐ ☐
21. Sind Sie und/oder Ihre Familie schon einmal wegen Ihres Trinkens in finanzielle Schwierigkeiten geraten? ☐ ☐
22. Sind Sie schon einmal wegen Fahrens unter Alkoholeinfluss mit der Polizei in Konflikt gekommen? ☐ ☐

Jede mit »Ja« beantwortete Frage erhält einen Punkt, die Fragen 3, 7, 8, 14 erhalten 4 Punkte. Bei einer Gesamtzahl von 6 Punkten und mehr liegt eine Alkoholgefährdung vor.

(Max-Planck-Institut für Psychiatrie, München)

In Deutschland sprechen wir von 1,3 Millionen definitiv Abhängigen nach der Einteilung des *DSM IV*, des Diagnostischen und Statistischen Manuals des Amerikanischen Ärzteverbandes. Manche setzen die Ziffer höher an mit 1,7 Millionen. Dazu kommen ca. zwei Millionen Missbraucher, die vielleicht insgesamt noch mehr Unheil anrichten als die Abhängigen. Riskanter Konsum soll, wenn wir von den 18- bis 64-Jährigen ausgehen, bei fast sechs Millionen, nach anderer Einteilung mit einer niedriger angesetzten Risikomenge sogar bei fast zehn Millionen Menschen liegen!

Die Folgekosten für die Gesellschaft, das heißt für uns alle, die wir Beiträge in die Krankenkasse und Steuern zahlen, liegen in astronomischen Bereichen: 24,4 Milliarden Euro direkte Kosten durch alkoholbezogene Krankheiten – und weitere 16 Milliarden durch indirekte Kosten, also Mortalität, Arbeitsunfä-

higkeit und Frühberentung (*Jahrbuch Sucht*, Jahr der Statistik 2002).

In letzter Zeit hat vor allem das »Komasaufen« bei Jugendlichen für Furore gesorgt. Warum sollten die sich anders verhalten als ihre erwachsenen Vorbilder? Die mächtige Alkoholindustrie war nicht begeistert, als man wenigstens die Alkopops mit ihrem heimtückischen soften Alkoholgehalt deutlich verteuerte und damit den Missbrauch eindämmte. Das durchschnittliche Einstiegsalter liegt inzwischen bei 13,6 Jahren, zum Teil sogar wesentlich darunter. Wir brauchen keine neuen Gesetze. Wir sollten nur wie beim Alkohol im Straßenverkehr die bestehenden Gesetze auch wirksam werden lassen. Solange Ladenbesitzer und Diskobetreiber bis hin zu Todesfällen unbehelligt Alkohol an unter 16-Jährige abgeben, kann es keine Besserung geben. Zur Erinnerung: Spirituosen dürfen nur ab 18 Jahren abgegeben werden. (In den USA, wo erhebliche Strafen auf Verstöße gelten, musste ich noch mit 21 meinen Ausweis für ein Sixpack an der Kasse vorzeigen.)

Im November 2008 hat die aktive Drogenbeauftragte der Bundesregierung, Frau Sabine Bätzing, die neuesten Zahlen zur Sucht vorgelegt. Demnach ist einiges besser geworden wie die Raucherquote und, mit Vorsicht, die der Haschischkonsumenten. Wer glaubt schon an eine Statistik, die er nicht selbst gefälscht hat ... Alarmierend die Quote von etwa einer Million jugendlicher Kampf- und Komatrinker pro Monat. 300 000 tun das sogar wöchentlich. Werden wir es noch erleben, dass auf einer Alkoholflasche – wie es Frau Bätzing zu Recht fordert – Warnhinweise analog zu denen auf Zigarettenpackungen zu finden sein werden? Auf dem Münchener Oktoberfest kümmerten sich immerhin 1 750 Helfer um über 6 500 Patienten, darunter über 600 »Bierleichen«.

**Alkohol als Kraftstoff**

Die ersten Weltraumraketen des aus Nazi-Deutschland in die USA importierten Wernher von Braun wurden von Alkohol angetrieben!

## *Frankreich vs. Finnland*

Nach dem Abitur bin ich mit drei Freunden nach Skandinavien gefahren. Wir hatten aus einer Ahnung heraus pro Person eine Flasche Schnaps mitgenommen. Aber es war uns nicht bewusst, was für einen Schatz wir da dabeihatten, bis wir ein wunderbares Rentierfell für nur eine Flasche erwerben konnten ...

Finnland war schon immer teuer, besonders teuer aber der Alkohol. Trotzdem betrinken sich die Finnen gerne, vor allem an Wochenenden. Bei der Ankunft zum Weltkongress der Psychiatrie 1986 in Helsinki traute ich meinen Augen kaum, als an fast jedem Laternenpfahl schon am Samstagmittag ein Betrunkener hing – und auch die abendlichen Feste bei Kollegen ausarteten, wie wir das aus Deutschland so nicht kannten.

1995 musste Finnland die trotz allem wirksame restriktive Alkoholpolitik mit dem Beitritt zur EU aufgeben. Man senkte vor allem nach dem Beitritt der baltischen Staaten die Steuern und die Zölle. Das konnte bei so einem Volk nicht gut gehen. Der Pro-Kopf-Konsum stieg von 4,3 Litern 1970 auf immerhin 7,9 Liter 2003, noch immer knapp unter EU-Durchschnitt. Der Anstieg bedeutet eine katastrophale Entwicklung der Todesfälle, z.B. durch die Leberzirrhose, an der die Betroffenen innerhalb weniger Jahre versterben. Es geht hier also wie immer bei der Sucht und in allen Kapiteln dieses Buches um die Griffnähe.

Frankreich bietet umgekehrt zu Finnland ein positives Beispiel für Prävention: Früher war Paris, wenn man so will, die Hauptstadt der Leberzirrhose. Wer kennt nicht den guten französischen Wein, ob rot oder weiß, und den Champagner! Kein Wunder, dass die Franzosen bei der Rekordmarke von über 16 Litern reinem Alkohol pro Kopf und Jahr ankamen, 1970, als die Hippie-Zeiten in vollem Gange waren. Bis 2003 haben sie nun mit verschiedenen Maßnahmen eine Reduzierung geschafft auf 9,3 Liter. Bald können sich also Finnen und Franzosen die Hände reichen. Verantwortlich war neben einer Verteuerung des Alkohols ein Bündel von Maßnahmen, unter anderem mit Warnhinweisen auf Spirituosen und der Ausrichtung der Werbung auf das Produkt und nicht auf Pseudoerfolge in anderen Lebensbereichen. Also nicht mehr wie bei uns »Der Sekt, der zueinander führt« oder Whisky »für gewisse Stunden«.

### *Lösungsmittel Alkohol*

Als Ergänzung zum oben aufgeführten Neffe-Zitat schauen Sie sich nun das Zitat eines Kindes aus einer Alkoholikerfamilie an:

»Meine früheste Erinnerung: Mein Vater kommt von der Arbeit nach Hause und geht sofort zum Schnapsschrank. Das war sein allabendliches Ritual ... Nach dem Essen begann er, ernsthaft zu trinken. Wir mussten alle still sein, damit er nicht gestört wurde ... Er tat so, als tue er etwas sehr Wichtiges, aber dieser Schweinehund ließ sich bloß volllaufen. An vielen Abenden mussten meine Schwester, meine Mutter und ich ihn ins Bett zerren. Ich musste ihm immer die Schuhe und Socken ausziehen. Das Schlimmste aber war, dass niemand in der Familie jemals erwähnte, was wir da taten ... Bis ich älter war, glaubte ich, dass dieses Ins-Bett-Schleppen eine ganz normale Sache ist, die in jeder Familie so abläuft.« (Susan Forward: *Vergiftete Kindheit*, Seite 79)

### *»Alkohol ist Streitwasser!«*

Eine Patientin, jung, erfolgreich, verliebt, kam in einer Schwellensituation am Arbeitsplatz zu mir. Erst wollte sie gar nicht wahrhaben, dass ihr Vater, inzwischen schwer krank, nicht nur Stasi-Mitarbeiter war, dessen Verhalten und Freundeskreis sich nach der Wende schlagartig änderte, sondern auch Alkoholiker, der seine Kinder, vor allem sie, verprügelte und übelst beschimpfte, wenn sich z.B. die Mutter wieder einmal aus Angst versteckt hatte. In einem 14-seitigen Brief an ihn notierte sie anhand konkreter Ereignisse, was ihr im Lauf ihrer Kindheit alles passiert war, vor allem ihre Gefühle und Gedanken. Damit konnte sie sich erstmals auf Augenhöhe mit dem

Vater-Monster begeben, fand gleichzeitig einen Weg, die schwierige Trennung zwischen der immer noch geliebten Vaterfigur und dem Alkoholkranken zu ziehen. Ihr Selbst-Bewusstsein ist enorm gestiegen. Erst jetzt nimmt sie wahr, wie sehr die Ereignisse in der Kindheit sie bis heute in ihrer Kommunikation im privaten und beruflichen Leben geprägt haben, trotz aller Fähigkeiten, die sie besitzt.

Lange gab es keine zuverlässigen Zahlen über die Kinder, die unter der Sucht ihrer Eltern zu leiden haben. Inzwischen hat Professor Michael Klein von der Katholischen Fachhochschule Köln geforscht und eine erschreckende Zahl ermittelt: Es sind akut über 2,7 Millionen Kinder, die später selbst zu mindestens einem Drittel ein Suchtproblem haben werden, aber vor allem jetzt schrecklich unter dem Alkohol und seinen Auswirkungen zu leiden haben.

Alkohol ist nicht nur chemisch ein gutes Lösungsmittel. Es löst auch Familienbande auf, Ehen, Freundschaften, Arbeitsverhältnisse, Bankkonten, Gehirn- und Leberzellen ... Probleme löst es dagegen nicht.

Die Grundfrage bei Alkohol und Co-Abhängigkeit lautet stets: *Bestimmt der Alkohol Ihr Leben – oder ein Alkoholiker?* Das muss nicht so bleiben!

### *Der Kater – schwarz oder gestreift?*

Noch eine kleine Ergänzung zur Sprachkunde: Der Kater hat nichts mit dem Haustier zu tun. Das Wort leitet sich ab aus »Katarrh« und entstammt der studentischen Umgangssprache (ritualisiert saufender Verbindungen?) des 19. Jahrhunderts.

Jede Gesellschaft hat ihre Feste und ihre Drogen. Solange es bei gelegentlichen Exzessen bleibt, ist dagegen nichts einzuwenden. Alkohol ist – ganz wichtig! – gemeinschaftsfördernd.

Aber die unbegrenzte Verfügbarkeit schafft Probleme. Gegenüber einem gelegentlichen Rausch und einem gelegentlichen Kater ist ein hoher Dauerkonsum für den Einzelnen, für seine Umgebung und für die Gesellschaft hochbrisant.

Wann tritt – neben der Suchtbeauftragten der Regierung – der erste Politiker bei uns auf, der als politisches Ziel die Senkung des Pro-Kopf-Konsums verkündet? Kann es, darf es sein, dass in einer zivilisierten Gesellschaft weiterhin über 2 000, nach anderer Statistik sogar 10 000 Kinder geboren werden mit einem Fetalen Alkoholsyndrom (FAS), die geistig, körperlich und psychisch schwerst geschädigt sind und sich und ihrer Umgebung das ganze Leben lang schlimmste Sorgen bereiten werden?

### *Die größte Falle: Das Kombinieren*

Wenn es beim reinen Alkoholkonsum bliebe, wäre ja alles nicht so problematisch. Aber die meisten Konsumenten greifen zu weiteren Substanzen oder kombinieren wahllos und oft unbemerkt mit legalen oder illegalen Drogen, Tabak sowieso. Dadurch treten Effekte auf, die nicht vorhersagbar sind, körperlich wie psychisch wie sozial. Gegen Schlafstörungen – der Alkoholschlaf ist kurz und miserabel – ein paar Tranquilizer, gegen die Kopfschmerzen Schmerzmittel von Aspirin bis Paracetamol, gegen die Müdigkeit vielleicht Ecstasy oder ein Amphetamin ... Der fortgesetzte Konsum oder der Entzug kann dann ganz plötzlich zum Zusammenbruch führen, zum epileptischen Anfall, zum Delir, zum Koma, wie z.B. auf der Wiesn.

Ein großer Erfolg der oft gescholtenen Schulmedizin ist die Rettung im Delir. Früher mussten bis zu 30 % der Menschen sterben, die in ein Delir gerieten, heute sind es unter 1 %, wobei ein Delir oft schon vorweg verhindert wird. Aber es kann trotzdem tödlich enden, besonders bei der Kombination, wenn das vegetative Nervensystem zusammenbricht.

Eine meiner Mitarbeiterinnen war längere Zeit auf einer Entgiftungsabteilung in einem Bezirkskrankenhaus tätig. Manchmal hatte sie die Verantwortung über »mehr als 20 Promille« in wenigen Betten. Da muss man sich schon bestens auskennen, um keine Komplikationen zu übersehen. Manche assoziieren mit den Folgen des Alkohols immer noch allenfalls die insgesamt sehr geduldige Leber. Dabei sterben im akuten Rausch die Menschen am ehesten an einer Bauchspeicheldrüsenentzündung. Der Alkohol schädigt alle Organsysteme von Kopf (besonders wichtig!) bis Fuß, z.B. treten Nervenschäden und Muskelschwund auf.

### Die verlorenen Jahre

Im Vergleich zu einer 50-jährigen Frau und einem gleichaltrigen Mann, die sich bezüglich ihrer Salutogenese optimal verhalten, verlieren Menschen mit verschiedenen Problemen, die zu einem erheblichen Teil mit Sucht zu tun haben, unglaublich viele Lebensjahre, ein 50-jähriger Raucher (der natürlich gleichzeitig Trinker sein kann) z.B. über 18 Jahre. Eine gleichaltrige Frau würde sogar 22 Jahre verlieren. Alkohol führt zu über 16, bei Frauen sogar zu über 23 Jahren Lebenszeitverlust, abgesehen von der Qualität! Arbeitslosigkeit mit über 14 bzw. über 12 Jahren Lebenszeitverlust ist ungünstig (auch hier messbar die zunehmende Selbstschädigung durch Suchtmittel), ebenso wie niedrige Bildung mit 7 bzw. 9,1 Jahren. Bluthochdruck, nicht selten ausgelöst/verstärkt durch hohes Gewicht und Alkoholkonsum, verkürzt um 7,4 bzw. bei Frauen um 12,4 Jahre.

## *Zunahme der Demenz durch Alkohol?*

Der schon zitierte Journalist Werner Bartens referierte in der *Süddeutschen Zeitung* vom 4.1.2008 die Ergebnisse einer sorgfältigen britischen Studie, veröffentlicht im *British Journal of Psychiatry*, nach der der Anteil der alkoholbedingten Demenz in den nächsten Jahren auf 25 % steigen könnte bzw. wird. Komasaufen ist eben nicht gesund. Jeder kennt das Partygespräch, nach dem pro Rausch einige Millionen Gehirnzellen dran glauben müssen – haha! Aber leider ist das Realität. Das Gehirn ist wie die Leber sehr geduldig und scheint sich zumindest bis ins mittlere Lebensalter erstaunlich zu erholen, verlorene Zellen und vor allem Verbindungen wieder zu rekonstruieren. Aber irgendwann ist eben Schluss, wie man am traurigen Beispiel Harald Juhnke beobachten konnte. Er litt unter dem sogenannten Korsakow-Syndrom, fantasierte sich bei fehlendem Neugedächtnis eine eigene Welt, während Angehörige und frühere Fans fassungslos zuhörten.

Weniger leicht zu erkennen die Masse der alkoholgeschädigten Gehirne, die immer dumpfer und primitiver dahinvegetieren. Ein hochbegabter Studienkollege, mit dem ich mein (bald abgebrochenes) Jurastudium begonnen hatte, wurde in seinen Fallbearbeitungen immer ideenloser, bis er mit nur Mitte 40 in einem Koma verstarb.

## *Wer den Alkoholismus kennt, kennt die Medizin*

Wer ihn nicht kennt, sollte keine Medizin betreiben. Die Gesellschaft muss endlich begreifen, dass schon in der Schule, andere meinen sogar im Kindergarten, ein Problembewusstsein geschaffen werden muss.

Gerade haben wir in München nach nur acht Jahren Vorarbeit ein Hilfenetzwerk geschaffen für werdende Mütter mit Alkohol- und/oder Drogenproblemen, aber vor allem für ihre noch nicht geborenen Kinder. Man sollte nicht glauben, wie sich manche zuständigen Institutionen zieren, ihre Kooperation in so einem wichtigen Projekt zuzusagen. Zunächst wollte man nur den drogenabhängigen Müttern beistehen, bis ich intervenierte und eine Umformulierung und Erweiterung auf das viel umfangreichere Problem Alkohol forderte, das natürlich weniger leicht zu erkennen ist.

Weitere Informationen zu diesem Thema finden Sie in meinen beiden Büchern *Die Liebe und der Suff ... Schicksalsgemeinschaft Suchtfamilie* und *Ich befreie mich von deiner Sucht. Hilfen für Angehörige von Suchtkranken.*

**Tipp in der Finanzkrise**

Investieren Sie in Alkohol! Da kriegen Sie die meisten Prozente!

# Legale und illegale DROGEN

Die Unterscheidung zwischen legalen und illegalen Drogen ist überholt. Sie wird bestimmt durch gesellschaftliche und kulturelle Strömungen und letzten Endes die Gesetzgebung. Sogar der Besitz von Kaffee (tatsächlich im physiologischen Sinn eine hochwirksame Droge!) war mal strafbar. Heroin war vor dem Verbot ein starkes, erfolgreiches Schmerzmittel, Kokain wird in verschiedenen chemischen Varianten als Narkosemittel und als Anästhetikum eingesetzt oder zur Behandlung von Herzrhythmusstörungen. Heroin wurde auch als Schlafmittel für Kinder empfohlen, erschien in einer Anzeige des Herstellers neben Aspirin. Aus Morphium wurden ebenso weitere Präparate entwickelt wie aus Narkosemitteln, die als Ausgangspunkt für die Designerdrogen dienten. Hier ist zu wenig Platz für eine Kulturgeschichte der verschiedenen Substanzen. Im Internet finden Sie in wenigen Millisekunden weit mehr Beschreibungen von legalen wie illegalen Drogen, als ich sie hier wiedergeben kann.

Im Prinzip geht es darum: Ist ein Medikament frei verkäuflich, spricht man von OTC (»Over the counter«) – über den

Ladentisch der Apotheke oder gleich in der Internetapotheke. Dann gibt es die verschreibungspflichtigen Medikamente, bei denen ein Arzt seine Unterschrift geben muss. Das kann allerdings auch so passieren, dass gleich morgens 50 Rezeptformulare für Kassen- und 50 Formulare für Private blanko unterschrieben sind. Die Arzthelferinnen tragen dann noch den Namen ein und die Ziffern beim Kassenrezept.

Unangenehm wird es bei den Medikamenten, die unter die Vorschriften der Betäubungsmittelverordnung (BTM) fallen. Nach Statistiken engt sich dadurch der Markt um ca. 90 % ein. Die Einkünfte aus diesem Mittel betragen also nur noch 10 % des früheren Status. Das passiert z.B. beim Opioid (abgeleitet von Opium) Temgesic, einem verbreiteten Medikament gegen starke Schmerzen.

Diese Einschränkungen gelten natürlich weniger für die, die als Beschäftigte im Gesundheitswesen arbeiten, vor allem Ärzte und Pflegepersonal. Immer wieder kommen die Betroffenen zu uns in die Praxis, um von ihrer lange geübten Sucht loszukommen. Sie geben dann bereitwillig darüber Auskunft, wie sie sich über Jahre ihren Stoff besorgt haben. Einer meiner Patienten fuhr über etwa fünf Jahre im Notdienst und war hauptsächlich als Anästhesist an einem Klinikum tätig. Er hielt sich fit mit einer abenteuerlichen Mischung aus Alkohol, vor allem Whisky, Distraneurin (das zur Therapie des Delirs verwendet wird und selbst abhängig macht) und Koffein. Stellen Sie sich vor: Dieser hoch qualifizierte Arzt übte seinen Dienst fehlerfrei aus, ging abends noch schnell in die Apotheke und den Supermarkt, kaufte seine Drogen, legte sich auf den Boden seines Arbeitszimmers, trank direkt aus der Flasche den Schnaps, warf alle vier Stunden mehrere Distra ein – und wurde morgens von einem überdimensionalen Wecker aufgerüttelt. Nach mehreren, bis zu zwölf Cappuccino fuhr er dann im Auto zum Dienst. Leider lebt Dr. F. inzwischen nicht mehr, obwohl er seine Sucht über einige Jahre noch einmal in den Griff bekommen hatte.

Der Arzt demonstrierte mit seinem Verhalten, was die meisten von Drogen abhängigen Menschen wollen: unangenehme Gefühle dämpfen, angenehme anregen mit einer Einflussnahme auf das vegetative Nervensystem, das geprägt ist von den Polen Sympathikus wie Angst und Angriff und Parasympathikus wie Ruhe und Entspannung. Alkohol, Morphium und Heroin stehen wie die valiumartigen Substanzen für die parasympathische Tendenz; Amphetamine, Speed, Kokain stehen für den oft aggressiv getönten Sympathikus. Auch Fachkollegen aus der Forschung konnten mir bisher nicht überzeugend klarmachen, warum sowohl ein erhöhter Sympathikus- wie Parasympathikustonus für die euphorischen Gefühle in der Sucht sorgen kann. Alles spielt sich an der Basis des Gehirns ab in den Zentren, die Lust und Angst steuern und verarbeiten. Eine Schlüsselfunktion scheint das Dopamin zu haben. So viel wir inzwischen auch über den Gehirnstoffwechsel und die Aktivität verschiedener Zentren wissen: Es gib noch viel zu tun bei der Aufklärung der Suchtmechanismen, insbesondere bei den chemisch neu gewonnenen und entwickelten Substanzen, die in der Natur so nicht vorkommen.

Das Ehepaar Poser hat in einem gut lesbaren Fachbuch *Medikamente – Missbrauch und Abhängigkeit* die Geschichte und die Wirkungen der Pharmadrogen spannend beschrieben. Ein Bestseller ist der Band *Bittere Pillen* von Knut Langbein et al. geworden, der wahrscheinlich ebenso wie das zuvor zitierte Buch eher von Ängstlichen bis Überängstlichen und nicht von Gefährdeten gelesen wird.

### *Christiane F.: Mythos und Wirklichkeit*

Über die Machart des Films »Christiane F.« und seine zweifelhafte Botschaft haben wir Suchtberater damals mit dem Regisseur Uli Edel ein ausführliches Interview geführt. Die Vorgeschichte in einem wenig schönen Berliner Stadtteil, Gewalt in der Familie, mangelnde Geborgenheit kommen praktisch nicht vor wie im zugrunde liegenden Buch *Wir Kinder vom Bahnhof Zoo*. Es geht gleich los mit dem schicken Besuch in der tollen Disko. Auch die Lösungsvorstellungen am Ende des Films, wo Christiane schon eine schnelle und heftige Suchtkarriere hinter sich hat inklusive Prostitution, waren wenig überzeugend für uns. Einfach nur aufs Land gehen und alle Kraft für sich brauchen – das klang doch ein bisschen einfach.

Angeblich begann die reale Christiane dann eine Ausbildung, war frei von Drogen. Ab und zu kam ein Zeitungsbericht, dass sie in einem Künstlerviertel in Berlin wohne und in einem Sarg schlafe ... Vor Kurzem geriet sie nun wieder in die Schlagzeilen, als man ihr in letzter Konsequenz ihren elfjährigen Sohn Elias wegnehmen musste, der nun in einer betreuten Wohngruppe in Potsdam lebt. Offenbar hatte sie nach der Entgiftung 1978 nicht lange durchgehalten. Es folgten die Rückfälle, abgewechselt von Zeiten scheinbarer Normalität. Der letzte Absturz kam nun im Frühjahr 2008, wie so häufig kolportiert durch eine unglückliche Liebe zu einem per Haftbefehl gesuchten Betrüger. Offenbar entwickelte Christiane Verfolgungsideen, die sogenannte Paranoia, von der z.B. auch Konstantin Wecker aus seiner Drogenzeit berichtet hat. Sie meldete ihren Sohn einfach in der Schule ab, verzog ohne neue Adresse. Als das Amt den Sohn in Obhut, man könnte auch sagen, in Schutz nahm, entführte sie ihn und verschwand nach Amsterdam. Dort lag sie laut Angaben ihres neuen Lovers nur noch im Bett, kiffte, spielte Playstation, aß Chips und trank Cola.

Was sagt dazu einer der beiden Autoren des erfolgreichen Buches, Horst Rieck: Sie hätte eine Chance. »Ihr Sohn wird ihrem Leben eine Struktur geben.« Da soll also ein 11-Jähriger, der selbst mütterliche Zuwendung bräuchte (vom Vater ist sowieso nicht die Rede!), seiner Mutter Geborgenheit und Struktur geben? Reichlich naiv. Auch geschulte Drogentherapeuten dürften die allergrößten Probleme damit haben, Christiane F. wieder aus der Sucht herauszuholen – falls sie das überhaupt will.

Die klassischen Heroinabhängigen gibt es nicht mehr. Schon damals war das nicht so, wie es eine aufgescheuchte und sensationsgeile Öffentlichkeit haben wollte. Immerhin war Frau F. schon als Kind über Medikamente, hier Ephedrin, eine anregende Substanz, eingestiegen, hatte Haschisch genommen und war erst dann auf Heroin gekommen. Tabak als Begleitsubstanz ist so selbstverständlich, dass er meist gar nicht erwähnt wird.

Ich habe vor Aufnahme meiner Funktion als Leiter einer Drogenentwöhnungsklinik 1988 eine lange Woche den Therapiealltag in der Patientenposition mitgemacht. Besonders erschreckend war es für mich als Nichtraucher, dass jede Stunde Sport, Arbeitstherapie oder Ähnliches beendet wurde mit einer zehnminütigen Zigarettenpause. Da zogen nun alle wie besessen an den Glimmstängeln, als hinge ihr Leben davon ab.

Bis heute haben sich die Dinge weiter verschoben. Vielen Schwerstabhängigen werden Methadon und ähnliche Substanzen verabreicht, einige wenige erhalten sogar Heroin, was nicht unumstritten ist. Die im Kontrast zu den ca. 40 000 oder auch mehr Alkoholtoten sorgfältig gezählten Drogenopfer haben meist einen Cocktail von Stoffen im Körper, unbedingt ergänzt von Alkohol. Nur geistig Blauäugige – auch Fachleute – können glauben, dass solcherart Behandelte nur das einnehmen, was ihnen gegeben wird. Die meisten ergänzen im Sinne des oben beschriebenen Mechanismus mit verschiedenen Substanzen, um doch den Kick oder die Beruhigung zu finden, die sie sich wünschen. Und wenn gar nichts mehr da ist, hilft immer noch der gute alte Alkohol, der laut Auskunft eines Fachmannes aus der Forschung von 80 % der Betroffenen heftig konsumiert wird.

### *Haschisch – Gegen die Verharmlosung*

Cannabis hat eine jahrtausendealte Tradition als Nutz- und Heilpflanze. Die Verwendung als Heilmittel, für Seile und für Kleidung ist aus China für das 3. Jahrtausend vor Christus belegt. In unserem Gütersloher Heimatmuseum fand ich überraschenderweise große Abbildungen der Pflanze mit ihrem charakteristischen Muster – keine Angst, nur für Seile. Diese Funktion ist natürlich in der Plastikära längst überholt. Dafür beschäftigt uns ein ideologischer Kampf um die ach so traditionelle Pflanze und ihren Wirkstoff Tetrahydrocannabinol (THC).

»Ich kenne keinen, der nicht kifft!« Ach so ist das mit der heutigen Jugend, und wenn das die seriöse *Süddeutsche Zeitung* sagt ... Es folgt eine Jubel- und Verharmlosungsgeschichte. Wenn es alle machen, kann es doch nicht so schlimm sein. Eine falsche Logik. Natürlich beeinflusst es nicht alle so negativ, dass sie in eine Psychose geraten – eine Gefahr, die durch THC vervierfacht wird. Schon mehrfach hatten wir es mit Müttern von jungen Erwachsenen zu tun, deren Kinder durch die harmlose Droge in eine schwere Geisteskrankheit geraten waren. Bei denen sollten die Autoren des Artikels einmal nachforschen ...

## *Hasch macht lasch und dumm*

Diese Feststellung fehlt natürlich in diesem SZ-Artikel wie in ähnlichen in großen Wochenzeitschriften. In den 1970er-Jahren schwappte die Cannabiswelle aus den USA zu uns wie früher Coca-Cola. Auch ich habe 1970 in den USA und kurze Zeit nach meiner Rückkehr Haschisch konsumiert. In Künstlerkreisen kam man da gar nicht drum herum. Wenn bei einer Antikriegsdemo in San Francisco die Polizisten mitkiffen, kann man sich so richtig freuen und bei der Heimfahrt mitkichern im weihrauchartig duftenden Bus. Aber offenbar hat mir die Substanz zu wenig gegeben, um den Konsum ernsthaft fortzusetzen. Heute bin ich froh, vielleicht auch im Rahmen einer Liebesgeschichte nicht in eine schädliche Gewohnheit hineingeraten zu sein.

An Patienten konnten wir immer wieder die problematischen Wirkungen des THC beobachten. Ist es nicht bedenklich, dass ein junger Mann, der schon zwei Ehrenrunden in der

Schule gedreht und an Drogen so ziemlich alles ausprobiert hat, ausgerechnet Haschisch dafür verantwortlich macht, dass er in seinem Lieblingsfach Mathe so abgefallen ist, weil er einfach nicht mehr klar und strukturiert denken kann? Oder ein anderer im ähnlichen Alter, kurz vor einem sehr mittelmäßigen Abitur, der jetzt in Diskos als DJ auflegt, nachdem er schon früh eine Karriere in der Klassik begonnen hatte? Jetzt muss er sich für kompliziertere Stücke wieder Noten auf den Flügel legen ...

Ein Problem ist der Wirkstoffgehalt neuerer Cannabissorten. Die Nutzpflanze enthält nur etwa 1,5 % THC, orientalische Sorten 5 %, aber spezielle, unter Gewächshausbedingungen gezogene Sorten, das heißt die weiblichen Pflanzen, bis zu 20 %. Sogar die getrockneten Pflanzenteile, die als Grass oder Marihuana geläufig sind, enthalten bis zu 15 % Wirkstoff, Haschischöl 12 bis 60 %. Da liegt ein Vergleich mit dem Alkohol nahe. Viele Alkoholiker berichten zu Recht, dass Bier schon schlimm genug ist, aber der definitive Absturz kam nicht selten mit dem Schnaps, den bekanntlich der Teufel gemacht hat ...

An Ratten konnte nachgewiesen werden, dass diese in ihrer Pubertät besonders anfällig sind und deutliche negative Veränderungen zeigen und in ihrer Lebendigkeit und Reaktion im Vergleich zu Nichtkonsumenten enorm ins Hintertreffen geraten. Das sogenannte Amotivationale Syndrom ist gekennzeichnet durch Verlust von Aktivität und Euphorie und von zunehmender Teilnahmslosigkeit. Barkeeper in Jamaika kann man so schon werden, aber nicht jeder kann richtig Reggae singen ...

Nicht zu vergessen die starke Beeinträchtigung der Fahrtüchtigkeit. Und die Entzugssymptome, die sich länger hinziehen können, weil THC kumuliert, sich unter anderem im Fettgewebe anreichert. Selbst Wochenendkonsumenten kommen so auf einen Spiegel, der erst langsam zurückgeht. Flashbacks – Rückfälle ohne weiteren Konsum – können nach meinen Beobachtungen sogar durch geringe Mengen Alkohol ausgelöst werden.

Um wieder den Bezug zu den Medien herzustellen: Wim Wenders, Kommilitone aus HFF-Zeiten, erzählt immer mal wieder sein Aha-Erlebnis von einer Party in Los Angeles. Er liebt Süßes und bediente sich aus einer Schale mit Keksen. Das hätte er nicht tun sollen, denn das Hauptgewürz war Haschisch. Nach diesem Konsum tritt die Wirkung oft sehr plötzlich und heftig ein und hält länger an. Und die Dosierung ist völlig ungewiss. Wim rührte jedenfalls nie wieder Haschisch an.

### *Von den weichen zu den harten Drogen*

Diese Diskussion kann ich schon nicht mehr hören: Ist denn nun Haschisch eine Einstiegsdroge? Für Gefährdete gewiss, für andere nicht, ganz einfach. Christiane F. hat beschrieben, wie sich die Clique aufteilt, wenn es zur nächsten Stufe geht.

Für die Details über Heroin und Co verweise ich auf die zahlreichen Internetinformationen. Kokain spielt bei den Fahndungen der Polizei längst eine größere Rolle. Die großzügigen Angebote in den Heroinverteilungsprogrammen für Schwerstabhängige finden dagegen kaum genügend Abnehmer, sodass die Projekte bisweilen schon auf der Kippe standen.

### *Valium – Stoff der Begierde*

Wer hätte das gedacht: Luxuslimousinen durch den illegalen Handel mit einem Alte-Leute-Medikament?! In einem Bericht von Alexander Kluge in der *Süddeutschen Zeitung* kommen bemerkenswerte Zahlen vor: Von 2001 bis 2006 hatten verschiedene, scheinbar seriöse Firmen vor allem im Umweg über das Internet einen gewaltigen Umsatz gemacht von knapp

17 Millionen Euro. Da würde man doch gerne dabei sein! Eine Packung Valium soll für 179 Euro verkauft worden sein statt für 10 Euro. Es begann mit einem netten Münchner Arzt, der erst mal ein paar Rezepte unterzeichnete. Kein Problem, als er nicht mehr mitmachte. Eine Unterschrift ist leicht nachzuempfinden ... Aber es fand sich schnell auch ein neuer Arzt, der gleich Tausende Rezepte unterschrieb, obwohl er nicht niedergelassen war.

Valium, Lorazepam, Xanax und Rivotril werden als Handelsware beschrieben. Sicher wird das ergänzt durch viele andere bunte Smarties. Über diese Wege und vor allem über das Internet wird der Handel, werden die Geschäfte mit den chemischen Drogen uns künftig begleiten. Inzwischen werden PatientInnen auch in Ärztezeitschriften vor den unvorhersehbaren Zusammensetzungen illegaler Produkte gewarnt. Manchmal ist wenig bis gar nichts drin vom versprochenen Wirkstoff, manchmal auch zu viel ...

# MUSIK UND LITERATUR:

## Lohnende Alternativen

Auf der ersten Mediensuchttagung im Januar 2008 in Berlin bin ich immer wieder durch unorthodoxe Fragen und Kommentare aufgefallen. Das ist meine tradierte Rolle seit der Schule: »Kollie, woher hast du das schon wieder?«, oder: »Warum fragst du das?« Nun, auf der Medientagung stellte kaum jemand die Rolle und unglaubliche Bedeutung von Spielen auf Konsolen oder Computern infrage. Da wurde sogar von Kompetenzen gesprochen, die man sich aneignen könne.

Ich erwähnte das Beispiel einer Familie, die zwar technisch hochgerüstet ist mit drei Laptops und einem Standcomputer, DVD-Rekorder etc., aber bisher niemals auch nur ein solches Spiel hochgeladen oder gar gespielt hat. Die beiden Kinder kennen sich im Internet bestens aus, haben aber null Interesse an den virtuellen Welten. Plötzlich schießt mich jemand aus dem Publikum an: »Ja, sollen die denn alle Klavierunterricht nehmen oder was?« Ich konnte nicht anders antworten als: »Ja, warum nicht! Für aktives Musikmachen gibt es nun wirklich hervorragende Ergebnisse, was die sozialen Fähigkeiten und die mentalen Leistungen angeht.« Grimmig verfolgte mich der

Kommentator noch in der Pause mit der Anmerkung, sein Klavierunterricht sei schrecklich gewesen. Meiner lange Zeit auch, aber das hat mir die Liebe zur Musik trotzdem nie zerstören können, zumal ich dann noch sehr motivierende und inspirierende Lehrer hatte.

### *Musikkindergarten in Deutschland*

In Österreich gibt es bereits seit 1990 einen Musikkindergarten – den der Wiener Sängerknaben. Immerhin 2003 wurde dann auch in Deutschland der erste eröffnet, in Niedergrunstedt bei Weimar, wo die Musikerin und Musikpädagogin Kitty Hamisch ihre Ideen umsetzte, Musik in den Lebensalltag der Kinder zu integrieren. 2005 folgte mit dem Musikkindergarten in Berlin ein inzwischen sehr populäres Projekt, initiiert von einem der berühmtesten Musiker der Gegenwart, dem in Buenos Aires geborenen Juden Daniel Barenboim. In seiner wunderbaren Autobiografie *Die Musik – mein Leben* beschreibt er seine Laufbahn als Kind von Musikern, das zunächst glaubte, alle Menschen könnten Klavier spielen. Die Mutter gab Klavierstunden, der Vater spielte, alle Menschen, die an der Tür klingelten, spielten ...

Der von Barenboim an der Oper Unter den Linden initiierte Musikkindergarten kann sich vor Anmeldungen nicht mehr retten. Hier haben konkrete, lebendige Menschen mit konkreten, lustigen und lebendigen und neugierigen Kindern zu tun, nicht nur über die Mattscheibe in virtuellen Welten ...

## *Alte Weisheit*

Platon lässt Sokrates in einem der berühmten Dialoge, die immer ein pädagogisches Ziel haben, den Satz sagen: »So ist also die Erziehung durch Musik darum die vorzüglichste, weil Rhythmus und Harmonie am tiefsten in das Innere der Seele dringen, ihr Anmut und Anstand geben.«

Alle Kinder sind musikalisch. Sie haben eine angeborene Fähigkeit, sogar Lust zum Singen, zur rhythmischen Bewegung, zum Töneerzeugen jeder Art. Und überall steckt Musik drin, z.B. in einem ganz gewöhnlichen Satz, der einen Rhythmus hat und eine – genau – Satzmelodie. Mit Musik sind auch Fremdsprachen viel einfacher zugänglich: Selbst wer später wenig Französisch gelernt hat, erinnert sich gerne an Frére Jacques, der alles verpennt. Und viele aus meiner Generation haben aus Neugierde ihr Englisch erweitert, weil sie wissen wollten, was die Beatles, die Stones oder Jimi Hendrix da singen.

Beim Rechnen sieht es ähnlich aus: Ein Kanon – s. Meister Jakob! – ist auch ein mathematisches Gebilde, was im Prinzip für alle Musikstücke gilt. Die Rhythmik der Musik nutzt sozusagen die spontane Schiene der Bewegung, sie spricht alle Sinne an, fördert die Differenzierung der Wahrnehmung, die Entscheidungsfähigkeit – und letzten Endes das Selbstvertrauen. Vor allem aber, niemals zu vergessen, die sozialen Fähigkeiten, das Gemeinschaftsgefühl, die Solidarität. Ich bin für mich allein verantwortlich, muss mich aber gleichzeitig der gemeinsamen Idee der Melodie, des Rhythmus, des Gesamtklanges unterordnen. Um mitzumachen, muss ich lernen, üben, Disziplin halten, Rücksicht nehmen. Wie schön, wenn sich solche Fähigkeiten in allen Kindergärten und Schulen der Welt auswirken könnten. Und das Ganze macht auch noch allen Beteiligten viel Freude!

### *Ein Tag im Musikkindergarten*

Der Tag im Berliner Musikkindergarten beginnt mit dem Morgenkreis und einem Rhythmuslied und -spiel. Es folgt das Lied von Herrn Laut, dem Riesen, und Herrn Leise, dem Zwerg, Sinnbilder für »piano« und »forte«. »Musik muss wie das Atmen wieder eine natürliche Lebensäußerung sein, von Anfang an.« Meint Barenboim. Es geht nicht um musikalische Erziehung, sondern um »die Erziehung zum Menschen durch die Musik«.

### *Musik als Lernmotor?*

Während man bei der häufigen Beschäftigung mit den Angeboten des Internets einen zum Teil erschreckenden Sprachverfall feststellen muss hin zum »Computersprech«, so ist die Musik geeignet, Sprache und viele andere Fähigkeiten zu fördern. »Musizieren macht schlau«, meint zu Recht der Neurowissenschaftler Sebastian Jentschke vom Max-Planck-Institut für Hirnforschung in Leipzig, der als begeisterter Musiker seine Promotion diesem Thema widmete. Jentschke konnte frühere, außerordentlich positive Untersuchungen aus den 1990er-Jahren bestätigen, nach denen aktives Musizieren nicht nur die Teamfähigkeit, die emotionale Stabilität und Ausdauer verbessert, sondern auch die Intelligenz. Musik und Sprache sind eben eng verbunden. Es gibt erhebliche Transfereffekte, wenn Kinder früh lernen, mit Musik umzugehen. Sie hören schlicht genauer hin, sind darin besser trainiert. Musik ist also ein wahres Wundermittel, auch wenn die gewonnenen IQ-Punkte sich nur bei zwei bis fünf bewegen.

## *Soziale Reifung*

Viel wichtiger die Ergebnisse im sozialen Bereich, wie Professor Hans Günther Bastian es in einer Langzeitstudie an mehreren Berliner Grundschulen zeigen konnte. Kinder mit Musikerziehung verfügen über Vorteile in ihrer sozialen Urteilsfähigkeit und sind besser in der Lage, aus Erfahrungen zu lernen und Situationen des Alltags adäquat zu erfassen und zu beurteilen. Dabei ging es gerade um Kinder aus einem sozial benachteiligten Milieu, die zu Hause auch noch zu rund 90 % kein Deutsch sprechen! Es gibt an einer Schule ein hohes Gewaltpotenzial. Auch um dieses zu reduzieren, wurde die Musikerziehung eingeführt, bei dem das Orchester eine zentrale Rolle spielt. In der 2. Klasse lernen alle Kinder zunächst einmal Blockflöte, um sich am Ende des Schuljahres noch ein anderes Instrument auszusuchen. Drei Viertel der Kinder nehmen trotz der zusätzlichen Arbeit mit Üben und zwei Proben pro Woche das Angebot wahr.

Die Ergebnisse der Studie, die schon vor zehn Jahren abgeschlossen und vom zuständigen Bundesministerium unterstützt wurde, bezeichnet Bastian als geradezu sensationell. So stieg im Vergleich mit Schulen mit konventionellem Mager-Musikunterricht der IQ der Kinder kontinuierlich an auf hohe Werte von über 110, was bei dem ungünstigen häuslichen Milieu niemals zu erwarten war.

Es zählt nicht der, der gut zuschlagen kann, sondern der, der gut geübt hat und gut spielen kann. Den Mut, vor Publikum aufzutreten, muss man erst einmal haben. Der Applaus stärkt das Selbstvertrauen. Konzerte schaffen eine Atmosphäre der Gemeinsamkeit, die durch nichts zu ersetzen ist. Man hat eine gemeinsame Sprache, man kann Gefühle aller Art ausdrücken. Und man lernt – das weiß jeder, der mal ein Musikinstrument angerührt hat – Disziplin und Bescheidenheit. Auch die ganz Großen, sogar Barenboim, machen Fehler. Das ist menschlich. Die Frustrationstoleranz ist eine entscheidende Fähigkeit, die am Musikinstrument ständig, am Computer praktisch nie trainiert wird. Der Computer ist gefühllos. Mit einem Klick ist alles gelöscht.

Der Wortschatz der Kinder wird trainiert, sie können sich präziser ausdrücken. Jentschke testete dieses Wortverständnis, indem er richtige und falsche Sätze vorspielte, um die Fehlererkennung zu registrieren. Musiktrainierte Kinder erzielten weit bessere Ergebnisse.

Die linke Gehirnhälfte ist eher für Rhythmus und Takt zuständig, die rechte für Melodien und Harmonien. Kurz gesagt ist das ganze Gehirn gefordert, wenn Musik gemacht wird, z.B. auch je nach Instrument durch die Feinmotorik einer oder beider Hände, die Koordination von Atmung und Stimmführung oder Mundstellung, die Konzentration, das Gedächtnis, die Augen. Ja was denn nicht, könnte man zu Recht fragen!

Angesichts all dieser Ergebnisse darf und muss man sich fragen, warum im Zweifel noch heute der Musik- neben dem genauso effektiven Sportunterricht als Erstes ausfällt?!

### *Quelle der Freude*

Die Begeisterung für Musik haben Sie, liebe Leserinnen und Leser, bei mir längst gespürt. Die Musik ist tatsächlich eine unendliche Quelle von Freude, manchmal natürlich auch von Frust. Bei begrenzter Begabung habe ich es zum passablen Klavierspieler und Flötisten gebracht. Meinen Eltern bin ich dankbar für die Unterstützung. Schließlich kosten Stunden Geld, vor allem Privatstunden. Tatsächlich schrieb ich dieses Buch immer wieder im Wechsel mit Musizieren am Flügel. Diese Zeilen entstanden rein zufällig stehend am Instrument. Und dann habe ich eine Tochter, die genau das musikalische Talent hat, von dem ich nur träumen konnte. Ihre Ausbildung hat uns bis heute einige Kleinwagen gekostet, aber ihre und unsere Freude ist es das wert. Auch unser Sohn findet aktiv wie passiv viel Begeisterung in der Musik, obwohl seine Begabungen woanders liegen.

Wie wäre es, wenn Sie selbst ein Instrument lernen – oder eines wieder aus dem Kasten holen, das Sie mal bespielt haben!? Wenn ich mit Jugendlichen arbeite, die pro Tag x Stunden am Computer verbringen – heutzutage die Regel –, benutze ich das als Beispiel: »Überleg dir mal, wie du Klavier spielen könntest, selbst wenn du vorher keine Ahnung hattest, wenn du die letzten 5 000 Stunden Computerspielen auf das Üben verwendet hättest?!«

### *250 Meter Stadtautobahn oder »Jedem Kind ein Instrument«?*

Hortensia Völckers ist die künstlerische Direktorin der Kulturstiftung des Bundes. Sie hat mit ihrer Mannschaft die wunderbare Aufgabe, aus Hunderten von Anträgen zur Kulturförderung die besten Projekte auszuwählen und zu fördern. Frau Völckers stammt wie Barenboim aus Südamerika und war vor den Olympischen Spielen in München jahrelang Leistungssportlerin. Sie versteht also etwas von Disziplin und was es bedeutet, lange an einer Sache dranzubleiben.

Die Stiftung mit dem Instrumenten-Projekt für Kinder des Ruhrgebiets, das immerhin 2010 »Europäische Kulturhauptstadt« ist, hat sie offenbar überzeugt und total begeistert. Alle Kinder der Grundschulen im Ruhrgebiet sollen in den nächsten vier Jahren ein Instrument bekommen. Die Kosten von insgesamt 38 Millionen Euro scheinen erheblich, entsprechen aber gerade mal einem Viertelkilometer Stadtautobahn, von denen es im Ruhrgebiet inklusive des »Ruhrschleichwegs« ohnehin ein paar zu viele gibt ...

## *Kreativität und Fantasie*

Sigmund Freud, der Begründer der Psychoanalyse, hatte ein extrem gestörtes Verhältnis zur Musik. Das führte so weit, dass seine Schwester nicht Klavier spielen durfte, er sogar das Instrument aus dem Haus entfernen ließ. Bis heute habe ich nirgendwo eine schlüssige Deutung dieser Aversion gelesen. »Wo ich das nicht kann (analysieren, H.K.), z.B. in der Musik, bin ich fast genussunfähig. Eine rationalistische oder vielleicht analytische (!) Anlage sträubt sich in mir dagegen, dass ich ergriffen sein und dabei nicht wissen solle, warum ich es bin und was mich ergreift.« So Freud. Spontaneität und Gefühlstiefe sehen anders aus.

Eine der vielen Eigenschaften, die Freud von seinem abtrünnigen Schüler Wilhelm Reich unterscheidet, der nächtelang Musik hören und mit Freunden wie Alexander Sutherland Neill streiten konnte, ob nun Beethoven oder Bach der größere war ... Freud hat auch nicht gemalt oder Skulpturen geschaffen wie Reich in seinen letzten Jahren. Was war los mit Freud, der bei seinem letzten Besuch in seiner Geburtsstadt Freiberg 1856 formuliert hatte: »Hier versenke ich den Zauberstab«, schrieb er an seinen Freund Silberstein nach Wien, »eine neue Zeit breche herein, die keiner Poesie und Fantasie bedarf.« Das klingt erschreckend. Freud hätte ein paar Kilometer weiter erinnert sein können an den deutschen Dichter Joseph von Eichendorff, der 1857 sein berühmtes Gedicht »Wünschelruthe« noch einmal abgeschrieben hatte: »Schläft ein Lied in allen Dingen, die da träumen fort und fort. Und die Welt hebt an zu singen, triffst du nur das Zauberwort.« Musikalischer geht es kaum. Das hätte Freud sicher verstört, ist es doch so wenig kontrollierbar ...

## *Die Wörter*

So nannte Jean-Paul Sartre seine Autobiografie, in der er die Faszination der Sprache, des Lesens, der inneren Welten beschreibt, die dabei entstehen. Über die gehörte Sprache, dann über Lesen erschließt sich für uns ganz selbstverständlich ein Großteil der Welt. Das sollten wir nicht vergessen. Und nicht alle Menschen haben das Privileg, Lesen zu lernen und zur Schule gehen zu dürfen.

## *John Wood, Microsoft und Room to Read*

In der filmreifen Geschichte von John Wood verdichtet sich auf abenteuerliche Weise die Welt der Medien. Dieser Mann war zunächst im Bankenwesen beschäftigt. Dann wechselte er 1991 noch in sehr jungen Jahren zu Microsoft und war zuletzt Director of Business Development in China. Auf so einem Posten kann man es schon aushalten. Aber 2000 war Schluss: Aufgrund eines eigenen Entschlusses und eines einschneidenden Erlebnisses gründete er die Hilfsorganisation »Room to Read«.

Wie kam es dazu? Wood nahm, durchaus nicht in der Krise, eine Auszeit und ging als Rucksacktourist nach Nepal. Das Land und die Armut beeindruckten ihn zutiefst. Bei seinen ausgedehnten Wanderungen besuchte Wood in der Gegend des Annapurna eine Schule in einem abgelegenen Dorf. Er ließ sich als Medienfachmann auch die Schulbibliothek zeigen. Für 450 Kinder kein einziges vernünftiges Buch, nur das, was die Touristen an Schmökern zurückgelassen hatten! Das machte Wood wütend und stachelte seinen Unternehmergeist an. Er versprach dem verdutzten Schuldirektor, er werde wiederkommen – mit Büchern, guten Büchern! Der desillusionierte Pädagoge meinte nur, jaja, alle versprechen wiederzukommen – und keiner kommt!

John Wood schrieb bei seiner Rückkehr – Segen des Internets! – eine Mail an alle Freunde und Bekannten. Sie sollten Schulbücher an seine Heimatadresse schicken. Bald erreichte Wood ein Hilferuf seines Vaters, was er denn mit den Tausenden von Büchern anfangen solle, die schon das Kinderzimmer von John und die Garage füllten?!

Schließlich reiste Wood mit 37 Bücherkisten nach Nepal und brachte die versprochene Ladung mit sieben Maultieren in das Dorf. »Meine Ankunft war unbeschreiblich«, erinnert sich der Amerikaner, der früher als Manager für elektronische Medien zuständig gewesen war. Man hatte ein Fest vorbereitet. Aber »umgehauen« hätten ihn die Kinder. Man stelle sich die Szene vor: Es brach ein Chaos aus, die Kinder stürzten sich auf die Bücher. Viele hatten noch nie ein Bilderbuch in der Hand gehabt. Ein Kind sah zum ersten Mal Zebras und Elefanten, ein anderes starrte auf das Gebiss eines Haies, ein weiteres zupfte Wood am Ärmel und fragte ihn, wie der Ozean schmeckt ...

Um es kurz zu machen: Inzwischen hat Wood mit seiner Initiative 155 Schulen gegründet, 2009 werden es über 200 sein. 1,5 Millionen Kinder können Schulen besuchen, die von Room to Read finanziert wurden, mehr als 5 000 (!) Bibliotheken sind entstanden. Das funktioniert offenbar alles als Hilfe zur Selbsthilfe. *Von Microsoft in den Himalaya* von John Wood dürfte ein interessantes Buch sein.

## *Lesen macht ein Land groß*

Ein Schild mit dieser Aufschrift ist in die Geschichte eingegangen, weil es am 11.9.2001 direkt hinter George Bush platziert war an einer Tafel, als man ihm die Nachricht ins Ohr flüsterte, gerade seien die Zwillingstürme in New York angegriffen worden. Der Spruch ist gut, befolgt hat ihn der Präsi-

**Reinhard Mohn – einer der unbekanntesten bekannten Männer Deutschlands**

Noch heute arbeitet der 87-Jährige täglich in seinem Bertelsmann-Imperium, dessen Umfang –*stern*, RTL, BMG etc. etc. – meist nur den in den Medien Tätigen bewusst ist. Der »erfolgreichste Unternehmer Nachkriegsdeutschlands« (so Günter Ogger in seinem kritischen Buch *Nieten in Nadelstreifen*) hat seine Biografie und seine Unternehmensphilosophie gerade mit seinem hochinteressanten Buch *Von der Welt lernen* vorgelegt. Mohn hat unternehmerische, auf Profit bedachte Strategien verbunden mit einem Sendungsbewusstsein zunächst für das Buch, erst im Nachkriegsdeutschland, dann fast auf der ganzen Welt. Rechtzeitig erfolgte dann auch der Einstieg bei den neuen Medien, von der Schallplatte über die CD über das Fernsehen bis zum Internet. Auch dieses Buch ist im Übrigen in einem seiner Verlage erschienen ...

dent selbst wohl weniger. Seine Abschlüsse verdankt er wohl eher seiner prominenten Herkunft. In seinem originellen Bestseller *Bildung* hat Dietrich Schwanitz alles zusammengefasst, was seiner Meinung nach ein gebildeter Mensch wissen sollte (und auch, was nicht!). Sein Urteil über das Fernsehen ist vernichtend, im Vergleich zum Lesen, wo sich die Gehirnzellen zusammenfinden müssen und aktiv arbeiten, um ein Bild, eine Geschichte, einen Zusammenhang herzustellen.

Der kürzlich verstorbene amerikanische Bestsellerautor Michael Crichton, Multitalent als Arzt, Schriftsteller, Regisseur, Autor (unter anderem *Jurassic Park*) fasste es kurz so zusammen: »In der Informationsgesellschaft denkt keiner mehr nach. Wir erwarteten, dass wir das Papier aus unserem Leben verbannen. Stattdessen haben wir die Gedanken verbannt.« Im verfilmten Bestseller »Fahrenheit 451« (Regie François Truffaut) mussten noch Polizisten die letzten Bücherbesitzer verfolgen. Jetzt erledigen das womöglich die neuen Medien ...

## *Karl May – Fantasie oder Wirklichkeit?*

Rein zufällig geriet ich am Tag nach der Medientagung in Berlin 2008 in das riesige Deutsche Historische Museum in Berlin. Da das Wetter kalt und windig war, flüchtete ich mit meinem Sohn in das Museum im Zentrum. Dort gönnten wir uns zwei Ausstellungen und besuchten zumindest flüchtig eine dritte.

Die erste war Karl May gewidmet: Imaginäre Reisen. Dieser schlitzohrige Sachse aus armen Verhältnissen ist wohl der meistgelesene deutsche Schriftsteller im Ausland neben Hermann Hesse und sicher über Jahrzehnte der Held vieler jugendlicher Leser gewesen, die sich gegenseitig darin überboten, wie viele *Karl May* sie verschlungen hatten. Im deutschen Kaiserreich arbeitete sich der fantasievolle und anfangs sogar kriminelle kleine Mann zum Bestsellerautor empor. Selbst heutige Kinder kennen vielleicht noch Winnetou, Old Shatterhand und Kara Ben Nemsi, wenn nicht vom Lesen, so aus Filmen oder den Karl-May-Festspielen. Jahrzehnte behauptete May, er hätte die Abenteuer tatsächlich erlebt, die exotischen Länder alle selbst besucht. Er ließ sich seine Fantasiewaffen anfertigen, Kostüme, Verkleidungen, in denen er sich zum Beweis auch fotografieren ließ ... Alles Lug und Trug, wie sich später herausstellen sollte. Aber für den Leser war es egal – und für May als Autor, der spät zu Ruhm, Geld und Ansehen kam.

Bei der zweiten Ausstellung ging es dann um wirkliche Reisen: »Novos Mundos – Neue Welten« über Portugal und sein Zeitalter der Entdeckungen. Eine absolut faszinierende Darstellung der großen Zeit Portugals. Deutsche Gelehrte, Kaufleute, Söldner und Missionare waren auf den Reisen mit dabei und verarbeiteten die Ergebnisse in ihren Werken. So entstanden nicht weniger als der älteste heute erhaltene Erdglobus von Martin Behaim aus Nürnberg und die ersten Atlanten.

Ich fühlte mich mit beiden Ausstellungen an meine Leseerlebnisse als Kind erinnert – und ich bin sicher, Berliner Kinder fanden die Ausstellungen auch super. So etwas kann ein Computer niemals ersetzen.

In der dritten Ausstellung hatte ein vorausschauender Fotograf Berliner Orte vor und nach der Wende und der folgenden Veränderung vom exakt gleichen Standpunkt aus fotografiert. Nicht nur Medienlandschaften können sich innerhalb kürzester Zeit enorm wandeln ...

### *Keine falsche Romantik!*

Ja, ich verstehe! Lesen kann zur Sucht werden. Die Menge macht das Gift. Auch gegen das Lesen wurde schon gewettert, bis heute von manchen Eltern: »Hast du nichts Besseres zu tun?« Aber es macht eben schlauer, während der Computer in der Regel die geistigen Fähigkeiten vermindert. Der Vater eines 18-jährigen Patienten berichtete in Gegenwart seines dem Spiel WoW verfallenen Sohnes, dass er früher exzessiv gelesen hätte – und früh über einen staunenswerten Wortschatz und Satzbau verfügte. Der Sohn wehrte sich nicht mal, als der Vater feststellte, dass leider das Deutsch im Laufe der Computerkarriere immer schlechter wurde ...

Auch Musik kann süchtig machen. Ich weiß, wovon ich spreche. Sie kann – bei allen beschriebenen positiven Eigenschaften – zum Rückzug und zur Abwehr dienen. Da ich privat und beruflich viel mit Musikern zu tun habe, höre ich immer wieder Geschichten wie die der Pianistin, die ihren Beruf und ihr Instrument »hasst«. Und die nicht verstehen kann, warum ihr Mann, ebenfalls Musiker, pro Tag drei Stunden übt, obwohl er kaum mehr auftritt, und abends für Stunden vor dem Fernseher versackt ... Dank der Therapie hat sie überraschend wie-

der Freude an ihrem Beruf gefunden, bekommt erstaunlicherweise wieder Engagements und versteht sich wieder viel besser mit ihrem Mann. Dazu musste sie allerdings den exzessiven Alkoholkonsum aufgeben. Wie lautet noch mal der kürzeste Musikerwitz: »Gehen zwei Musiker an einer Kneipe vorbei …« Der Witz ist schon zu Ende.

Mein Plädoyer gilt tatsächlich der Wiederbelebung und Nutzung aller (!) Medien. Die Technik des Buchdrucks verdanken wir unter anderem der Weinpresse – und der Genialität eines Johannes Gutenberg. Bei den Büchern war es im Übrigen auch wie überall die Griffnähe, die über den Gebrauch, aber auch Missbrauch entschied. Bücher waren mal sehr teuer. So bezahlte das Bamberger Domkapitel 1469 für ein Catholicon eines Augsburger Druckers noch 47 Gulden, den Gegenwert von 13 Ochsen oder das Jahreseinkommen eines fürstlichen Leibarztes. Vor Kurzem habe ich eines der ersten und berühmtesten Bücher der Literaturgeschichte, ursprünglich nur mündlich überliefert, neu erstanden: Homers *Ilias* und *Odyssee* in einem Band, Übersetzung plus Original für 7,95 Euro.

# Ausblicke in die MEDIALE ZUKUNFT: Apokalyptische Reiter

## *Gehirnwäsche – kostenlos, ununterbrochen und freiwillig*

Wer hätte das gedacht: Da wünschen wir uns alle die grenzenlose Freiheit, körperlich wie geistig. Und was schaffen wir uns? Medien, die womöglich fast alle Freiheiten durch ihren ungeheuren Einfluss wieder zerstören. Unsere eigenen Gehirne und die unserer Kinder sind im Prinzip unsere Zukunft. Aber wir müssen aufpassen, dass sie nicht in großem Stil so vergiftet werden, dass wir weit hinter längst erworbene Positionen von Gesundheit und eben Freiheit zurückfallen. Die Agenten der neuen Unfreiheit treten smart auf, in Nadelstreifen oder in Kultklamotten der neuesten Mode, fahren vor in tollen Autos – wie Drogenhändler. Sie wissen sich in guter Gesellschaft, können wie auf den Medientagen in München auf die unbeholfene Hilfe von Politikern und Prominenten hoffen, die vielleicht nicht genau wissen, was sie tun. Die Spieleverkäufer wissen genau, was sie tun: *Geld verdienen.* Die Methoden sind elegant, die Abwehrstrategien gegenüber Einwänden raffiniert, aber gleichzeitig durchsichtig. Diskussionen bringen hier gar nichts. Oder hat es etwa Sinn, mit Kokainkonsumenten oder mit -dealern über ihre Droge zu argumentieren?

Möchten Sie auch an einem Tag über elf Millionen Euro verdienen – an einem Tag? So viel sackte die Firma ein, die die wunderbare »Erweiterung« von World of Warcraft (WoW) vertreibt, als sie am 14.11.2008 ihr Produkt auf den Markt warf. 35 Euro pro Spiel mal 315 000. Es gibt viel zu verdienen, packen wir es ein! In München fand der gesittet ablaufende Massenverkauf ausgerechnet im »Forum der Technik« statt, einem Nebengebäude des zu Recht bekannten Deutschen Museums. Einige Aktivisten aus unserem Verein »Aktiv gegen Mediensucht« verteilten Flugblätter, darunter das Ehepaar Hirte. In den Zeitungen überwiegend die Jubelberichte und -bilder über das tolle Spiel, garniert mit einem kleinen kritischen Schlenker zu den angeblichen Gefahren ... Eine riesige, absurd hässliche, gepanzerte Figur mit kleinem Kopf mit toten Augen und riesigen Pferdefüßen füllt in einer Boulevardzeitung fast die ganze Seite: Überschrift: »Der tut nix, der will doch nur spielen«. Falls Sie auch kaufen möchten: Sie finden einen riesigen neuen Kontinent, eine brandneue Heldenklasse des Todesritters und vor allem wunderschöne »zerstörbare Gebäude«. Das könnte man der Kriegsgeneration wohl kaum bieten.

## *Innere Umweltverschmutzung*

Je mehr ich mich im Laufe meiner Recherchen in das Thema der gar nicht mehr so neuen Süchte und vor allem der neuen Medien vertiefte, desto zorniger wurde ich. Die Entwicklung wird man in wenigen Jahren vergleichen mit dem äußeren Umweltschutz: Erinnern Sie sich noch, wie man vor gar nicht langer Zeit gelacht hat über Menschen, die uns vor den Gefahren der Chemie, des Atoms, des $CO_2$-Ausstoßes etc. gewarnt haben? Waldsterben, so ein Unsinn! Es waren Einzelkämpfer, die wie Kassandra im alten Griechenland vor der Katastrophe gewarnt haben. Sogar ein Fast-Präsident der USA trat auf mit dem Umweltthema – und gewann damit den Nobelpreis.

Unbequem sind die Warner schon immer gewesen. Die Überbringer schlechter Nachrichten hat man auch schon mal geköpft ... Mein Kollege, Psychiater Professor Spitzer, wird mit *Vorsicht Bildschirm* sicher von vielen als Spinner angesehen, der ja alles übertreibt. Er sollte doch etwas toleranter sein. Dabei ist Toleranz ein gefährliches Argument und ein gefährliches Terrain: Gegenüber Terroristen sollte man nicht tolerant sein oder gegenüber Menschen, die unsere Freiheit mit allen zur Verfügung stehenden Mitteln zerstören wollen. Den smarten Verführern und knallharten Geschäftsleuten der neuen Medien stehen wir vergleichsweise hilflos gegenüber.

### *Vom Fernsehen zum Internet*

Fernsehen ist sozusagen eine weiche Einstiegsdroge. Das Internet ist Hardcore, ist Heroin. Der Fernseher im Kinderzimmer ist – beweisbar und bewiesen – schon eine pädagogische Todsünde, der Computer ist – falls überhaupt möglich – die maximale Steigerung. Eltern ist vielfach leider nicht klar, was sie anrichten, indem sie den verständlichen Wünschen der Kinder nachgeben. Die andern dürfen das doch auch ... Was kümmern mich die anderen? Was als maximale Individualisierung verkauft wird, ist im Prinzip die Gleichmacherei hoch zehn. Was ist gefordert? Das Individuum, das unteilbare Ich. Wir als Einzelpersonen können entscheiden über das, was wir konsumieren. Bei einem überbordenden Nahrungsangebot kann man wählen: Junkfood oder Biokost?

Vor Kurzem erschien – nur als Beispiel unter vielen – in der *Süddeutschen Zeitung* eine ganze Seite über die Studien zum Internet und seine Gefahren. Unter dem passenden Titel »Sturmfreie Bude« wird mit den üblichen falschen Annahmen schnell aufgeräumt. »Wer im Internet 18 sein will, der ist es.« Also sind alle Kontrollversuche letzten Endes hilflos und sinnlos, wie bei einem Alkoholiker, dessen Vorräte Angehörige suchen und wegschütten wollen. In einer alkoholischen Gesellschaft wird es ebenso wie beim existierenden medialen Totalitarismus immer Zugänge zum Stoff der Süchte geben.

Trotzdem und gerade deshalb sind letzten Endes Eltern gefragt, mit ihren Kindern in einem Dialog zu bleiben und sie nicht achselzuckend dem medialen Müll zu überlassen. Der Nürnberger Trichter sollte zur vereinfachten Vermittlung von Wissen dienen. Aber wenn man oben Müll einfüllt, kommt unten nichts anderes als Müll an ... Es reicht bei Weitem nicht, Kindern über die Schulter zu schauen. Natürlich sollten wir uns dafür interessieren, sollten wir gemeinsam schauen, was da so angeboten wird. Aber es nützt wenig, die Kontrollfunktion an elektronische Programme zu delegieren, denn diese funktionieren einfach nicht! Letzten Endes geht es wie fast überall um Wert-Entscheidungen. Nutze ich das Medium in seinen positiven Funktionen? Oder spiele ich zeitfressende dämliche Spiele? Mache ich mich selbst oder andere weltweit lächerlich? Oder schreibe ich Briefe, die schneller ankommen als mit der Schneckenpost?

### *Erwachsene und ihre Probleme*

Insgesamt wird in der psychologischen, neurologischen und psychiatrischen Forschung das Thema Sucht und Co-Abhängigkeit viel zu wenig beachtet. Noch weiß z.B. niemand, wie viele psychosomatische Störungen in Zusammenhang stehen mit dem Aufwachsen in einer Suchtfamilie. Es gab Aktionen über Gewalt in der Familie, wo niemand etwas von Sucht wissen wollte. »Sucht interessiert mich nicht!«, sagte mir persönlich nicht nur ein vielfach zitierter Familienforscher. Mit den dramatischen Vorkommnissen von Kindesmisshandlung und -mord und deren Präsenz in den Medien dürften langsam auch alle Fachleute einsehen, dass Sucht in allen Bereichen im Fokus stehen muss. Schon sind wir neben den Folgen von Alkoholismus in den Familien mit Fällen konfrontiert, in denen Mütter ihre Kinder wegen Onlinesucht vernachlässigt haben.

Vincent J. Felitti und Kollegen aus den USA haben schon vor zehn Jahren eine hochinteressante Studie veröffentlicht, die erstmals zuverlässig belegt, was frühkindlicher Stress im späteren Leben bedeuten kann. So war Alkoholmissbrauch bei Menschen, die vier oder mehr frühe Stresserfahrungen hinter sich hatten, um den Faktor 7,4 erhöht, Drogenmissbrauch um das 10,3-Fache, ein Selbstmordversuch sogar um das 12,2-Fache wahrscheinlicher. Weitere Untersuchungen werden zeigen, wie sehr auch andere Störungen häufiger sind wie Fettsucht, Risiko- und delinquentes Verhalten, somatoforme Störungen (ohne körperliche Ursache), Herz-Kreislauf-Erkrankungen und Persönlichkeitsstörungen.

Dazu hat Johnson (1999) bereits herausgefunden: Körperlich misshandelte Kinder entwickeln zu 54 % massive Persönlichkeitsstörungen – narzisstische, antisoziale und Borderline-Syndrome. Auch Fernsehkonsum hat einen unglaublich ungünstigen Einfluss (Johnson 2002). Wer vor dem 16. (!) Lebensjahr täglich zwischen einer und drei Stunden vor der Glotze saß, hatte eine nachweisbar erhöhte Gewaltbereitschaft. Bei über drei Stunden waren 42 % der Versuchsteilnehmer aggressiver als die Vergleichsgruppe. Bitte schauen Sie noch einmal genau auf die genannten Zeiten!

## *Elternerziehung*

Die Herausforderung, dass viele Eltern ihren Aufgaben nicht gewachsen sind, müssen wir aktiv annehmen. Auch in Deutschland gibt es konkrete Seminare, z.B. von Professor Hahlweg und KollegInnen in Braunschweig. In Queensland (Australien) wurde erstmals ein Programm ins Netz gestellt: dreimal P, Triple P – Positive Parenting Program (www.triplep.de).

Viele koordinierte Bemühungen sind erforderlich, sinnvolle Prävention zu betreiben, um spätere Störungen zu verhindern. Die Eindämmung der Macht der Medien gehört dazu. Der Fernseher im Kinderzimmer ist wie gesagt eine pädago-

**Wo bleibt die Verantwortung der Eltern?**

»Erziehung wird vorenthalten.« So drückte es einmal ein aus dem Amt scheidender Kinderpsychiatrie-Professor aus. Besonders deutlich zeigt sich das bei den Medien: Die Hälfte aller Eltern kümmert sich überhaupt nicht um den Medienkonsum ihrer Kinder. Viele Millionen Kinder sind den Inhalten der Medien völlig schutzlos ausgeliefert. Fast alle, das heißt über 90 % der Computer-»Spiele«, sind nach Ansicht von Fachleuten jugendgefährdend: verrohend und gewaltverherrlichend. Sagt der Opa zum Enkel in der Spielewerbung: »Mit dir hätten wir den Krieg gewonnen!« Das ist pervers. »Wer Gewaltspiele spielt, sieht die Welt als Feind an. Er streitet mehr mit Lehrern, prügelt sich häufiger und hat schlechtere Noten.« So der amerikanische Medienforscher Douglas Gentile in der *Süddeutschen Zeitung* vom 21.11.2008. Rein zufällig findet sich direkt unter dem Bericht über den internationalen Kongress zum Thema »Computerspiele und Gewalt« ein Bericht über die »Broken Windows-Theorie«. Sie besagt, dass Menschen sich umso weniger an übliche Regeln halten, je mehr es Signale optischer oder akustischer Art – z.B. Graffiti oder Feuerwerksexplosionen zur Unzeit – gibt, und dass ohnehin Regelverletzungen von anderen begangen werden …

gische Todsünde, auch wenn interessengesteuerte Klugsch ... anderes behaupten. Die Flatrate zum Internet im Kinderzimmer bedeutet eine ungeheure, in ihren Auswirkungen noch nicht voll erfasste Steigerung. War schon das Fernsehen ein apokalyptischer Reiter, so hat der Einfluss des Internets Ausmaße, vor denen wir uns fürchten müssen.

## *Was ist mit Jugendschutz?*

Da sind viele Menschen aus totalitären Staaten wie der DDR endlich froh, dass die Zensur abgeschafft wurde – und Menschen in China warten noch immer vergeblich: Da droht vom anderen Ende das Desaster. Schutz vor jugend- bzw. allgemein menschengefährdenden Inhalten ist in der Realität nicht möglich. Die Organisation jugendschutz.net z.B. hat zwar über 7 000 Webseiten in einem Jahr überprüft und auf fast 10 000 Beschwerden reagiert. Bei über 50 % der Beanstandungen ging es um Pornografie, bei immerhin einem Siebtel um rechtsradikale Anwerbeaktionen.

Was nützt das, wenn viele Anbieter zumindest im Inland die scheußlichen, menschenverachtenden Inhalte scheinbar brav wieder rausnehmen? Im selben Moment arbeiten zigtausende Anbieter schon an der nächsten Schrottladung. Und das Ausland kümmert sich keineswegs um Kontrollbemühungen. Was interessiert einen Server in Thailand der nette Jugendschützer im Karohemd im netten Institut in München? Selbst wenn es der Anbieter in Deutschland auf ein »medienrechtliches Aufsichtsverfahren« ankommen lässt, kann er sich die Hände reiben. Die Kommission für Jugendmedienschutz (KJM) wird tätig – und es kann aufgrund des juristisch vertrackten Verfahrens mehr als ein Jahr dauern, bis mögliche Sanktionen erfolgen. Das bei einem Medium, wo es um Millisekunden geht!

Zwei Juraprofessoren hielten es für technisch aussichtslos (eben!) und juristisch bedenklich, bemängelte Seiten einfach zu sperren. Jetzt kommt wieder Realsatire: »Immerhin berührt die Veröffentlichung von Inhalten viele Grundrechte.« Das ist es ja gerade. Gibt es kein Grundrecht auf die Verschonung vor Gift? Bei Umweltgiften ist man ja inzwischen hochsensibel, manchmal geradezu hysterisch. Aber hier? Die amtlichen deutschen Jugendschützer setzen auf Dialog. Ach, wie schön! Die Medienverkäufer brüllen vor Lachen. Hoch die Champagnergläser! Immerhin fordert Jörg Ziercke, Präsident des Bundeskriminalamtes, härtere Gesetze, um Seiten mit Kinderpornografie sperren zu können. Andere Länder wie Dänemark, Kanada oder Norwegen haben das längst installiert.

### *Globalisierung im Dienst der geistigen Umweltverschmutzung*

Ausländische Anbieter scheren nette Gesetze einen Teufel, wenn sie nur mit ihren Produkten Geld machen können. Insofern sind nationale Regelungen letzten Endes wirkungslos. Die Globalisierung ist nicht nur ökonomisch längst Realität, sondern viel radikaler, auch medial. Ausgefeilte und in vielen Bereichen hervorragende Rechtssysteme, die wie bei uns z.B. auf dem römischen und dem französischen Recht beruhen, werden durch die galoppierenden apokalyptischen Reiter der Globalisierung mindestens teilweise ad absurdum geführt.

Noch ein letzter Hinweis auf hilflose Kontrollversuche: Nicht einmal alle Filterprogramme, die Eltern installieren könnten (es tun ohnehin die wenigsten!), übernehmen z.B. die Listen indizierter Seiten der Bundesprüfstelle für jugendgefährdende Schriften, nein Medien. »Das ist unter Jugendschutzgesichtspunkten extrem unbefriedigend und nur schwer verständlich.« So Stefan Glaser von jugendschutz.net. (*Süddeutsche Zeitung* vom 29.8.2008)

### *Entblößung 2.0 – Was im Netz ist, ist im Netz*

Bei meinen Veranstaltungen werde ich immer wieder gefragt, ob ich nicht meine Powerpoint-Präsentationen weitergeben könnte. Nein, habe ich stets gesagt, das ist mein geistiges Eigentum, an dem ich hart gearbeitet habe! Dafür müssen Sie Verständnis haben. Aber was soll man machen, wenn plötzlich der eigene Laptop nicht mit dem Projektor harmoniert? Dann hilft der Stick, auf dem ich zur Sicherheit meine Präsentation gespeichert habe. Vor Kurzem fand ich einen meiner zentralen Vorträge im Internet wieder, rein zufällig. An der TU München hatte ich im Rahmen eines Kongresses gesprochen, vor fast zwei Jahren. Da hatte jemand trotz meiner Einwände die gespeicherten Daten verbreitet. Ähnlich – und mit viel größerem Schaden – geht es vielen Medienproduzenten, die ihre zum Teil superteuren Produkte, wie z.B. Filme, nach kurzer Zeit trotz aller Vorsicht auf dem schwarzen Markt des Internets entdecken müssen.

Ganz schlimm wird es, wenn Menschen Persönliches, Allzu-Menschliches ins Netz stellen. War es noch eine Ausnahme und eine Sensation, wenn bekannt wurde, dass der geniale Regisseur und Schauspieler Roman Polanski Sex mit seiner schönen und später ermordeten Freundin Sharon Tate gefilmt hatte, so passiert das heute im Massenmaßstab. Sexsucht ist verbreitet wie nie, weil sie ständig angeheizt wird, das Material in unendlicher Fülle zur Verfügung steht. Eine widerliche Ikone der Schickimicki-Gesellschaft wie die Millionenerbin Paris Hilton (sicher von vielen Mädchen und Jungs bewundert) erreicht die gewünschte Aufmerksamkeit durch viele Tricks, ganz besonders vor Jahren durch das Sexvideo eines Exfreundes. Das Intimste wird weltweit sichtbar! Das hätte sich ein Science-Fiction-Autor nicht erträumen lassen. Die Realität übertrifft immer (!) die Fantasie!

Was für Paris Hilton, der weitere Süchte nachgesagt werden, zum Vorteil geriet, wird für viele Teenager und Erwachsene zur Katastrophe. Ein 16-jähriges italienisches Mädchen erschoss sich, nachdem sie durch ein Video ihres Exfreundes vor aller Welt bloßgestellt worden war. Tausende leiden still, weil sie sich auf einer Party Blößen gegeben haben, die durch irgendeine Kamera festgehalten und ins Netz gestellt wurden.

SchülerVZ ist nur für Schüler zugänglich, angeblich. Mehr als 3,4 Millionen Mitglieder nutzen diese Plattform – und täglich (!) kommen rund 3 000 Mails mit Beschwerden über Inhalte! Natürlich gibt es auch hier einen verständnisvollen Jugendschutzbeauftragten, der womöglich sogar Behörden einschaltet, wenn es um Kriminelles geht ...

In den Nutzungsbedingungen von Facebook, dem größten sozialen Netzwerk mit unvorstellbaren 100 Millionen Mitgliedern, heißt es lapidar: »Wir empfehlen, dass Minderjährige ihre Eltern um Erlaubnis bitten, bevor sie Informationen über sich im Internet preisgeben.« Es darf gelacht werden.

### *Mobbing modern*

Verkorkste Nachbarn – so könnte man eine populäre Internetseite in Amerika nennen, wo man ungestraft über Menschen herziehen kann. Klatsch und Tratsch waren schon immer beliebt und werden es immer sein. Aber es ist schon ein Unterschied, wenn alle Welt Wahres und weniger Wahres über uns erfährt. Damit kann man Menschen fertigmachen. Die Identifizierung der Denunzianten ist äußerst schwierig. Der in einer

Zeitung interviewte smarte Anwalt im Maßanzug hat außer der Beschreibung des möglichen Schadens bis hin zur Verminderung des Grundstückswerts nichts Hilfreiches zu bieten. Der moderne Pranger ist viel wirksamer als der mittelalterliche, wo es immerhin noch um überprüfbare Aktionen und Taten ging. Irgendwann wurde das Opfer/der Täter auch wieder vom Pranger erlöst. Das Internet dagegen vergisst nichts.

Lehrer haben es heute sowieso schwer, auch und gerade wegen der neuen Medien. Jetzt sind sie auch noch Opfer von unqualifizierten Angriffen von Schülern. Viele Opfer schweigen aus jener Scham, die den Tätern offenbar völlig abhandengekommen ist. In Simulationen wird schon mal ein Kopf in einen Porno einkopiert oder der/die Täter erschießen oder enthaupten ihr Zielobjekt. Kann man ja alles in Videospielen gut abgucken.

»Aber lassen Sie mich noch eins sagen, über die größte Gefahr, die der Menschheit droht. Nämlich? Das Internet. Das Internet kann alles. Es hilft anonym beim Bombenbau oder sich schlachten zu lassen. Es verbreitet Wahrheit oder Lüge, ohne sich zu demaskieren. Es handelt mit Rauschmitteln wie mit allem Perversen. Es kann, ohne Gefahr zu laufen, mehr Unheil anrichten als jede tödliche Seuche. Aber zugegeben, es macht die Welt auch klüger. Doch – wollen wir das?«

Gunter Sachs, 76, Fotograf, Filmemacher, Playboy, Kunstkenner, zitiert in der *Süddeutschen Zeitung* vom 1./2.3.2008

## *Digitales Arsenal des Schreckens*

Kaum ist der Kalte Krieg beendet (falls ihn Putin und Genossen nicht wieder anfachen), schon droht ein noch kälterer, dem jede sinnliche Komponente fehlt: der durchs Internet.

Einer meiner Patienten ist bei der größten Firma angestellt, die mit Internetservice ihr Geld verdient. Er hat mit einigen Kollegen die Aufgabe, Angriffe auf die Seiten der Kunden aus dem Netz abzuwehren. Kriminelle mit Knarre und mit Gift etc. gibt es immer noch, wird es auch immer geben. Daneben ist es aber viel effektiver geworden, sich illegal Vorteile zu verschaffen, z.B. durch Datenklau zum eigenen Vorteil über das Internet, in dem Konkurrenten durch Datenoverkill sabotiert und allein schon mit der Androhung unter maximalen Druck gesetzt werden. Aus Scham oder Angst – wie bei der ganz normalen Schutzgelderpressung – werden viele Attacken verschwiegen. Ein spektakulärer, bekannt gewordener Fall: Eine Bank im Ausland wurde von russischen Hackern über zwei Tage völlig außer Gefecht gesetzt. Nachahmer arbeiten schon an Wiederholungen solcher Aktionen. Wenn die Konkurrenz einer solchen Bank gut zahlt, sind wir dabei ... Wettbüros im Netz sollen zu einem Drittel zu Schutzgeld erpresst werden, das diese zähneknirschend zahlen, um nicht durch sinnlose Anfragen ihrer Existenz beraubt zu werden.

### *I love you – Mediales HIV*

Vor fast 30 Jahren verbreitete sich der erste Medienvirus noch per Diskette. Die passt heute nicht mal mehr in einen neuen Computer ... Im Jahr 2000 soll ein nettes kleines Programm namens »I love you!« fünf Milliarden Dollar Schaden verursacht haben, vor allem durch Computerausfälle. Selbst wenn man persönlich die vermeintlichen Liebesbriefe nicht geöffnet hatte, konnte man das Pech haben, auf einem anderen Rechner als Adresse gespeichert zu sein, um sich so den Virus einzufangen. Das funktioniert also noch viel raffinierter als die Infektion durch HIV, wo man immerhin noch selbst aktiv werden und Verantwortung übernehmen muss.

### *Datenschutz – unmöglich*

Seit Jahren sage ich meinen Patientinnen und Patienten, dass wir uns über Datenschutz keine Gedanken mehr zu machen brauchen. Er existiert ohnehin nicht mehr! Über Steuersünder, die in Liechtenstein ihren Reichtum gebunkert haben und durch eine kleine silberne Scheibe auffliegen, können wir uns ja noch freuen, aber gewiss nicht darüber, dass auch von uns an x Stellen Daten gesammelt und verbreitet werden, über die wir keine Kontrolle mehr haben. Das sogenannte Bankgeheimnis war noch nie existent.

Immerhin ist das Arztgeheimnis eine strafbewehrte Schutzzone. Es gab mal so etwas wie eine Krankenakte, die im Laufe des Lebens immer dicker wurde, in Teilen an verschiedenen Orten aufbewahrt wurde und nach zehn Jahren vernichtet werden durfte. Inzwischen wird aus guten Gründen alles digital erfasst. Das entlastet nicht nur den Zivi, der die kiloschweren Akten auf einem Wagen durch die Gänge des Krankenhauses schieben musste. Der Zugriff wird unglaublich erleichtert. Aber gleichzeitig ist keineswegs auszuschließen, dass ein unzufriedener Sachbearbeiter oder ein gekündigter Arzt schnell mal einige Daten auf einen winzigen Stick lädt und bei sich auf dem Computer speichert, um eines Tages damit seinen früheren Arbeitgeber oder einzelne Patienten unter Druck zu setzen. Die Szenarien sind beliebig erweiterbar.

Erschrecken Sie nicht: Da berichtet ein seriöser Oberarzt aus einer Münchner Klinik über die Vernetzung der Klinikdatensysteme. Bei der Suche nach einem Röntgenbild sieht er wegen einer Namensgleichheit plötzlich die Knochenaufnahmen einer bekannten Opernsängerin mit zahlreichen Metastasen ...

Ein internistischer Chefarzt erzählt lächelnd von einem Skandal: In seiner Klinik kann man mit einem Klick die Krankengeschichten sämtlicher Mitarbeiter aufrufen, von der Abtreibung der Krankenschwester X bis zum Alkoholproblem des Stationsarztes Y …

### *Big Brother, Google und Co*

Da fährt ein Auto mit aufgeschnallter Kamera durch eine Straße – und nimmt für eine spätere Verwertung im Internet alles auf, auch Sie, wenn Sie gerade unterwegs sind zum Einkaufen oder auf dem Rückweg von einer Freundin, von der die Ehefrau besser nichts wissen sollte. Sich dagegen wehren: wahrscheinlich zwecklos. Was Google verspricht, hält es wohl nicht. Was drin ist, ist drin. Diebe finden die Aktion gut, sind sie doch über die Bilder bestens über die Nachbarschaft informiert. »Street View« ist der ultimative Big Brother. Er macht allerdings nicht an Äußerem halt, sondern verfolgt uns bis in das nicht mehr vorhandene Privatleben. Anonymität im Internet, das war einmal.

Google bietet für Webseitenbetreiber einen kostenlosen Service namens Google Analytics, der alles hergibt, was er über den Konsumenten in Erfahrung bringen kann. Jeder Klick wird öffentlich, nichts bleibt geheim. Damit kann man Werbung viel gezielter betreiben als mit dem sprichwörtlichen Gießkannenprinzip. Datenschutzbeauftragte zeigten sich schockiert, dass Daten in diesem Umfang über Jahre gespeichert und gleich weiter in die USA transferiert werden. Zu spät …

Gerald Reischl, Autor des Buches *Die Google-Falle,* hält Google für eine unkontrollierte und unkontrollierbare Weltmacht. Wahrscheinlich haben wir das größte Datenschutzproblem der Geschichte der Menschheit. Der sympathische oberste Datenschutzbeauftragte Deutschlands kann einem nur leid tun. Die Panne, durch die herauskam, dass 30 Millionen (!) Nutzerdaten der Telekom frei verkäuflich waren, ist schon fast vergessen. Man gewöhnt sich an alles.

»Wir haben ja noch keine Ahnung, was der Mensch aus dem Menschen machen kann.« So B.F. Skinner, der berühmte Verhaltensforscher, zitiert von Vance Packard zu Beginn seines Kapitels »Der knetbare Mensch« in *Die große Versuchung*, prophetisch geschrieben schon 1978. »B.F.Skinners alarmierende These ist Anspruch und Wissen zugleich. Machtvolle Kräfte wollen den Menschen und sein Verhalten ummodeln ... Allenthalben sind Menschenkonstrukteure am Werk. Immer weniger Personen können das Dasein von immer mehr Menschen bestimmen, verändern, manipulieren, umgestalten ... Die neuen Techniker ... bringen des Menschen Tun und Empfinden, sein Wünschen und Denken in ihre Gewalt ... Viele dieser Revolutionäre legen einen Feuereifer an den Tag, wie wir ihn beim sonst so bedächtigen Naturwissenschaftler gar nicht gewohnt sind. Columbus war alles andere als bedächtig, und eine erkleckliche Anzahl der Revolutionäre ist es auch nicht ... Sie wähnen sich am Rubikon der Naturwissenschaft.«

## *Werbung weltweit – mehr Umsatz als die Rauschgiftmafia*

Täglich wird die nicht fassbare Menge von 160 Milliarden Werbemails verschickt. Vieles davon, sogar das meiste, fällt unter die Kategorie Spam, das heißt unerwünschte Post. Trotzdem antwortet jeder 40. bis 50. unfreiwillige Adressat. Mehr wollen die Anbieter gar nicht erreichen. Man stelle sich vor: Nur 10 bis 15 Menschen steuern ein Monster, das mehr als 100 000 ferngesteuerte Rechner in 106 Ländern umfasst. Über unverdächtige Musiksoftware wird ein Programm eingeschleust, das die Flut vervielfacht. Auf diesem Weg werden z.B. gefälschte und damit oft hochgefährliche Medikamente beworben und vertrieben. Verantwortliche sind praktisch nicht auszumachen. Alle 30 Sekunden überprüft die Zentrale, ob all die Helfer noch gut funktionieren ...

Schon normale Banken können gefährlich werden für unseren Geldbeutel. Manche streiten sich, ob die Eröffnung einer Bank oder ein Bankraub krimineller sei ... Virtuelle Banken im Internet entlocken dummen Kunden Daten, um sie alsbald zu ruinieren. Schwarzmarkt-Versandhäuser kaufen Daten wie Reis oder Kartoffeln.

### *Die Kultur wird durch die Medien korrumpiert*

»Wir sind süchtig geworden nach Krieg, Gewalt und Fernsehen.« So der Politologieprofessor Howard Zinn, der mit seinen 86 Jahren einen gewissen Überblick hat über die Geschichte der USA und den Zusammenhang mit den Medien. Studenten lesen heute keine Zeitung mehr, sie sehen fern. »Die Geschichtskenntnisse, die in den Schulen vermittelt werden, sind miserabel.« Der Mensch oder die Menschheit könnte aus den Fehlern der Vergangenheit lernen, tut es aber nicht. Wir leben nur noch in der Gegenwart, verstehen allzu oft nicht mehr, dass der heutige Zustand der Welt nur aus seiner Historie abzuleiten ist. Die Zukunft wird zeigen, in welche weiteren Probleme wir damit hineinrutschen.

Wissen Sie, wie viel Strom das Internet weltweit verbraucht? Vor einiger Zeit wurde ich durch eine Mail meines Internetanbieters Strato darauf hingewiesen, dass man über diese Frage ernsthaft nachdenken muss. In unserer Informationssucht machen wir uns kaum klar, dass z.B. einmal Googeln so viel Strom frisst wie eine Energiesparlampe in einer Stunde, dass – jetzt wird es ernster – eine Figur in der virtuellen Welt des Second Life so viel Energie verbraucht wie ein ganz lebendiger Brasilianer – und das gesamte Internet so viel $CO_2$ hervorbringt wie der globale Luftverkehr. Strato betreibt seit 1.1.2008 seine beiden Hochleistungsrechenzentren ausschließlich mit umweltfreundlichem Strom.

### *Medienrevolution: Fernsehen, Zeitung, Buch?*

Das traditionelle Fernsehen hat einen Umfang erreicht, der vor Jahrzehnten nicht erahnt werden konnte. Hunderte von Sendern aus aller Welt sind über Luft, Kabel, Satelliten erreichbar. Trotzdem wird es an Bedeutung verlieren an noch weiter fortgeschrittene Technologien. Inzwischen können wir gezielt Informationen wie Nachrichten, Wissen aller Art, Waren aller Art über tragbare Geräte im Miniformat ab- und aufrufen. Das Material lagert auf Servern. Selbst die größten Sender wie das ZDF wollen nicht mehr nur mit dem zweiten Auge gesehen werden und speichern ihre Sendungen auf Medientheken, wo wir Medienjunkies sie jederzeit abrufen und wiederholen können.

In den Zeitungen finden wir die News von gestern bis vorgestern. Bald wird es den traditionellen Zeitungsleser nur noch als Nostalgiker geben. Laut Prognose von Tom Rosenstiel, Co-Autor eines mehrfach ausgezeichneten Buches zum Journalismus, ist es gut möglich, dass wir in 15 Jahren in ein paar größeren Städten noch gedruckte Zeitungen haben werden, hauptsächlich für Werbekunden, allerdings nur noch sonntags oder zweimal die Woche. Wo immer die Zeitung noch existiert, wird sie in einer limitierten Hybridversion erscheinen, sicher nicht mehr täglich. Also freuen Sie sich noch ein bisschen an dem großformatigen Ungetüm, das Ihnen jeden Morgen den Briefkasten verstopft!

Herr Rosenstiel bestätigt die Hypothese, dass wir uns in einer technologischen Revolution befinden, die mit der Erfindung des Herrn Gensfleisch alias Gutenberg vergleichbar ist und mit der Erfindung des Telegrafen. Es geht wie immer um viel Geld und die Verschiebung von Geldmassen von einem Anbieter zum anderen. 2007 war ökonomisch das schlechteste Jahr aller Zeiten für die amerikanische Zeitungsindustrie, die noch immer 90 % ihrer Einkünfte aus der Printwerbung bezieht. Bei Einstellung der gedruckten Version würden allerdings auch 40 % Kosten gespart ...

Mit dem gedruckten Buch verloren die Kopisten ihre Arbeit an andere, mit dem Internet verlieren zwar nicht alle Journalisten ihre Arbeit, aber sicher viele. Jeder von uns kann Nachrichten generieren, völlig unabhängig übrigens vom Wahrheitsgehalt. Ich habe noch eine traditionelle Journalistenausbildung an der Hochschule für Fernsehen und Film genossen, wo es noch um Werte und Wahrheit ging. Im konkreten Umgang mit den Medien als Akteur vor der Kamera und vor dem Mikrofon habe ich inzwischen die meisten Illusionen aufgegeben. Am liebsten spreche ich live wie bei meinem ersten wichtigen Auftritt 1986 im ZDF im Rahmen der »Suchtwoche«. Live bin ich für alles selbst verantwortlich, kann nichts wiederholen oder korrigieren, aber es kann auch niemand meine Aussagen manipulieren.

## *Bücher sind altmodisch*

Ganz gewiss, aber sie bieten vieles, was ein elektronisches Medium nicht kann. Stimmt diese Aussage wirklich? Oder ist es nur der schöne sinnliche Eindruck, wenn wir am Strand des Sees oder Meeres ein Buch aufschlagen und uns in einen Roman oder in ein Sachgebiet vertiefen? Schon gibt es einen merkwürdigen Zwitter, ein elektronisches Gerät mit gespeicherten Büchern. Trägt sich leichter in der Badetasche.

Aber Sie haben ja gerade ein reales Buch vor sich. Hoffentlich profitieren Sie davon länger und profunder als von einer Message im Netz! Ich bin mir durchaus bewusst, dass ich medial leicht ins Hintertreffen gerate. Aber damit kann ich leben. Als bekennender Büchersüchtiger weiß ich, dass ich damit nicht allein bin. So ein richtiger Schmöker bleibt ein Schatz, zu dem man jederzeit greifen kann und möchte. Wirkliche Weisheiten, Literatur und Lyrik haben kein so schnelles Verfallsdatum.

## *Elektronische Medien – nicht mehr lesbar?*

Ein Übergang zwischen Brief, Telefon und Elektronik ist schon wieder vom Aussterben bedroht. Vor Kurzem habe ich überlegt, ob ich in meiner Praxis das Faxgerät abkoppeln und wegstellen soll. Eine ziemlich sperrige technische Schönheit, die langsam überflüssig wird. Meine viel jüngeren AssistentInnen haben so ein Gerät schon lange nicht mehr.

Das klassische Tonbandgerät kann man allenfalls im Keller oder im Deutschen Museum besuchen. Neue Stereoanlagen haben den Nachfolger schon nicht mehr, die Musikkassette, die uns lange so viel Freude gemacht hat. Sehr praktisch und angenehm fand ich die MiniDisc, zur Wiedergabe und zur Aufnahme. Aber wer hat so was noch?

Neulich wollte ich in einem namhaften Kaufhaus einige Disketten kaufen. Fast empört wurde mir mitgeteilt, so was Altmodisches hätten sie nicht mehr im Sortiment. Vielleicht noch am Hauptbahnhof in einem Türkenladen?

Videorecorder? Ein alter Hut. Vorsicht, die Aufnahmen gehen nach Jahren kaputt! Überspielen kann teuer werden. Der Festplattenrekorder mit der Möglichkeit, auf DVD zu speichern bzw. zu kopieren? Ein Auslaufmodell. Die Blue-ray blinkt uns schon entgegen. Wahrscheinlich haben die Konzerne schon auch deren Nachfolger in Arbeit, um das neue Medium in dem Moment auf den Markt zu werfen, wo wir uns bestens ausgerüstet haben ...

Fachleute weisen darauf hin, dass wir bei aller Datenflut in die Verlegenheit kommen könnten, Daten nicht mehr reproduzieren zu können, weil sie auf einem Technik-Methusalem gespeichert wurden. Bücher können wir nach Jahrhunderten noch ehrfurchtsvoll aufschlagen. Fotos aus der Kindheit können vergilben, Dias verblassen. Aber die Medien sind nicht tot.

Die modernen Dateien könnten sich totlachen über uns, weil sie sich so gut versteckt halten, dass wir nicht mehr an sie herankommen. Die Geschwindigkeit des Datentransfers soll sich laut Medienexperten Ray Kurzweil (welch passender Name!) in 25 Jahren um eine Milliarde erhöht haben. Der Unterschied zwischen Postkutsche und Auto ist dagegen mehr als zu vernachlässigen.

## *Himmelsscheiben und andere Botschaften*

Die Himmelsscheibe, die in Sachsen-Anhalt gefunden wurde, lässt uns rätseln über das Wissen unserer Vorfahren vor Tausenden von Jahren. In den Weltraum haben wir Botschaften geschickt mit Abbildungen von Mann und Frau, Einsteins Formel $E = mc^2$, einer Aufnahme mit einer deutschen Sängerin, die die berühmte Arie der Königin der Nacht aus Mozarts »Zauberflöte« singt. Ob Außerirdische uns verstehen werden? Eine Festplatte könnten wir ihnen offenbar nicht anbieten. Es könnte ja sein, dass sie eine andere Software haben.

Erst kürzlich kam ein neuer Patient zu mir, der mit über 70 zu den Alt-Programmierern gehört. Er kann an Computersprachen arbeiten, die längst ausgestorben sind – und verdient damit gutes Geld ...

## *Was ist die Lösung?*

Um es ganz einfach auf den Punkt zu bringen: von den Vorteilen der neuen Medien profitieren, ohne deren Nachteilen zum Opfer zu fallen oder andere zum Opfer fallen zu lassen! Unsere Kinder und Jugendlichen brauchen unseren Schutz. Wir müssen zurückkehren zur einfachen Begegnung, zum einfachen direkten Gespräch. Und wir sollten alle Möglichkeiten der Freizeitgestaltung, von Hobbys und insgesamt Kreativität nutzen, die uns schon immer zur Verfügung standen.

## *Bitte ein Stromausfall!*

Was würde passieren, wenn es – endlich mal wieder! – einen Stromausfall gäbe? Wunderbar! Wer erinnert sich nicht gerne daran? Das war wie der schlagartige Entzug vieler unserer Süchte. Man kam sich plötzlich wieder näher, sogar ganz direkt mit einer erhöhten Geburtenrate als Folge. Menschen waren gezwungen, miteinander zu reden, sich gegenseitig zu helfen. Wo haben wir denn die Kerzen von Weihnachten versteckt? Mist, seit letztem Jahr haben wir ja eine Lichterkette …

Loriot hat in einem seiner wunderbaren Sketche den Ausfall des Fernsehers aufs Korn genommen: Plötzlich ist das abendliche Ritual ins Wanken geraten. Ein Gespräch kommt trotzdem nicht zustande, trotz der hilflosen Versuche der Ehefrau. Der Ehemann lässt es sich von dem kaputten Fernseher nicht vorschreiben, dass er ins Bett geht, wie das Programm es vorgibt … In einer anderen Szene Loriots geht es um die hypnotische Wirkung des Fernsehapparates. Er nimmt ironisch die Forschung vorweg, die das völlige Erstarren von Kindern vor dem Kasten ermittelt hat.

## *One week no media!*
## *Alle Zeitvernichtungsmaschinen außer Betrieb?*

Vom 30.6. bis 6.7.2008 fand die 1. Medienfreie Woche statt (www.one-week-no-media.de): mit viel Kultur, Sport und sozialer Aktion. Das Experiment geht auf eine Initiative der Evangelischen Gesellschaft und Release zurück und stand unter der Schirmherrschaft der zuständigen Bürgermeisterin der Landeshauptstadt Stuttgart. Die 2. Medienfreie Woche ist für den 13.7. bis 19.7.2009 geplant.

Ähnliche Aktionen gab es schon an verschiedenen Schulen – mit erfreulichen Ergebnissen. Natürlich kamen Entzugserscheinungen aller Art. Aber die nachfolgenden Re-Aktionen waren umso schöner. Man begann in Familien wieder zu reden, zu diskutieren. Alte Brettspiele wurden wieder hervorgeholt, es wurde Karten gespielt, ja sogar vorgelesen! Familien haben nach langer Zeit wieder Ausflüge unternommen, keine virtuellen, sondern wirkliche in die Berge, ans Meer oder in die Heide. Einige Kinder sollen erstmals einen Wald gesehen haben.

## *Der fernsehfreie Tag in der Woche*

Altbundeskanzler Helmut Schmidt erfreut uns noch Jahrzehnte nach seiner Abwahl mit seinen mehr oder weniger aufschlussreichen politischen Weisheiten. Aber mit kaum etwas ist er mir deutlicher in Erinnerung geblieben als mit seiner Forderung nach einem fernsehfreien Tag in der Woche. Aber das wollte eigentlich niemand hören. Damals war die Euphorie über das tolle Medium ungebrochen, das uns allen Bildung und Fortschritt in die Wohnstube liefert.

### *Fasten*

Nichts bringt uns mehr zum Bewusstsein über die Bedeutung eines Suchtmittels als das zeitweilige Fasten von dem ein oder anderen Konsum, ganz egal, ob es nun der Alkohol ist, das Fleisch, die Schokolade – oder eben die Medien. Die Zeit des Nachdenkens kann uns viel bringen für die Zukunft: Worauf können wir vielleicht mit Gewinn ganz verzichten? Wie können wir durch zeitweilige Abstinenz den Genuss wieder erhöhen? Wie können wir zu einem neuen Rhythmus finden, neuen Ritualen? Wieder mehr Zeit haben für uns selbst und unsere Mitmenschen?

### *Live ist die Devise*

Gewiss kann uns ein Fernsehfilm nachhaltig beeindrucken und Spuren in unserem Gefühlsleben hinterlassen. Aber ist nicht in der Regel der Besuch eines realen Konzerts, einer Opern- oder Kinovorstellung, eines Kabarettabends, eines Balletts viel eindrucksvoller? Daran erinnern wir uns oft noch nach Jahrzehnten. Physisch sind wir den Akteuren ausgeliefert. Das ist eben ein anderes Medium, als wenn ich im Bewusstsein schaue, bei der nächsten langweiligen Szene einfach wegzuzappen oder eine andere Internetseite anzuklicken. Beim Weg zum Live-Event fällt langsam der Alltag von uns ab, auf dem Heimweg haben wir in der U-Bahn oder im Auto oder zu Hause bei einem Glas Wein etwas zu diskutieren, Meinungen und Beobachtungen auszutauschen.

## *Live noch mit über 80: Dieter Hildebrandt*

Seit Jahrzehnten bin ich ein Bewunderer von Dieter Hildebrandt, den wir in unserem Schülerkabarett schon vor über 40 Jahren imitiert haben (und den ich inzwischen persönlich kennenlernen durfte). Noch heute, mit über 80, liefert er bundesweit höchst vitale Lesungen ab, von denen schlaffe Möchtegern-»Comedians« nur träumen können. Er hat »das Bühnenbild im Gepäck«. Was braucht man mehr als einen Stuhl und einen Tisch, meist nicht mal ein Mikrofon, wenn man mit Wörtern jonglieren kann wie ein Weltmeister?! Letzten Endes geht es doch um Sprache, um Wörter, um Inhalte. Wer lacht, hat meistens, nicht immer, auch etwas verstanden.

Also: Unternehmen Sie live etwas, mit Ihrem Partner, Ihrer Partnerin, Ihren Kindern, Eltern, Freunden! Was wir vorleben, steckt unsere Kinder an. Es ist wie beim Essen: Konserven schmecken auf die Dauer fad. Frische ist Trumpf.

Noch heute ist mir ein Rolling-Stones-Konzert im Münchner Olympiastadion in bester Erinnerung, als über 70 000 Menschen bei schönstem Sommerwetter nichts mehr wollten, also zu entspannen und mit anderen mitzuschwingen. Bei einem Seminar in der GEMA (diese Institution schüttet die Gewinne für Komponisten und Musiker aus, über sieben Milliarden Euro pro Jahr, leider rückläufig) direkt am Münchner Kulturzentrum Gasteig tauschte ich mich mit einem ebenfalls begeisterten Zuhörer aus, obwohl das Konzert ein Vierteljahrhundert her ist.

## *850-Jahr-Feier in München – live und ohne Autos!*

Man wird mir als geborenem Westfalen aus der Kleinstadt und Mediengroßstadt Gütersloh (Bertelsmann!) einen gewissen München-Patriotismus verzeihen, nachdem ich hier inzwischen doppelt so lange gelebt habe wie in meiner Kinderheimat. Im Jahr 2008 feierte München sein 850-jähriges Stadtjubiläum. Die Gründung ist wohl der Verlegung einer Salzstraße und Herzog Heinrich dem Löwen zu verdanken. Da, wo das Geld fließt, da sollte man sich ansiedeln. Oberbürgermeister Ude hat mit seiner Mannschaft ein wunderschönes Programm auf die Beine stellen lassen. So war an einem ganzen Wochenende der Raum innerhalb des Altstadtrings für Autos komplett gesperrt. Nicht weniger als eine Million Menschen bewegten sich friedlich innerhalb dieses Areals und erfreuten sich an Live-Konzerten, einem Riesenrad direkt vor der Siemens-Zentrale, Schauspiel, Würstchenbuden, Kunstaktionen usw.

Wir bewegten uns plaudernd in Zonen, wo wir sonst in Sekunden platt gefahren worden wären. In Gesprächen hörte man Menschen davon träumen, die alten autofreien Sonntage sollten wieder kommen ... Schließlich haben wir längst wieder eine Ölkrise. Aber auch ganz abgesehen davon: So eine Atmosphäre von Verbundenheit, ohne Stress, ohne Gefahr ...

Es gab weitere Veranstaltungen am Gärtnerplatztheater, nicht zufällig wieder mit einer Verkehrssperre: das Theater in vielen Farben angeleuchtet, Open Air mit Mozart, Verdi und zuletzt Filmmusik. An einem letzten Veranstaltungstag wurden die wichtigsten Brücken gesperrt für die Feierlichkeiten, wieder mit viel Musik, Farben, Lichtern ...

## *5 000 Stunden – für die Katz oder für eine Kompetenz?*

In einem meiner Praxisräume steht ein Keyboard. Wenn Menschen mit einer Mediensucht zu mir kommen oder ganze

Familien mit Betroffenen, zeige ich auf das Instrument: Was wäre passiert, wenn Sie 5 000 Stunden am Klavier zugebracht hätten – statt am Computer mit WoW oder Ähnlichem? Die meisten müssen lachen. Klar, selbst mit null Kenntnissen hätten sie Klavier lernen und damit anderen oder sich selbst eine Freude machen können.

Oder wie steht es damit, 5 000 Stunden lang eine Sprache zu lernen – oder mit Tennisspielen, Bogenschießen, Klettern, Taekwondo?!

### *Es gibt kein zweites Leben*

Beim zynischen Agenten 007, der ja auch die beneidenswerte (?) Lizenz zum Töten hat, finden wir erstmals in der Moderne den Hinweis, dass man vielleicht auch zweimal leben kann. Inzwischen gibt es wie beschrieben Kinder, die aufgrund der Computerspiele ernsthaft glauben, sie hätten im Zweifelsfall ein zweites Leben zur Verfügung. Diese Illusion sollte man ihnen nehmen.

Es gilt, die zur Verfügung stehende Zeit optimal zu nutzen. Die Sanduhr läuft ununterbrochen, auch während Sie jetzt lesen (oder während ich diese Zeilen geschrieben habe). Wann sie leer ist, wissen wir Gott sei Dank nicht. Zeit ist also das kostbarste Gut, über das wir verfügen. Damit verantwortungsvoll umzugehen, ist eine steigende Herausforderung. Tausende von Stunden und ganze Tage mit destruktiven Medien zu verbringen, ist ebenso gesundheitsschädigend wie der Aufenthalt in Smog oder der Verzehr belasteter Nahrungsmittel.

### *Ein weiter Blick über die Landschaft*

In jeder Sucht verengt sich die Perspektive des Lebens auf eine Art Tunnelblick: Drum herum wird alles ausgeblendet. In meinen Therapien, das heißt in den erfolgreichen, erlebe ich immer wieder, wie Menschen durch Verzicht dazugewinnen. Das betrifft alle Suchtbereiche. Wer mal an die engste Stelle des Tunnels gekommen ist, wo nur noch der geistige oder körperliche Selbstmord wartete, ist froh, am Ende des Tunnels wieder Licht zu sehen, dort hinzumarschieren und mit einem Aufatmen wieder das ganze Leben zu entdecken, wenn man in die Landschaft hinaustritt.

*Trägheit macht traurig.*

Thomas von Aquin

# NACHTRAG:

## Aktiv gegen Mediensucht

Am 19. September 2008 wurde in München der (wahrscheinlich) erste Verein gegründet »zur Prävention, Beratung und Therapie von Mediensucht durch aktives Handeln«. Ich war als Gründungsmitglied Nummer 13 dabei. Hoffentlich bringt die Zahl dem Verein Glück. Sie erinnert mich an den besten Torjäger aller Zeiten, Gerd Müller von Bayern München: Er konnte sich vor über 20 Jahren erfolgreich von seinem Alkoholismus befreien ...

Es war eine kleine Runde abends in einem gemütlichen Altbau in München-Schwabing, in einer psychosomatischen Beratungsstelle. Den Raum durften wir nur auf Socken betreten. Dort finden tagsüber Gruppen-Psychotherapiestunden statt. Ein geeigneter Ort für unsere Gründung. Aus dieser netten Truppe könnte ein aktiver Kampfverband werden. Einige Herren in der Branche könnten sich ärgern. Aber keine Angst! Im Vergleich zu den Werbeetats in den Medien und ihren teuren Rechtsanwälten sind die Kräfte der Suchtprävention so etwas wie David gegen Medien-Goliath. Aber wie Sie sich erinnern, siegte der kleine David sogar! Es kann nur etwas länger dauern bei den Medien. Ein Wurf mit der Steinschleuder reicht vermutlich nicht.

### *David gegen Goliath*

Seuchen auszurotten ist ein langwieriger Prozess, ist aber in vielen Bereichen der Welt gelungen. Warum sollte es nicht möglich sein, den Missbrauch von Medien zumindest einzudämmen? Dazu braucht man eben auch Organisationen, die dies aktiv betreiben. Auch der Umweltschutz begann mit kleinen Versammlungen und ist inzwischen eine weltweite Bewegung.

Der von der Familie Hirte und Mitstreitern, meist ebenfalls betroffenen Eltern, gegründete Verein ist kaum korrumpierbar. Künftig wird man im Internet und auf Veranstaltungen nicht nur die Eltern Hirte finden, sondern viele andere, die genauso unter den Auswirkungen der Medienseuche zu leiden haben und sich das nicht mehr länger gefallen lassen wollen.

### *Zurück zum wahren Leben!*

Medienpausen sollten viel länger dauern als nur eine Woche. Jede Liveveranstaltung ist wichtiger als ein virtueller Event. Wir können es noch einfacher machen: »Eltern, zieht den Stecker aus der Wand und widmet euch euren Kindern!« Manche Eltern müssen natürlich erst mal bei sich anfangen. Die Menschheit ist bis zu den letzten paar Sekunden unserer Geschichte ohne elektronische Medien ausgekommen. Sie hätte es so noch länger ausgehalten, aber jetzt sind sie nun mal da und wir haben die nicht einfache Aufgabe, das Beste draus zu machen.

»Das Leben ist zu kurz für virtuelle Freundschaften«. Mit diesem Motto wirbt eine Internetseite für sich, die den Ausstieg propagiert und fördert. Live and log out. www.ausgeloggt.net. Dem Slogan ist nichts hinzuzufügen. Menschliche Gefühle und Beziehungen sind durch nichts zu ersetzen. Internetbekanntschaften sind schlag-, um nicht zu sagen klickartig zu Ende ...

### *Gene oder Eigenverantwortung*

Ein beliebtes Alibiargument für viele menschliche Probleme und Störungen vom Übergewicht bis zur Kaufsucht ist die Zuständigkeit der Gene. Unterstützt von Wissenschaftlern, die von der Macht der Gene fasziniert und überwältigt sind, machen es sich viele leicht. Man kann deren Bedeutung aber auch energisch relativieren wie Professor Nicholas Christakis in einem *Spiegel*-Interview (Heft 29/2008): Demnach ist längst nicht alles determiniert. 5 % unserer Lebensart und -qualität hängen von der Umwelt ab, nur 10 % von der medizinischen Versorgung, immerhin 15 % von sozialen Bedingungen – und 40 % von der eigenen Verantwortung. Sucht können wir unter dieser Annahme zu einem großen Prozentsatz zum Stillstand bringen.

Jeder ist – auch – seines Glückes Schmied. Glück ist Talent für das Schicksal. (Novalis) Und das kann man trainieren.

Mein Computer sagt mir in seiner Sprache: Großer Computer ausschalten. Ich klicke an ...

# ANHANG

## *Dank*

Bei diesem Buch habe ich insbesondere der Familie Hirte zu danken, die ihre Homepage www.rollenspielsucht.de aufgebaut und inzwischen auch eine Selbsthilfegruppe betroffener Angehöriger gegründet hat, die ich kennenlernen durfte. Schon vorher war ich auf Gabriele Farke getroffen, die mich stellvertretend in die ZDF-Sendung »Volle Kanne« geschickt hat. Ihr und www.onlinesucht.de ist vieles zu verdanken.

Mein Dank gilt wie immer meiner Familie, insbesondere meiner Frau Angelika für die geradlinige Erziehung unserer inzwischen erwachsenen Kinder Matthias und Marlene (beide im Medizinstudium), die mich auch dann ertragen, abgelenkt, aufgeheitert und vor allem inspiriert haben, wenn ich in einer schöpferischen Anspannung war.

Mein wohlwollender und geduldiger Lektor Gerhard Plachta war wieder wie bei meinen ersten beiden Büchern ein kreativer Begleiter mit der richtigen Mischung von Lob und Kritik.

Hilfreich waren vor allem auch mein alter Freund Johannes Cammerer und meine Mitarbeiterinnen bzw. Kolleginnen in der Praxis, Dr. Cordula Feldhege, Dr. Ursula Lang, Dr. Yvonne

Söllner, Dipl.-Psych. Ellen Feike, Angelika Zeller und Sabrina Alegiani-Sagnotti.

Begegnet bin ich in der Zeit des Schreibens außer mir selbst relativ wenigen neuen Menschen, darunter aber Dieter Hildebrandt, dessen originelle Intelligenz und seinen im Wortsinn herz-lichen und herz-haften Humor ich schon immer sehr geschätzt habe.

Wie immer der Dank auch an die Komponisten, deren Werke mir als aktiver wie als konsumierender Musiker so viel gegeben haben: Dieses Mal besonders an Johann Sebastian Bach, an dessen Wirkungsstätte in Leipzig ich erstmals gewesen bin. An seinem Grab in der Thomaskirche (seit 1949) fanden gerade Filmaufnahmen statt. Danach legten Musiker ihre Instrumente auf die Grabplatte und ließen sich fotografieren, ebenso tief bewegt wie ich. Und: Dank an Robert Schumann, den so vielfach psychisch kranken Mann, der uns unter anderem ein reiches und vielfältiges Klavierwerk hinterlassen hat, von den »Kinderszenen« über die »Kreisleriana«, die »Toccata«, »Bunte Blätter«, »Waldszenen« bis zum »Carnaval«. Nicht zu vergessen Johannes Brahms, seine Violinsonaten, seine Klavierkonzerte, fast alles. Da wären noch Beethoven, Chopin, Schubert, Schostakowitsch, die Stones ...

*München, Stockdorf, Felanitx (Mallorca),*
*im Winter 2008/*2009

## Hilfreiche Internetadressen

www.addiction.de: Prof. Dr. Michael Klein und Mitarbeiter zum Schwerpunkt Co-Abhängigkeit, Sucht und Familie

www.aerztegesundheit.de: Homepage von Dr. Bernhard Mäulen zu Ärzte- und Gesundheitsthemen

www.anad-pathways.de: Homepage mit allen Informationen über Essstörungen

www.arbeitssucht.de

www.bmgesundheit.de: Bundesministerium für Gesundheit

www.bzga.de: Bundeszentrale für gesundheitliche Aufklärung. Viel Material, kostenlose Broschüren etc.

www.dhs.de: Deutsche Hauptstelle für Suchtfragen e.V. *Die* zentrale Suchtadresse. Viel Material zu allen Süchten, aktuellen Veranstaltungen für Laien und Profis.

www.geizkragen.de: Gesunde Sparsamkeit bis zu krankhaftem Geiz ...

www.gluecksspielsucht.de: Informationen für Spielsüchtige und ihre Angehörigen

www.kfn.de: Kriminologisches Forschungsinstitut Niedersachsen e.V.: Homepage von Prof. Dr. Christian Pfeiffer, unter anderem mit seinen aufschlussreichen Studien zum Medienkonsum

www.kolitzus.de: Meine eigene Homepage: Lassen Sie sich überraschen!

www.labournet.de: Vieles zu Arbeit, Atmosphäre, Arbeitssucht

www.medizinauskunft.de: Informationen unter anderem zur Sportsucht

www.mukiga.de: Informationen zum evangelischen Musikkindergarten Spremberg (Brandenburg)

www.musikkindergarten-berlin.de: Informationen zum ersten Berliner Musikkindergarten

www.openthedoors.de: Homepage für psychisch Kranke und deren Angehörige

www.psychotherapiesuche.de: Bei Terminabsprachen immer fragen, ob der Therapeut wirklich etwas von Sucht und Co-Abhängigkeit versteht!

www.rki.de: Homepage des Robert Koch-Instituts. Wissenschaftliche Themen

www.tal19.de: Beratungs- und Therapiezentrum für Suchtgefährdete und Abhängige. Informationen unter anderem zur Esoteriksucht

## *Literaturhinweise*


Baremboin, D.: *Die Musik – mein Leben*, Berlin: Ullstein-TB 2004

Bauer, J.: *Warum ich fühle, was du fühlst. Intuitive Kommunikation und das Geheimnis der Spiegelneurone*, München: Heyne 2008

Beci, V.: *Robert & Clara Schumann. Musik und Leidenschaft – Biographie*, Düsseldorf: Patmos 2006

Bergmann, W./Hüther, G.: *Computersüchtig. Kinder im Sog der modernen Medien*, Düsseldorf: Patmos, 2. Aufl. 2007

Blech, J.: *Die Krankheitserfinder. Wie wir zu Patienten gemacht werden*, Frankfurt: Fischer-TB 2004

Carnes, P.: *Wenn Sex zur Sucht wird*, München: Kösel 1992 (vergriffen)

Farke, G.: *OnlineSucht. Wenn Mailen und Chatten zum Zwang werden*, Stuttgart: Kreuz 2003

Fengler, J.: *Handbuch der Suchtbehandlung. Beratung – Therapie – Prävention. 100 Schlüsselbegriffe*, Heidelberg: ecomed 2002 (mit zwei Kapiteln von H. Kolitzus)

Fengler, J.: *Süchtige und Tüchtige. Begegnung und Arbeit mit Abhängigen*, München: Pfeiffer 1994

Grüsser, S.M./Thalemann, R.: *Computerspielsüchtig? Rat und Hilfe*, Bern: Hans Huber 2006

Hildebrandt, D.: *Pianoforte. Der Roman des Klaviers im 19. Jahrhundert*, München: dtv 2002

Illies, F.: *Generation Golf Zwei*, München: Karl Blessing 2003

Kaiser, H. u. J.: *»Ich bin der letzte Mohikaner«*, Berlin: Ullstein 2008

Koch, M.: *Die Gesundheit unserer Kinder. Was Sie über die körperliche und geistige Entwicklung wissen sollten*, München: dtv 2007

Kolitzus, H.: *Das Anti-Burnout-Erfolgsprogramm. Gesundheit, Glück und Glaube*, München: dtv, 6. Aufl. 2008

Kolitzus, H.: *Ich befreie mich von deiner Sucht. Hilfen für Angehörige von Suchtkranken*, München: Kösel, 7. Aufl. 2008

Kolitzus, H.: *Die Liebe und der Suff … Schicksalsgemeinschaft Suchtfamilie*, München: Kösel, 8. Aufl. 2007

Langbein, K. et al.: *Bittere Pillen 2008–2010. Nutzen und Risiken der Arzneimittel*, Köln: Kiepenheuer & Witsch 2008

Mohn, R.: *Von der Welt lernen. Erfolg durch Menschlichkeit und Freiheit*, München: Bertelsmann 2008

Poser, W. u. S.: *Medikamente – Missbrauch und Abhängigkeit. Entstehung – Verlauf – Behandlung*, Stuttgart: Thieme 1996

Postman, N.: *Das Verschwinden der Kindheit,* Frankfurt: Fischer-TB, 16. Aufl. 2006

Postman, N.: *Wir amüsieren uns zu Tode. Urteilsbildung im Zeitalter der Unterhaltungsindustrie,* Frankfurt: Fischer-TB, 18. Aufl. 1988

Reischl, G.: *Die Google-Falle. Die unkontrollierte Weltmacht im Internet,* München: Ueberreuter 2008

Sartre, J.-P.: *Die Wörter. Autobiographische Schriften,* Reinbek: Rowohlt-TB, 34. Aufl. 2004

Schneider, W.: *Wörter machen Leute. Magie und Macht der Sprache,* München: Piper, 14. Aufl. 2007

Schulz von Thun, F.: *Miteinander reden (1–3),* Reinbek: Rowohlt-TB 2008

Schwanitz, D.: *Bildung. Alles, was man wissen muss,* München: Goldmann 2007

Spitzer, M.: *Vorsicht Bildschirm. Elektronische Medien, Gehirnentwicklung, Gesundheit und Gesellschaft,* München: dtv 2006

Venzke, A.: *Johannes Gutenberg. Der Erfinder des Buchdrucks und seine Zeit,* München: Piper 2000

Wolker, Ch./Kolitzus, H.: *Call in TV. Angelockt und abgezockt,* Booval: Litispress 2008

Young, K.S.: *Caught in the Net. Suchtgefahr Internet,* München: Kösel 1999 (vergriffen)